思维格局文库

管好员工就靠这几招

“思维格局文库”编委会◎编著

海峡出版发行集团 | 福建科学技术出版社
THE STRAITS PUBLISHING & DISTRIBUTING GROUP | FUJIAN SCIENCE & TECHNOLOGY PUBLISHING HOUSE

图书在版编目（CIP）数据

管好员工就靠这几招 / “思维格局文库”编委会编著. —福州：福建科学技术出版社，2017. 6（2020.1 重印）
（思维格局文库）
ISBN 978-7-5335-5339-5

Ⅰ. ①管… Ⅱ. ①思… Ⅲ. ①企业管理－人事管理－通俗读物 Ⅳ. ①F272.92-49

中国版本图书馆CIP数据核字（2017）第096586号

书　　名　管好员工就靠这几招
　　　　　思维格局文库
编　　著　“思维格局文库”编委会
出版发行　福建科学技术出版社
社　　址　福州市东水路76号（邮编350001）
网　　址　www.fjstp.com
经　　销　福建新华发行（集团）有限责任公司
印　　刷　河北环京美印刷有限公司
开　　本　710毫米×1000毫米　1/16
印　　张　20
字　　数　300千字
版　　次　2017年6月第1版
印　　次　2020年1月第7次印刷
书　　号　ISBN 978-7-5335-5339-5
定　　价　39.80元

前言
Foreword

作为一个管理者，你是不是会为这样的情况感到头疼：

为什么员工流失严重？为什么不能留下优秀的人才，而留下的员工又消极怠工？为什么下属工作效率低下，让你恨不得一个人做完所有工作？为什么员工目标不清，责权不明，漏洞百出？为什么管理者工作繁杂，四处救火，身心俱疲？

答案只有一个：你不会管理员工！

现代企业的竞争通常是由企业所拥有的人力资源所决定的。因此，人才对于企业的重要性是不言而喻的，他们是一个企业的标尺，是企业发展的基石。目前，管人、管物和管事是企业管理的三大课题，其中以管人为最难、最复杂。大公司管人，小公司管事，二者各有不同，却理脉相通。无论是大公司经理人还是小公司经营者，在管理上都需要利用实战而得的"游戏规则"，去理清各自企业问题的根结所在，使自己的管理工作具体、到位、高效，并在收益上得到回报。

一位著名企业家曾说过："管理者必须学会慧眼识人，人才不仅要有才干，更要品德好。有才有德是正品，有德无才是次品，无德无才是废品，有才无德是毒品。"因此，寻找到人品好、技术好、身体好的"三好员工"是经营者首先要学会的。

管理人员不仅要学会识人、善于用人，更要懂得如何管人。善于统御人才，人才才会有高产出。能否管好下属是判断管理者优秀与否的关键所在。管人的关键在于经营者自己独特的方法和技巧，因事制宜、因地制宜、因人制宜，这些都是管人的艺术。

《管好员工就靠这几招》从多个方面介绍了员工管理的实用方法，指明管理实践中必须遵循的原则性纲领及其实践应用方法，旨在帮助管理者提高管人的能力和水平，以便更好地驾驭人才，提高企业的工作效率和工作业绩。这是一本企业管理者管理员工的必读、必备图书。

本书定位清晰，内容简洁易懂，非常适合企业的中高层管理者参考阅读。同时，全书在每个理论讲解中配上了具体案例，具有很强的实用性与可操作性。它不仅告诉你应该如何管理员工，还告诉你该怎样突破自我，这给初创业者和从事管理的人提供了丰富的经验，对管理者的管理活动具有重要的启示意义和指导价值。

由于编写时间仓促，书中难免有不妥之处，敬请各位读者批评指正。

目录
CONTENTS

招数六 “给我干”不如“一起干”

招数七 沟通是桥梁，企业离不了

招数八 请将不如激将

招数九 用好绩效这把尺

招数十　管好员工奖罚要分明

招数十一　独有的企业文化不能缺

PART

招数一

1

用制度管理好员工

好的制度不应贴在墙上，而是在员工的心里，只有将每一项制度都牢记在心并严格落实，工作才会高效，企业才有竞争力。落实制度，还需要具体的指标，只有人人都按指标去落实，制度才能发挥自己的作用，实现其意义。那么，要想管好员工，第一招就是制度。

合理的制度是基础

对企业管理者来说，应该始终坚持制度决定一切的理念，规范的制度是企业管理的依据，假如没有制度的约束，员工就会没有约束力，团队就会像一盘散沙，毫无生命力可言。

英国剑桥大学有个著名的关于“一条鞭子”的故事，讲的是一位治校有方的校长，培养的很多学生都名满天下。有人曾请教他是如何取得这样成绩的，这位校长说，他有一条鞭子，专门用来惩治那些不上进、不听话的学生，而且他坚持奖罚严明。随后他补充说，假如能给他一把手枪，他会将学校管理得更好。

从这里我们可以看到，“一条鞭子”就是严格执行制度的代名词，只有制定了科学严谨的制度并严格执行，才可以将学校管理好。同样的道理，这也可以放在企业管理甚至日常生活中。

有这样一个关于分粥的故事。8个人住在一起，每天的食物就是一桶粥，如果平均分成8份的话，正好够吃。他们开始的时候每天轮换分粥，这样一圈下来，他们8天中只有一天能吃饱，就是自己分粥的那一天。

后来，大家选出一个道德高尚的人专门分粥，然而专权容易产生腐败，大家纷纷费尽心思去讨好这个人，小团体被弄得乌烟瘴气，原本道德高尚的人也腐败了。

再后来，他们实行委员会制度，即由4个人组成分粥委员会，其余4人为评选委员会，然而两组人很难彼此认同，于是他们争吵不休，甚至互相攻击，结果吃到的粥全是凉的。

最后，他们制定了一个分粥制度，就是依然由8个人轮流分粥，但分粥的那个人吃的是其他人都挑选完后剩下的最后一碗。于是，为了避免自己吃的最少，每个人都尽量分得平均。自从这个制度实行后，大家的日子就和和气气，越来越好了。

从这个故事可以看出，同样的几个人，实行的制度不同，最后的结果就不同，因此可见，制度决定了一切。同样，一个团队也离不开科学的制度，一旦离开制度的约束，每个人心底的私心就会占了上风，彼此为了维护自己的利益就会出现摩擦。如果制定的制度不仅与每个人的利益都休戚相关，而且科学公正，就会对大家的行为有一个约束，结果公平，每个人也就无话可说，不会抱怨什么了。

1959 年，国际电话电报公司（ITT）就已经是由分设在 49 个国家的分公司组成的一个大企业，但因为种种原因，该公司已经开始走下坡路了。就在那一年，詹尼进入 ITT，他发现，公司里的总部工作人员毫无生机，不仅如此，那些主管海外事业部的人也是整天无所事事。经过一番调查，詹尼决定要从严明的纪律着手，他在一个重要会议上宣读了三条新的工作纪律：一是每个分公司，必须要不折不扣地执行总公司的命令；二是每个分支机构的财务状况必须按月向总公司汇报，包括预算、营业收入和支出情况；三是每个分公司必须定期将自己的经营环境、面临的竞争对手和市场情况向总公司报告。所有分公司的负责人都参加了这个会，他要求每个人都要严格执行，否则必将严处。

詹尼还宣布，一旦总公司的监督人员发现哪个分支机构的负责人不称职时，就有权撤换，而被撤换的人一律没有退休金。这几项措施实行后，ITT 的员工状态有了明显改善，再加上其他的经营方法，ITT 又恢复了它在国际舞台上的地位。

制定一个严明的制度，要让多数人都能够遵守，也就是要保证制度的合情合理。假如所制定的制度不够合情合理，那么不但无法达到相应的目的，甚至会使员工产生对立情绪，出现负面效应。所以，制度如果合情合理，符合了大多数人的利益，那么大多数人都能遵守。

制度比说教更有用

任何组织或企业，发展的过程中总会有这样或那样的问题，有的问题是说说可以解决的，但有的原则性问题，甚至棘手的问题则不然。例如，员工抗命、联合起来对抗或要挟领导、醉心于工作外的事、违背公司原则等，这时候说教是无法起到作用的，这就需要严格按照制度来执行。这样不仅能解决问题，还能起到示范作用，以儆效尤。

20世纪70年代，日本伊藤洋货行业绩显赫的岸信一雄突然被董事长伊藤解雇了。这件事甚至震惊了整个日本商界，舆论界也以尖锐而轻蔑的口吻批评伊藤。大家都在为岸信一雄打抱不平，纷纷指责伊藤的过河拆桥。说他当初三顾茅庐将一雄请来，如今一雄被榨光了全部，没有利用价值了，就被解雇了。在舆论的攻击下，伊藤理直气壮地说："秩序和纪律是我企业的生命，对于不守纪律的人是一定要重罚的，哪怕因此让我的企业减低战斗力我也在所不惜。"

那么，事件的真相到底是怎样的呢？

伊藤洋货行最初以衣料买卖起家，因为其食品部门比较弱，伊藤就从"东食公司"挖来一雄。而一雄非常有能力，他的到来，仿佛给伊藤洋货行注入一针催化剂。

事实也证明，一雄不仅有能力，其表现也非常好，对伊藤洋货行的贡献非常大，10年来洋货行的业绩提升了数10倍，使食品部门呈现出了一片蓬勃的景象。

但人们不知道的是，一雄和伊藤在工作态度和经营销售方面的观念从一开始就有很大的不同，随着公司的发展和岁月的增加，这种观念差异导致的裂痕愈来愈深。伊藤走的是传统、保守型的路线，他主张一切以顾客为先，不怎么注重与批发商、零售商等的关系，更很少与他们交际、应酬；他对员工有非常严格的要求，要他们彻底发挥自身的能力，以严密的组织作为经营的基础。而一雄属于开放型，他对开拓交际非常重视，所以常支用交际费，同时对部下也没有严格要求，而是放任自流，这就与伊藤建立的公司管理方式迥然不同。

一雄这种豪迈粗犷的做法自然让伊藤接受不了，所以伊藤就让一雄改善工作态度与方法，要求他按照公司的经营方法去做。然而一雄并没有改变自己的做法，工作业绩也在公司要求的水准以上，甚至还有了飞跃性的成长。所以他坚持说："一切都这么好，证明这条路线没错，为什么要改？"

因此，双方的分歧愈来愈严重，伊藤只好下定决心解雇了一雄。

对于最重视秩序与纪律的伊藤而言，虽然食品部的业绩持续上升，但不遵守纪律的现象是他无法容忍的，因为这关系到企业长久发展的问题。伊藤的做法虽然在人情上说不过去，然而因为这关系到整个企业的管理问题，从企业的长远发展与制度执行和纪律角度来看，他的做法是正确的。

从这个例子我们也可以看到：企业必须首先将纪律放在重要位置。其次，对于原则性问题，说教不如制度。如果伊藤不下决心忍痛割爱，那么公司管理就是一个很大的问题，在一雄的带领下，其他员工也会违背公司的经营理念，如此一来，虽然业绩提升，但企业形象及未来的管理与发展都会成为问题。所以，这种情况下用制度说话，就比说教有用得多。

群体活动需要用规则来约束和协调

对于一个企业来说，它的规章制度，不能只是停留在字面上。

如果你觉得，一个企业的规章制度仅仅是一种束缚和控制，或者是为了体现公司的正规、权威，那你的看法就有问题了。如果你觉得，企业的规章制度是保证员工和谐相处的原则，那你对了一半儿。只有清晰地认识到，作为管理者，自己必须比其他的员工更加遵守企业的规定，并对此坚定不移地执行，你才具备了成为一个企业领导者的基本条件，你的企业才会不断地壮大、辉煌。

海尔总裁张瑞敏在和别人分享海尔的成功经验时，总是会提到十三条规定，这里面包括不准迟到、不准打毛衣、不准在车间内随地大小便……虽然这些规定看起来非常简单、琐碎，让人发笑，却实实在在地体现出了问题的关键。在海尔领导者的严格督促下，这十三条规定得到了很好的贯彻，使得海尔员工的工作状态有了很大提升。同时也在海尔集团的内部形成了“有规必行”的习惯，使得规章制度不再是“可有可无的摆设”。后来，海尔的领导者又逐渐制定出种种新的更加具体的规章制度，使企业“有规可依”。渐渐地，海尔的企业管理从无序变成有序，逐渐成为一个执行能力很强的组织，海尔开始不断地走向壮大和辉煌。

作为一个企业的管理者，应该铁面无私地来贯彻执行公司的规章制度，一旦有人触犯了，就要按照规定，严格执行，绝不姑息。

但是，应该明白，“绝不姑息”并不是滥用权力，野蛮粗暴地对待员工，展示自己的威信。作为管理者，对待员工要公正，在惩处的时候要有足够的依据，包括解释公司制定这条制度的原因，为什么要给一个这样的处分，以及希望这个处分收到什么效果。

我们需要明白的是，任何规章制度的执行，都是为了保持良好的秩序，而不是惩罚本身，所以，你应该向你的员工表示你对他们的信任和期望。在对违反规定的员工处分之后，要对他以前的价值进行肯定，用积极向上的激情去鼓励他，以消除他对处分的怨恨和心中的郁闷。

现实中，也有很多管理者觉得“这些规定谁都知道”，自己没有必要把这些整天挂在嘴上。然而，新员工，甚至一些老员工，直到自己违反了规定，才意识到原来还有这样的规定。所以组织员工对制度进行学习，也是很有必要的。

当然，作为管理者，你更应该知道以身作则的重要性。如果你没有遵守这些规定，那你就是在告诉其他员工，这些制度只不过是一个摆设。同时，你也不应该不问缘由，对员工轻率地进行处罚。在你做任何事之前，都要弄清楚事情的来龙去脉，并且要弄明白员工为什么会如此，他的动机是什么，等等。

英特尔公司从建立之初就非常强调“制度”，在公司里，随处都能看见清晰的规定。每天早上的上班时间，就是最明显的例子。在英特尔，每天上班的时间是早上8点，8:05分以后到的员工就要在“英雄榜”上签名,算作迟到。即便是你昨天加班到深夜，今天的上班时间也还是8点。这种制度虽然和20世纪70年代嬉皮盛行、个人享乐主义凌驾于一切的理念背道而驰，却一直延续到了今天，始终没有改变。

英特尔整个公司管理制度都非常严格，不管是制造、工程、财务，还是销售部门，每件事情都有明确的规定，每个人都用这些规定作为自己行动的规范。尽管很多公司重视人性化管理，把重视员工作为口号，但英特尔一直强调制度胜过一切，英特尔的这种管理制度，使它的企业文化标新立异。

当然，不一定每次的惩罚都要一视同仁。它的意思就是面对违反规定的行为，不是随时采用统一的标准，而是在相同的环境和条件下，对于违反规定的人，都要进行相同的处罚，不能有丝毫的偏袒。

好的制度在于执行

什么是企业的本质？它的本质就是管理者按照市场需求设定一个目标，然后组织别人对目标进行操作实现。再简单一点儿地说，企业的本质就是“执行”。显然，在目标——执行——结果这一企业的基本过程中，目标是高层在“很久很久以前”就制定好的；而是否达到结果，那也是“很久很久以后”才能确定的事。但在一年当中的每一天，企业所有的员工都在自己的岗位上，为了企业的目标而贡献着自己的力量，完成企业的任务，这才是企业生机勃勃的原因。所以，一个企业实际上就是一个执行团队。

明太祖朱元璋对军队治理得很严。有一次他带领的军队攻下了婺(音同务)州。为了节省粮食，稳定民心，他颁布法令，严禁酗酒。谁知大将胡大海的儿子竟然第一个违反规定。胡大海屡立战功，深受朱元璋器重，究竟要怎么处理他的儿子，大家都很关注。朱元璋知道这件事后，非常生气，准备按照军法进行惩处。在这个关键时刻，都事王恺站了出来，为胡大海的儿子求情，他分析道：“胡大海正在南方征战，手上有很多军队。如果留下他的儿子，就可以让他安定下来；如果因为这件事杀了他的儿子，胡大海就可能会带兵造反，如果这样的话，后果将很难想象。”这时，在场的其他官员也纷纷替胡大海的儿子求情，请求朱元璋看在胡大海的面子上放过他一次。但朱元璋不为所动，毅然说道：“我宁愿胡大海反叛，也不能改变我的法令。”最后，朱元璋亲手杀了胡大海的儿子。

中国人擅长制定制度，却不善于执行。制度再好，如果不去执行，或者在执行中变了样，也就没了意义。

《宋史》中有句名言叫“半部《论语》治天下”。据说宋代的开国丞相赵普每次遇到难以决断的政事，就回到家中查阅箧中书，第二天问题就迎刃而解了。时间一长，家里人很好奇，就偷偷翻箧一看，原来里面只有半部《论语》。于是大家就流传赵普是用半部《论语》治天下的。

关于这个典故，自古一直饱受争议。有人认为，赵普用半部《论语》治天下，有把问题简化之嫌；也有人认为，半部《论语》治天下，纯粹是宋代人炒作出来的；还有人认为，《论语》中的法学知识很丰富，完全可以用来治理天下。中国台湾作家李敖则认为："《论语》只不过是一万一千七百零五个字的空疏东西，古代宰相竟想用半部《论语》治天下，这未免把'治天下'看得太容易了。"

其实，半部《论语》虽然不长，但如果像赵普那样对其进行认真钻研和执行，把它的精髓发挥出来，那治理天下就不难了。一些规章制度虽然很长，但如果执行不力，不琢磨，不研究，那长得也没有任何意义。一项制度再好，如果没有去贯彻，那和废纸也没什么分别。即使一个有所缺陷的规章，如果认真去执行，在执行中不断去完善，那有缺陷的东西，也会变成宝藏。

致使企业失败的原因一般有两个：一种是制定目标（战略）有误，另一种是执行不力。不管是领导者，还是一般干部，或者基层的每个员工，每时每刻都处在一种执行之中。这样，他们执行的效率，就决定着企业的生命。具体来说，他们在执行过程中所表现出来的态度、能力、效率、质量等因素的好坏，这些会成为决定企业命运的真正力量。

有关制度的制定和执行的矛盾，在实际的管理中随处可见。有了一个良好的制度，并不意味着就掌控了一切，也并不意味着能够管好所有的人员。美国是现在企业制度最健全的国家，一些大型公司的制度非常详细，甚至连包装一罐润滑油需要几滴焊蜡这样的琐碎小事，都有明文规定。可这么健全的管理制度，经营理念如此完善的美国，企业的问题也比比皆是。安然事件、世通丑闻等就是明显的例子。

在我国也发生过这样一件真实的案例：

2011 年，一家城市商业银行因为内部管理和制度建设比较完善，使得员工的管理很到位，单位发展很快。另一家银行到该处学习经验。几年之后，学习经验的银行发展迅速，而以前的银行却没有明显的进步。于是被学习的银行，也向它以前的学生去求教经验。可来到这里之后，他们看到的场景让人大跌眼镜，原来这家银行所有的规章制度都是以前他们银行的。唯一不同的就是，他们自己制定的制度，没有很好地执行，而这家银行，却认真地予以执行。

有了好的制度，只是成功的开始，如果在执行中被歪曲或者执行不力，再好的制度也会变成一纸空文。更何况，一部看着再完美的制度在发展过程中难免会出现漏洞，难免不符合实际。如果没有意见的反馈渠道，没有人对缺陷进行修补，在一日千里的今天，这样的好制度能够有效地管理几年？几个月？还是几天？

制度的制定者通常是少数几个公司的决策人，执行的人却是公司的所有员工。一部政策的制定，需要丰富的知识和严密的思维。但政策执行起来，还会遇到各种问题，经历各种困难，发生意想不到的变化……这些是无法提前预知的。

一项政策、一条制度必须由人来制定，也必须由人来执行。所以，所有的政策和管理，其核心都必须是以人为本，也只有这样的制度，才能治理好企业，管理好企业中的员工。

落实就要有具体的落实指标

既然提到落实，那就要有具体的落实指标，对具体的落实指标进行考核，这对具体落实情况的把握，很有帮助，从而在整体上对落实效果进行一个有效的评估。

对于一名企业的工作人员来说，参加落实绩效的考核，有利于帮助自己积极地去落实任务目标，并把落实的情况反馈给相关部门，实现落实群体的双向交流。

绩效考核的首要目的是为员工聘岗聘职、收入分配、选优评先、工作调整、教育培训、职位晋升等提供依据，其最终目的是为了不断提高工作人员的效率，增加员工在工作中的主动性。

各级领导者要成为提高业绩的有力推动者，而不仅仅是员工成绩和能力的评定者。对工作人员工作的落实情况进行管理，是企业在落实效力评估上的一个组成部分，这样可以使管理者更加直观具体地掌握员工的工作落实情况，为公司制定进一步的落实计划提供依据。

人的潜在能力是难以估量的，在一般的情况下，人的潜能如果没有得到足够的刺激，很难发挥出潜能的巨大力量。适时地对员工的落实效绩进行考核，这本身就是对员工潜能的有力刺激，使员工取得更好的成绩，进而推动企业的进一步发展。所以效绩管理也可以产生和压力管理一样的效果。正所谓："没有压力就没有动力"，没有效绩目标的束缚，工作的落实也会成为空谈。

对绩效进行考核，能使员工产生一种紧迫感，使他们主动自觉地对自己落实的工作进行评估，推动企业落实文化的深入展开。另外，绩效管理也可以与激励管理结合起来，用激励的方式满足员工的荣誉感、责任感和成就感等方面的心理需求，使员工在完成工作的同时得到一定的额外报酬，这是对优秀员工的激励，也是对其他员工的鞭策。只有把压力和激励这两种不同的管理方式与绩效管理结合起来，并且达到一定的平衡才能产生最佳的效果。缺乏其中的任何一个环节，或者任何一个环节执行得不好，都无法提升员工的工作效率。此外，绩效管理还可以和竞争机制相互结合起来，通过对优秀员工进行奖励，以及对落后员工进行惩罚，使企业内部形成一种落实光荣、不落实可耻的价值观，让员工在两者之间进行取舍，有效地建立落实型企业文化和团队理念。

那么对员工的落实绩效应该怎样考核呢？

对企业的领导者来说，如何做好员工的绩效管理，一直是他们思考的问题，绩效评估在员工绩效的提升、选拔人才以及工资、奖金的合理分配上都有着非常重要的作用。适时的绩效评估方法主要有走动式绩效管理、奖惩积分制与员工绩效袋等。

要适时地对员工的工作落实绩效进行评估，对工作的基本流程及时进行落实。这就要求企业的领导者走出办公室，通过和员工的面对面交流，及时发现员工在落实工作的问题和失误，给予及时的帮助和纠正，做到随时考核，适时培训，从而逐渐提高员工对工作的落实能力，把公司的管理风险减少到最小。

相比传统的绩效评估方法，适时绩效评估法有三个优势。

第一，适时绩效评估法更有利于及时发现工作人员在工作落实的过程中出现的问题，并及时解决问题，减少因为失误而造成的成本浪费，提升员工的落实效率。绩效评估的重要目的是尽可能地提高员工的绩效，从而在整体上提高企业的效益。

第二，适时绩效评估法使落实绩效评估更加科学。传统的绩效评估方法一般是对员工的绩效落实计划，运用定期考核的方式进行绩效沟通、总结；运用季度述职和年终考核的方式进行考核，这样的考核方法，需要设计、运用多种专业性较强的绩效评估表格，需要消耗大量的人力物力；另外，由于对员工日常工作的落实不够关注，导致缺少必要的落实绩效记录，这就经常造成员工的自评分数高于实际，碍于情面同事打人情分、主管凭着印象打分的现象，致使绩效评估结果有很大的偏差，难以让员工信服，也很难全面真实地了解到员工具体的工作落实情况。适时绩效评估不需要制作烦琐的绩效评估表格，能够直接根据员工的绩效落实计划指标，利用奖惩积分和员工绩效袋把员工的工作表现随时记录下来，然后依据公司的实际情况，与相应的奖惩制度相结合，从而推动团队的落实能力，最终利用统计出来的分值为员工全年的工作表现做出一个科学合理的评价。

第三，让沟通更加方便，员工间的关系更加和谐。通过采用走动式绩效管理，企业的管理人员有了更多和员工进行交流的机会，及时对优秀的员工予以表扬、肯定，对员工工作中的不足进行指正，有助于团队内部增加相互之间的了解，减少隔阂，增强团队的合作能力。

重视落实的绩效就是重视落实的结果，如果最终没有取得预期的结果，那就说明这样的落实是没有效果的，或者说是落而不实。对员工的落实结果进行适时的评价考核，不但是对员工取得的成绩的认可和奖赏，也是对员工下一步工作的勉励。考核评价能让员工对自己的工作产生新的看法，获得新的力量，为更好地进行工作打下了基础。

不管从哪种意义上来说，对员工进行落实绩效的考核，不仅有助于提高员工的工作效率，还能推动企业整体目标的实现。

铁的纪律是组织成长的保证

“没有规矩，不成方圆”，管理企业就和治理军队一样，要有一定的规矩。如果无视规矩，人心就会背离，企业就无法做大做强。

对于任何一个组织来说，没有制度，便失去了一切。毛泽东曾经说过：“加强纪律性，革命无不胜。”把这句话换成今天的说法就是“加强纪律性，企业无不胜”。对一个团体来说，使命和目标是指团体要做什么；建章立制则是要约束成员不能做什么。

某些情况下，对于一个团体来说，“不能干什么”往往比“能干什么”还要重要。

严明的纪律是一个组织成长壮大的保障。如果员工“一个口令一个动作”，那么整个企业的发展壮大，也就指日可待了。

纪律是保障企业执行力的重要因素。很多企业的成功，就在于其有严明的纪律。英特尔总裁葛洛夫从早期企业文化中领悟到，纪律是促进企业成功的一大关键。

从企业开始建立，葛洛夫就认为制造部门必须要加强管理，注意清洁，才能提高生产效率。后来他把这种纪律扩展到其他的部门，要求所有的办公室都要整齐干净，他认为只有这样才能表现公司的"纪律之美"。

他的想法很朴素，他认为企业就好比是一部大型机器，每个部门都必须做好自己的工作，不论制造、工程、行销或财务部门，都要严格遵守公司的规定，只有这样才能让机器更好地运行，得到最大的产量。

对此，他们还特别设立了"清洁大使"的检查制度，资深经理负责对各办公区域进行检查，并就其清洁程度进行打分。如果有人的分数较低，就得马上整理，并在下周中获得较高的分数，以此来洗刷以前的落后。

在20世纪60年代，英特尔还是个名不见经传的小公司，而当时市场的老大是德州仪器公司，但有着严明纪律的英特尔最终取而代之。在20世纪的七八十年代，英特尔再度面临日本NEC公司的强烈竞争压力时，也是靠着自身严明的纪律最终击败了对手。那时，英特尔每星期都会召开CYAT会议，参加者包括工程、销售、制造和财务等部门，每个部门都得对员工的工作进度、现状以及部门间的配合事项做相应的考核。让人非常高兴的是销售和工程部门的人员，很快就像制造部门一样，遵守着相同的纪律，在大家的团结协作下最终一起渡过难关，取得了成功。

企业如果想要不断壮大，严明的纪律是必不可少的。企业制定出来的规章制度，不能只是纸上谈兵，作为领导者要通过有效的措施，使它得以顺利实施。在规章制度的执行中，管理者也要公平无私，客观办事，不能感情用事。

制度面前人人平等

“加强纪律性，管理无不胜。”一个工作积极、踏实肯干的员工，一定是一个遵守纪律的员工。可以说，纪律是员工敬业忠诚的基础。而规章制度的顺利贯彻实施，首先需要管理者身体力行，为员工树立榜样，这样才能够服人。

作为一名优秀的领导者，自己制定了制度后，自身就要去严格遵守，在制度面前，把自己和普通员工放在一个位置，不搞特殊化，为员工树立表率。这样的领导才具有威慑力，才能够很好地规范和约束员工。

“领导好！罐已乘满，请领导稍等换乘下一罐！”某天上午，正是安全大检查人员乘罐入井的高峰时段，洛阳义安矿业公司党委书记、董事长王宏昭和总经理杨运峰正准备乘罐下井时，却被值班的把钩工张安涛挡在了外面。

巧合的是，当时在等候室排队等待进入井下的人很多，总经理和董事长两人排在了最后面。排到总经理面前的张安涛说："根据规定，每罐乘坐的人是36个，现在上下两罐正好是72个人。”于是当总经理正要跟着队伍进入罐中时，张安涛立即跨出一步，阻止了总经理。

当时有人立刻呵斥小张，也有人嘀咕，挤一挤不就行了嘛，还有人让其他工人下来，给领导让出位置。但最后小张还是坚持原则，两位领导也没有生气，按照规定又返回等候室等了10分钟，换乘了下一罐。

张安涛说："当时想着既然公司有规定不能超载，在制度面前每个人都是平等的，其他的根本没有想那么多。”当时，大家都替他担心，觉得他“冲撞”了领导。不过两位领导没有怪罪小张，以身作则，严格遵守公司的管理制度。在当天下午的安全办公会议上，董事长特意表扬了这个在别人看来不懂得情理、不知变通的张安涛。

在“联想”集团也是如此，即使是董事局主席柳传志也不能例外。有一次，在公司的一个重要的内部会议上，柳传志因为堵车，晚到了10分钟，当时天气炎热，他大汗不止，但他还是接受制度处罚，站了半个钟头。

1946年，日本战败后，松下公司面临着巨大的困境。为了度过这最艰难的时候，松下幸之助要求全体员工都保持良好的精神面貌，不迟到，不请假。然而这个规定才制定不久，松下就迟到了10分钟。当时松下迟到也是有客观原因的。他平常上班本来是公司汽车接送的。这天，他早早地起来，到车站去等候汽车，可是等了好一会儿车还没有来。眼看要上班了，他只好上了电车；刚上电车，看见汽车来了，于是又从电车下来改坐汽车。如此折腾，赶到公司的时候，已经迟到了10分钟。原来是司机班的主管督促不力，司机又没有按时醒来，致使耽误了松下上班。

根据公司规定，员工迟到是要被处罚的。松下按照规定严肃处理了这件事。他以没有忠于职守的理由，给司机减薪处分。司机的直接领导和间接领导，也因为监督不力受到了处分，因为这件事，共有8个人受到了处分。

松下认为，作为公司最高的领导者，他本人也有责任。于是他对自己进行了最严重的处分，退还了全月的工资。

领导者绝对不能因为自己是手握大权的管理者，就搞特殊化，凌驾于制度之上。这样做的话，就难以让其他员工对制度信服，很难坚定地执行下去，时间一长，建立的制度，也就对整个单位的员工失去了约束作用，从而成为一纸空文，整个团体也变成了没有纪律的组织，以至于员工懒惰散漫，士气不振，人心涣散，最终让公司成为“一盘散沙”，甚至走向灭亡。

明太祖朱元璋曾在宫门立有铁碑，上面写着：“内臣不得干预政事，预者斩。”照理说，既然开国皇帝立下了严厉的制度，以后的继承者就应该严格遵守。可实际情况并不是这样的，明太祖的这条铁律，并没有被他的继承者严格执行。到了明成祖时期，由于宦官在他从侄儿手中夺取皇权的过程中立下了很大的功劳，所以明成祖就废除了太祖制定的“内臣不得干预政事，预者斩”这一铁律。也正是因为明成祖没有严格遵守祖训，重新重用宦官，而导致宦官干政，致使延续了几百年的大明王朝走向灭亡。

在公司越来越重视规章制度的今天，企业的管理者一定要考虑制度的合理性，以及制度是不是具有生命力和威慑力。一项制度能不能对员工产生应有的约束作用，关键在于领导者能不能身体力行，能否用手中的权力去保护制度而不是超越制度、践踏制度，能不能做到“在制度面前人人平等”。

领导者要带头执行

很多人都觉得，领导只是负责制定大的方略，而对于细节的执行，不属于领导的工作范畴。一些领导也是这样认为的：作为企业的领导者，自己应该是描绘企业的远景，制定好大的策略，至于具体的执行，那是员工的事，自己只需要授权给他们就可以了。

这样的观点是非常错误的。恰恰相反，执行是领导最重要的工作。领导在制定策略之后需要自身也参与执行，只有经过执行，领导者才会发现预先制定的策略能否实现预期目标，发现策略的不足之处，并根据执行的情况，及时进行调整。领导自身的执行，才是保证策略得以贯彻执行的良方。

有一年，海尔集团的个别干部放松自我监督，自由散漫，得过且过，不再琢磨开拓新市场的思路，盘算的却是靠不正当竞争手段，谋求虚假效益，事后还不及时报告。针对这种情况，海尔集团召开了经理会议，在会上，张瑞敏对这些干部进行了严厉批评：“搞生产经营，不老实干，休想！海尔人从无到有，从弱到强，发展到销售额25亿元的规模，依靠的是什么？靠的就是脚踏实地的拼搏精神，你们丧失了这种精神，所以工作迟迟不见起色。”

在这次会上，张瑞敏对海尔的全体干部提出了三点要求：

一是正确认识自己，正确对待自己。一些干部，实际的绩效很差，工作做得不好，却自以为是，对面子格外重视，丝毫不容别人侵犯，派头更是大。这些干部要想想，没有海尔的业绩，哪有你个人的地位？没有广大员工的努力付出，怎么会有你手中的权力？

二是要充分研究竞争对手。一些干部，对市场和竞争对手没有充分研究，致使心里没数，缺乏信息，遇到强者就一筹莫展，遇到弱者就自高自大，连和别人竞争的基本能力都没有。

三是要紧跟企业的步伐。集团是新产生的事物，每一个出台的措施，都有不完善的地方，有问题，大家可以齐心协力，一起解决，但不能用各种理由来抵制执行，更不能各自为政。集团的5个中心和13个专业委员会代表的就是整个集团的利益，是“大势”，必须服从。不谋集团的“大势”，谈什么企业的“小势”！

张瑞敏说：“海尔在向现代企业迈进的过程中，需要我们的干部尤其是各单位的主要领导干部在两个方面领先，一是奉献精神，二是执行能力。商场就像是战场，一招不慎，可能就会满盘皆输，在这里执行力的关键是要胜过竞争对手，处于领先地位。”

一些领导看到这个观点时，或许会忍不住呼喊道：“我的天啊！如果这样，我就太累了，执行的事交给员工不就可以了吗？”说到执行力，领导不妨扪心自问：“还有谁比自己对企业的内外环境、企业的运营更加了解呢？”只有处在高层的领导才能对这些问题有一个全面的了解，也只有领导才能对企业提出一针见血的高难度问题，促使各项计划不流于表面，而是得到深入的贯彻，保证每一个阶段都能成功地完成所制定的目标。

有好的制度也要有好的监督机制

战略是一个公司运作和发展的总体规划和谋略，制定了战略之后，就要对其实施。而实施的进度、效果、结果，都需要有专人来进行追踪和督促。谁是监督的最佳人选呢？当然是管理层。

一旦战略付诸实施，企业的管理层代表着整个企业，必须对这个企业的战略实施承担责任，企业管理者唯一也是必须要做的就是进行监督。这时企业管理者就像一位检察官，要紧紧留意关键的环节、部门和人物。如果企业管理者没有扮演好检察官这个角色，关键的环节、部门和人物就很容易出现问题，而一旦这些环节出现了问题，整个战略的完成，就会受到很大影响，使工作的落实大打折扣。

很多经验表明，监督不力往往让企业好的措施付之东流。为了预防这种事情的发生，三星在企业内部健全规章制度、严肃监督机制。公司从上到下形成了一个质量保证监督网，不合格的零部件坚决不用，不合格的产品绝不出厂。每个工厂、车间、班组层层设立质量保证机构，有专人负责对产品的质量进行检验。

没有监督就没有落实，监督到位才能落实到位。合理的监督机制、适时总结经验、查漏补缺，才能够让落实工作更加完善和有效率。

2001年爆发的经济危机波及了很多国家，三星企业也遭受重创，营业额急剧下滑。为了提升公司的营业额，李健熙亲自视察旗下一个重要事业部经过修正后的运营计划。首先他赞扬事业部经理带领下属为了减少公司成本而进行的努力，然后他又指出事业部还没有达到应有的投资回报率。根据事业部的工作现状，他紧接着提出了一个值得一试的解决方案——建议这个事业部和供货商共同研拟提高存货周转率的方法，借此来取得实质性的成效。

“你觉得自己应该怎么做？”他询问事业部的经理，经理回答道：“如果有工程师帮助，应该可以大幅提升绩效，我需要20位工程师。”

执行长转向工程部门经理：“你是否能抽调出工程师来协助完成这个计划？”

工程部门经理犹豫了半分钟，用一种很冷淡的语气说：“工程师们不会愿意为事业部做事。”

李健熙注视他良久，开口道：“我要求下礼拜一你指派20位工程师到事业部门。”说完后便起身离开了。走到门口的时候，他站住转过身和事业部的经理说：“我要求你在每个月都定期召开视讯会议，成员包括你本人、工程人员、财务长，还有我和生产部经理，必须确保推动这项计划的进展。”

管理层在监督过程中还要注意掌握火候，不要因为工作职责的分工而使员工的工作关系恶化。对员工的过度监督，会让员工难以下决定，很难让员工在工作中进步。习惯打击和轻视员工成就的老板，难以遇到愿意劳心劳力、全力付出的员工。久而久之，只能拥有一批不自动自觉干事、私底下充满抱怨的员工。

PART

招数二

2

喊破嗓子不如做出样子

只有管理者自身做出了表率，才能对员工产生心悦诚服的感召力，带动员工的积极性与行动力，从而更好地增强企业的凝聚力与向心力，提高企业发展效率。因此，管理者要管好员工，不必喊破嗓子，先做出样子吧！

先做个内行领导

作为一位领导，最害怕的就是被员工看不起，如果被员工小看，那影响力、领导力这些都无从谈起了。队伍自然也谈不上什么执行力、战斗力。所以，如果想要打造出一支强悍的团队，作为领导，对自己的本职工作必须要非常熟悉，做一个工作的内行。“打铁还需自身硬”说的就是这个道理。

创造了海尔辉煌的张瑞敏，他本人不仅是管理实践上的内行，而且提出了很多经典的管理思想。他对中国传统文化中的诚信精神进行了发扬，把它运用到对顾客的服务中去；他还把中国传统文化中的回归自然的思想和现代管理制度结合起来，创造出“斜坡球”理论、“赛马不相马”等人力资源理念以及“围墙之内无名牌”的品牌观念。

理论上的突破，实践上的成功，让张瑞敏不但成为海尔的行政领袖，更是精神上的领袖。在海尔集团，几乎所有的员工，都是围绕着张瑞敏的一言一行来行动的。很多职工毫不掩饰地说：“在海尔集团干，就是因为有个张瑞敏。”

世界上确实有人天生就是领导，他们天赋异禀、魅力独具，能让公众为之癫狂，但这只是极少数的例外，绝大多数的优秀领导者都是普通大众，是他们的勤奋努力和不断学习，铸就了他们的领导素质。比尔·盖茨就说：“我的工作最让我乐此不疲的一点，就是我的四周环绕着热爱学习的人。”

通用电气公司的 CEO 伊梅尔特也曾经这样说过：“CEO 最需要的素质就是每天都要不断学习，并且知道怎么在公司传播思想。”

个人的知识经验不能涵盖所有领域的事情，管理本身所涉及的知识远远超过某个人本身具备的，所以作为一名领导者，需要不断为自身充电，阅读管理专家的著作，或者订阅一些这方面的期刊，向其他成功的领导者学习经验。

律人必先律己

孔子曾经对鲁哀公说："政者，正也。君为正，则百姓从政矣。"唐太宗李世民则说："若安天下，必须先正其身。"因此，作为企业的领导者，如果想管理好员工，那就得先管好自己，律人必先律己。

事实上，很多管理者，只是对员工进行苛刻的要求，对自己却很纵容。如果一个人没有能力管好自己，那他也绝对没有能力管好别人。如果领导者不能严格要求自己，员工就会渐渐失去对他的信任。

井植薰经常说："不能'制造'优秀的自己，怎么谈得上'制造'优秀的人才呢？优秀的领导人才能'制造'出优秀的人，再由优秀的人去制造更优秀的商品、更优秀的自己和更优秀的他人，就是三洋的特色。"

井植薰的这种自律哲学，影响着三洋公司的所有员工。他是这样说的，也是这么做的。1969年，自从接替了三洋的董事长、总经理职位后，他从来不为自己格外制定什么标准，要求别人做到的，他自己首先做到。对于公司的各项制度，他身体力行，从来不允许自己超越。比如，当时三洋公司推出力戒"去向不明"政策，井植薰就带头遵守。当时还没有手机等先进的通信设备，一旦有什么紧急的事情要找什么人员，而他没有在公司也不在家中，别人也不知道他去了哪里，这样常常会耽误大事。所以，对于这一情况，井植薰要求所有的人员外出，必须让公司知道。井植薰每次外出，必定让公司其中的一个人知道他的去处，即使是私人的事也不例外。在他的带领下，这个制度在三洋公司贯彻下来，所有的员工都没有什么怨言。

井植薰要求员工尽力为公司考虑。他认为，如果一个职工下班后一跨出公司就只过自己喜欢的生活，那他一生也不可能成为公司的重要领导。员工应该站在更高的角度上来要求自己，让自己不断完善。在这一点上，井植薰也是这样要求自己的。对于他来说，一天除了睡觉之外，其余时间都在考虑公司的事情。

井植薰在教导员工“如何做”的同时，总是要求自己首先做到，正如他在一次谈话中所说的：“领导者如果以为公司的规则只是为普通员工制定的话，那就大错特错了。它应该是公司所有人都必须遵守的规则，这其中包括部门经理、总经理、公司总裁、董事长等高级管理人员。如果觉得因为自己是高层领导，下面的事有人代替去做，就以为迟到几十分钟无关紧要，那是绝对行不通的。大家都听过‘上行下效’吧，上面的人这样做，下面的人也会学习他。这样的模仿，长期发展下去，就会形成公司的懒散作风，这足以让一个前景大好的公司面临失败的深渊。”

有一次，一位记者问他：“现在你的年纪很大了，还要以身作则，会不会很累？”井植薰回答道：“再累也要坚持啊！不身体力行，对下属就失去了号召力和感染作用。作为三洋公司的董事长、总经理，在国内有7万双眼睛盯着我看，大家都在注视我的行为，我必须得谨言慎行，不能有半点儿失误。”

榜样的力量是非常巨大的，员工每时每刻都注意着领导。正是井植薰这种身体力行、身先士卒的表率精神，让三洋公司的员工都不满足于只做好本职工作，从而使每一个提升的人都成为大家的榜样。榜样又严格约束自己，努力影响着其他的人，这样大家都成为“优秀的人”、“优秀的”三洋人，又制造出“优秀的”三洋产品，三洋企业才得以取得辉煌的成就。

很多事实都表明，领导者必须注重自身修养，在实践中身先士卒，先做好自己，再去要求别人，进而带领员工去开拓进取。

史蒂夫·鲍尔默是微软公司首席执行官。在这个著名的企业中，如果说比尔·盖茨是战略家，那么鲍尔默就是行动家，而且是最具有执行力的行动家。而他巨大的执行力，就是靠着他的自律来维持的。鲍尔默在工作上异常严厉，但他并不是那种只会严格要求别人的领导者，他深谙律人必先律己的道理。

他严格要求别人的同时，也严格要求自己，他本人就是一个非常典型的工作狂人。

同时，他还认为，如果一个经理人经常说空话，就不可能得到员工的尊重。要求员工做到的，自己就一定要做到。所以在微软公司，没有特权的管理阶层，也没有什么具体的事都不做只负责给员工派发任务的纯管理者。

勤奋，一直是他实践管理的原则。他要求微软的经理人对公司的事务要了如指掌，所以他孜孜不倦地关心着微软的每一件事、工作的每一个过程，这让他成为员工的榜样。

史蒂夫·鲍尔默提倡家庭式的管理，他要求所有的部门负责人都关心员工，让员工感觉到微软是一个大家庭。他从来不忽略自己的责任，在生活上对员工非常关心，他常常提醒员工别因为工作而影响健康，又亲自下令人力资源部门和各级主管制定切实可行的康乐保健措施，保护员工的健康。每一个微软的员工都能够认真地倾听别人的意见，这让每个人都觉得自己是重要的一分子，使微软形成了一种温暖的家庭氛围。全体中层领导者在他的带动下，都非常关心员工的生活，比如员工家里有事情，像交电费、水费、交通罚款单等，没有时间的话，公司可以代替其缴纳；当员工遇到困难，需要公司解决时，公司会立刻对员工进行帮助。

任何一家企业要想成功，都必须有一个像史蒂夫·鲍尔默这样严于自律的领导者。他们就是他们自己最严格的监督者，不管是什么要求，都要首先从自己做起，这样的自律，最容易感染到员工，也最有利于帮助领导者建立威信。这也正是“律人必先律己”的管理思想精髓所在。

以“高人一筹”的标准要求自己

管理者必须要不断进行自身的完善，提高自己的素质，制定出自己应该达到的“高人一筹”的标准，或许不能做到最好，但一定要有追求最好的愿望和行动。以下是几种帮助你完善自我的简单方法：

第一，注意着装和仪表。作为领导者，必须注意自己的衣着和外表。在西方国家的公司中，管理者一般的着装都是深灰、深蓝或黑色的西装。因为西装和这些颜色搭配在一起，已经成为管理者的统一标志和规定。

当然，管理者也可以有其独特的一面，作为管理者，未必一定要戴名表，穿名鞋，提名包。但一定要注意自己的仪表，尤其是在代表公司从事高级外交活动中，特别是和外商接触时，仪表是很重要的。这时的仪表已经不单是自己的形象问题了，它代表的是公司的形象。甚至，在一些情况下，它可以影响对方对公司的看法，决定着生意的成功与否。

第二，在语言上下功夫。言语、谈吐是反映管理人内涵的一个重要方面。字正腔圆，抑扬顿挫，铿锵婉转，起伏有致，展现出来的是一个人的语言魅力；而言辞得当，应对得机智灵敏，既善于表达自己，也善于引导对方，体现的是高超的沟通技巧。

语言是极富感染力的。在语言技巧上下功夫，会给管理人赢得一种重要的经营武器。良好的语言功底，不但能得到上级的青睐，也能得到下属的欣赏，起到鼓励的作用，同时也能赢得合作者的尊重、信任，从而推动交易的顺利进行。

第三，提高自身修养。举止、修养是管理人自我塑造的必修课，但这一方面却为传统的管理人及有关培训课程所忽视。我们时常可以看到，一些管理者无论是在和上下级的接触，还是在和客户的沟通中；无论是在谈判桌，还是在餐桌上，都缺乏得体的举止和基本的修养。但在现代公司管理中，特别是在激烈的市场竞争和国际化经营中，这方面的修养就显得极其重要了。

读书、看报是提高修养的一个简单可行的方法。在美国，阅读《华尔街日报》成为商人们每天必做的功课。一手《华尔街日报》，一手公文包，已经成为美国管理人员的典型形象。读书看报不但能够及时获取商业信息，还可以保持自己对市场的敏感性。

第四，强化能力。能力是一种心理属性，它很重要，它是在活动中，人们所表现出来的决定活动效果的因素。从管理者的角度来说，有的管理者能够快速掌握新市场的经验，学习到崭新的管理技能，可以对问题进行创造性的解决，这样的管理者就是能力强的领导者。

能力和知识、技能不同。知识、技能是指人们学习的内容或对象，能力则是指人本身学习的潜力。一个衡量能力的重要标志，就是智商。作为一个管理者，应该具备较高的智商，这是他成功地、创造性地对公司进行管理的素质保障。智慧是企业经营谋略的根源。智慧者，善谋略，当可运筹帷幄，决胜千里。

第五，培养知识技能。要成为一名合格的管理者，就需要具备管理者需要的知识、技能。这些主要包括公司运作各方面的基本知识，涉及物资、人力、资金、信息及有关过程的管理和运作，以及对这些过程的计划、组织、指导、协调等技术。这些知识是管理实务培训的主要部分，也是 MBA 的经典学习课程。传统意义上所说的一个人是否能胜任某种管理工作，大多是从知识、技能这一方面来衡量的。作为一名新兴的管理者，知识、技能是自我完善的重要方面。

第六，调节情绪。简单地说，情绪是人们对把事物评价为好坏而可接近或应回避的态度的体验，既伴随有原始的生理变化如心率、血压等，也伴随有高级的认知活动如判断、推理等。

情绪拥有沟通、组织、动机、适应等功能，是人们适应生存的重要心理过程，同时它也作为个人的特质影响着人格，成为一个人的行为特色。

事实上，一个人的情绪健全与否，是否可以进行良好的控制和运用，就表现在“情绪智力”上，并直接关系到其管理活动的效率和成功与否。

第七，调控兴趣和动机模式。兴趣和动机反映了一个人活动的方向性和动力性的特征。兴趣是指人们活动的具体指向，动机是指活动的能量投放，或者是期望达到目标的程度。当一个人对某些活动很感兴趣时，他所有的心理能量都会放在这一活动中，而对其他的活动毫不关心。一个方向性，一个动力性，合而观之，两者的意义不言而喻。

一般情况，管理人的兴趣、动机的模式和组织有一定的特点。管理人对什么活动感兴趣，把个人精力用于什么事情上，怎样利用自己的心理能量，以及如何看待成功、失败、权力、人际关系等，都反映出他的人格特点，并和管理绩效有一定的关系。因此，如何调控兴趣模式、动机模式，使其和高效率的管理活动相匹配，也是管理人素质培养的重要组成，是自我设计的一个环节。

第八，培养鲜明的个性。个性和人格是指人独特的行为风格、思维方式、处世习惯，它们让人具有自身的特性，从而和别人区分开来。人们一般说的内向或外向、果断或犹豫、冷漠或随和、孤僻或者热情等，都属于这一范畴。每个人都有若干种个性特征，并不是每一特征都单一地决定了管理的成功。但有一些研究和经验表明，某些特征的相互组合和管理的成功与否有着密切的关系。很多成功的管理者，都是个性鲜明的人。这些人的人格力量在他们的成功中是不可忽视的因素。

第九，勇于承担责任和义务。如果你因为害怕承担责任，而不敢采取行动，那什么事也做不成。如果你发现自己的决定是错误的，要敢于承认错误，敢于把错误的决定改成正确的决定，这是一个管理者能力和智慧的标志，也是走向成功的一种象征。

同样地，对于自己的工作，你应该有一种义务感，例如：

1. 对自己的任何行动都要满怀信心。做事的时候不要拖拉，不要敷衍，那只会让你的精力白白耗费，而没有任何意义。

2. 收集事实，下定决心，要以完全相信自己是正确的心态发布你的命令。

3. 对已经做出的决定，要再次进行检查，确保它的正确和及时。

4. 分析别人做出的决定，如果你不能同意，你就要确认一下你不同意的理由是否是正确的。

5. 研究别人的行动，通过他们的经验或教训来让自己受益。

6. 要心情愉快地承担起自己的全部责任。

7. 做你惧怕做的事情，让自己拥有做这件事的能力。

俗话说："要给人一杯水，你要先有一桶水。"同样的道理，作为管理者，要想要求别人做到什么标准，首先对你自己的要求就要更高。只有如此，你的员工才会被你的魅力所感染，才会心甘情愿地去完成你的标准。

做一个强势的领导

决定一个企业成功与否的原因有很多，是否有一个坚强有力的领导是一个重要的原因。娃哈哈的总经理宗庆后就说过："搞企业与打仗一样，机会来了，要快速反应，及时决策。没有强势领导就做不成事情。"

提到娃哈哈的管理，很多人印象最深的就是"集权"，宗庆后也毫不避讳地承认这一点："你去看看中国现在能成功的大企业，都有一个强势的领导，都是大权独揽的，而且专制的。我认为在中国现阶段要搞好企业，你必须专制。"

娃哈哈集团一直都没有副总，分管各部门业务的部门经理，直接对宗庆后负责。娃哈哈集团的所有策略、政策都是总经理一人决定，属下的人只需去执行他的决定。而且集团的领导大多数是女性，任用理由是"女将听话，执行力比较强”。所有的集权管理，落实到最后就是“签字权”。宗庆后是娃哈哈绝对的“一支笔”。在企业创办之初，办公室买个扫帚都需要他签字，后来50元以上的花销都要他签字。宗庆后要签字的单据每天多达数百份。现在，虽然娃哈哈实施了分级授权制度，但各类采购合同、广告费、交际费等的审批权还是被宗庆后紧紧抓在手中。

1997年，宗庆后做出一个非常大胆的决定：上马“非常可乐”。可口可乐和百事可乐征服市场的最有效招数，就是宁可几年不赚钱也要取得市场份额，使得“双乐”几乎粉碎了以前中国本土可乐的所有反击。所以在得知宗庆后的这个决定后，别人曾经评价道：“非常可乐，非常可笑。”娃哈哈董事会的很多成员也不赞同这样做，下属员工也反对。但宗庆后说：“他们也知道，我要做的话谁也挡不住。”详细论证之后，“非常可乐”很快上马了。2001年，非常可乐以62万吨的产销量挤入三甲，使得两雄争霸的局面变成了三分天下。宗庆后用准确的判断力和强势的领导保障了自己战略的顺利实施。现在，娃哈哈已经成为全球第五大饮料生产企业。

作为企业的领导者，时常会出现这样的情况：每次提出一个新的想法，必然会有反对的声音。其中有对新意见不甚了解的人，也有为反对而反对的人。一片反对声中，领导者犹如鹤立鸡群，陷于孤立之境。这个时候，领导不要害怕孤立。对于不了解的人，要耐心地向他们仔细讲解，让他们的反对变成支持。对于为反对而反对的人，任你怎么说，恐怕他们也不会接受，那么，就干脆不要寄希望于他的赞同。最重要的是，你的决策是正确的，只要掌握的是真理，就应该坚决地执行下去。

林肯当上美国总统后不久，为了讨论自己提出的一个重要法案，把6个幕僚召集在一起开会。幕僚们的看法并不统一，7个人热烈地争论起来。在最后决策的时候，6个幕僚一致反对林肯的意见，但林肯仍然坚持自己的看法，他说：“虽然只有我一个人赞成，但我仍要宣布这个法案通过了。”

表面上看，林肯这种不顾大部分人意见的做法似乎太过独裁。事实上，林肯已经充分了解了其他6个人的看法并经过深思熟虑，认定自己的方案最为合理。而其他6个人持反对意见，只是一个条件反射，有的人甚至受到别人的影响，对这件事根本就没有认真思考过。既然这样，那作为领导者力排众议，坚持自己的决断，也无可厚非。

决断是不能由多数人来做出的，多数人的意见是要听的；但做出决断的是一个人。做个“红脸”领导，要用道理让别人信服，也要做到“该出手时就出手”，当机立断，果断地执行自己的决策。

切忌“搬起石头砸自己的脚”

俗话说：“打铁还要自身硬”。作为企业中的管理者，如果自身没有过硬的素质和能力，就难以让下属听从命令。所以，管理者想要管理好手下的人，首先就要提高自己的素质，并且严格要求自己，如果连自己都管理不好，就难以对别人进行严格要求，管不好自己，肯定也管不好别人。

在管理活动中，领导者首先要制定规定。然后在要求下属执行的同时，自己也要严格遵守，身体力行，为下属做出榜样，这样员工才会心服口服，严格遵守规定。如果管理者违反了规定，也要按照规定对自己进行处分，而不能享有特权。要做到“王子犯法，与庶民同罪”，只有这样，才能够“政令畅通”“令行禁止”。

相反，如果领导者没有遵守自己制定的规矩，把自己放在制度之上，违反了规定，而没有任何惩罚，那就很难让大家信服。别人也就不再愿意遵守规定，如果没有下属再愿意遵守既定的规矩了，那么你制定的这些规矩就成了“一纸空文”，形同虚设，最终会导致“搬起石头砸了自己的脚”。

《三国演义》里面曹操“割发代首”的故事，很有代表意义。

这个故事说的是，三国时期，天下大乱。百姓无法耕地种田，致使大片田地荒芜，粮食十分匮乏。为了解决这一困境，曹操实行屯田制，并很快收获了大批的粮食。这样，不仅老百姓安居乐业了，军队也有了充足的军粮，为进一步战斗提供了物质基础。这让曹操很高兴，为了保护粮食，他下了一道法令："践踏庄稼者斩！"

不久，曹操率军队经过麦田。突然从路旁的草丛里窜出几只野鸡，把曹操的马惊得狂奔起来，跑进了附近的农田。等到他勒住马时，地里的庄稼已经被踩了一大片。曹操叫来执法官，对他说道："我的马踩坏了麦田，违犯了军纪，请你按照军法给我治罪吧！"

执法官非常犯难：按照规定，这可是要砍头的，但曹操是最高领导，也是他制定的军纪，怎么能杀掉他呢？所以他说："曹丞相，自古'刑不上大夫'，因此，您可以免除惩罚。"

"这怎么能行？如果地位高就可以不遵守规定，那么命令还有什么用处？何况这是我自己定下的规矩，如果我都不能执行，怎么要求将士们去遵守呢？"

执法官迟疑了一下说："是您的马受惊冲入麦田，并不是您有意识地违反军纪。我看还是免于处罚吧！"

"不行！规定就是规定，不管是有意还是无意，如果大家违反之后都找出理由来免于惩罚，那规定不就成一张废纸了吗？既然是每个人都得遵守，那我怎么能够例外？"

执法官头上冒出了汗："丞相是全军的主帅，如果按军令受罚，那谁来指挥打仗呢？再说，朝廷不能没有丞相，百姓们也需要您啊！"另外的将军们也上前哀求曹操赦免自己。

曹操见大家都在求情，沉思了一会儿说："我是主帅，治死罪是不适宜的。那就割下我的头发来代替首级吧！"说完后，他拔出剑削掉了自己的一把头发。

曹操对这件事情的处理态度和方式，无疑是给全体将士们敲响了警钟："忽视我的规定，就必须要承担后果！"通过这件事，大家都知道曹操言出必行，绝不姑息。所以谁也不敢违抗规定，军队的纪律十分严明，战斗力自然也大大提升了。最终，曹操的军队消灭了其他割据一方的势力，统一了中国北方。

这个故事具有很典型的代表意义，曹操以身作则、严于律己，严格地遵守自己制定的规章制度，并对自己的违纪行为进行惩罚，这非常值得我们现在的企业领导者学习。

作为一名企业的领导者，应该明白，规定一旦建立之后，就是非常严肃的，不能朝令夕改，也不能容忍任何人触犯它。倘若领导者让自己建立的管理规则变成“一纸空文”，这对于公司来说，无疑是管理不善；对于企业来说，规章制度不能执行，损害了公司利益；对于管理者本人来说，则让他失去员工的信任，以后再制定规章制度就失去了权威性。或者是让员工不满，认为领导者“只许州官放火，不许百姓点灯”。无论是哪一种后果，都是领导者的损失。

用稻盛和夫的“六项精进”修炼自己

稻盛和夫是一个很成功的企业家，他建立的两家公司，都位列世界 500 强之列。他对佛教很虔诚，善于用信仰的精神力量来鼓励、约束自己，从而让自身的素质和修养不断得到提升。

稻盛和夫把自己多年来对企业的管理经验，升华到哲学的高度，并且提炼出“六项精进”法则，如果企业的领导者能够按照这个法则要求自己，就会不断进步，让自身的管理素质和修养渐渐进步，最终达到常人难以达到的高度和境界。

现在，就让我们一起来看看稻盛和夫的“六项精进”法则，希望这些法则能够对企业的领导者有所帮助。

精进法则之一：付出不亚于任何人的努力

如果你想要拥有幸福的生活，想让企业不断成功，首要的条件就是“付出不亚于任何人的努力”。如果做不到这一点，企业经营的成功，人生的成功，就会像是空中楼阁。

稻盛和夫说：“在我 27 岁时，开始建立公司，我创办的第一家公司是京瓷公司。那时候，我连经营的‘经’字都不认识，但我心中只有一个信念，那就是不能让公司倒闭，不能让相信我、出钱帮助我的人跟着倒霉。为此，我拼命地工作，常常从清晨干到第二天凌晨，正是因为这种勤奋，才有了‘京瓷’今天的辉煌。”

“如果刚刚有了点儿钱，公司刚有一点儿进步，就想安逸和偷懒，不能有这种肤浅的思想。在自然界中，每种动物都要在严酷的条件下，为生存而努力，这是大自然的规律，我们人类在地球上生存，也必须认认真真、竭尽全力。”

精进法则之二：要谦虚，不要骄傲

稻盛和夫认为：人格最重要的要素就是谦虚。“要谦虚，不要骄傲”并不只是针对因为成功而自高自大的人，而是要求一个企业的经营者在小企业成长为大企业的整个过程中，始终保持着谦虚的态度。

“‘谦受益’是一句很有道理的格言，我下定决心遵守这个格言。在这个世界上，有的人用强力去排挤别人，看上去也很成功，其实不然。真正的成功者，尽管胸怀火一般的热情和斗志，但他们同时也是谦虚的人、谨慎的人。”

精进法则之三：要每天反省

稻盛和夫说：“提高心性就能够扩展经营。这就是说，不修炼自己的灵魂，就不能做好企业。我经常和大家说到这一点，我希望大家和我一起遵守这个原则。”

一天结束以后，回顾这一天，进行自我反省是非常重要的。比如说，今天有没有让人感到不愉快，对待别人是否亲切，是否自大，有没有自卑的举动，有没有自私的行为。回顾自己的一天，对照做人的准则，确认言行是否正确，这样的作业十分必要。

精进法则之四：活着，就要感谢

"'感谢'很重要。我们要感激身边的一切，因为我们不可能一个人独自活在这个世界上。空气、水、事物，还有家庭成员、单位同事，还有社会——我们每一个人都是需要周围环境的支持才可以生存。与其说是'生存'，倒不如说是'让我生存'。"

这样想来，我们活着，就应该对自然有感恩之心，只要有了感恩之心，我们就能体会到生命的幸福。

精进法则之五：积善行，思利他

中国有句古语，叫"积善之家，必有余庆"，这句话就是说，多做好事的人会有好报。不但是本人，就连家人、亲朋也有好报。

精进法则之六：忘却感性的烦恼

担心、烦恼、失败等等，这些都是人生的常事。但是水既然已经泼出去了，就难以收回来，一味地为失败感到悔恨，没有任何意义。总是闷闷不乐，时间一长，心理就会出问题，慢慢地，心病就会引发身体的其他毛病，最终让自己的人生变得不幸。不要让已经结束的事情困扰自己，要盘算新的事情，把新的想法转移到新的行动上去，这一点很重要。

稻盛和夫说："要对过去的事进行深刻的反省，但不要因此在感情和感性的层面上伤害自己，加重自己的心理负担。对待问题，要进行理性的思考，把自己的精力迅速集中到新的思考和行动上去。这样就可以开创出人生崭新的局面。"

两个世界500强企业的缔造者，稻盛和夫的成绩是有目共睹的。一个企业的管理者不仅代表自己，更代表一个企业的精神，如果你希望自己的企业是精进、积极、向上且受人信任的，那么就学学稻盛和夫的精进方法吧。

领导者要有干练的工作作风

公孙丑是孟子的弟子，他曾经问孟子："老师，您最擅长的事是什么？"

孟子说："我知道言语的诀窍，我擅长培养自己的浩然正气。"

作为一名领导者，只要一身正气，心里时刻想着自己的下属，才能算得上是一位优秀的领导者。

要成为一位大家信任的领导，首先就要注意自己的领导形象：不管你的情绪是什么样的，当你来到办公室之后，都要让员工看到你的笑容，让他们知道你今天心情不错；你的穿着不一定要与众不同，但必须干净得体，让人看着舒服。

当员工向你鞠躬行礼时，你也要点头或是微笑来还礼；当你和下属碰巧遇到时，而对方又凑巧因为某些原因没有看到你时，你可以故作惊讶地先和他打招呼，然后寒暄几句便走开，以免增加对方的恐慌；如果有必要，在工作的任何时候，每一个员工都可以向你发表自己的观点，而你必须尽快地做出答复；仔细检讨自己的错误，有公布的必要就清清楚楚地向员工公布，这样他们才会不断地指出你的失误。

每天早上给自己一段安静的时间，以便用来思考今天要做的工作，不要总是重复前一天的工作，更不要把昨天剩下的工作拿到今天来做；当员工犯错误时，不要粗暴地对待，因为他可能已经很内疚了，太过激烈的批评会严重损害员工的自尊；当整个部门的工作发生问题的时候，领导要承担更多的责任，而不是将责任全部推到员工身上；接待新员工要慎重，辞退老员工更要仔细，因为人员的加入和离去对工作和士气都大有影响。

作为一名优秀的管理者，不但需要扎实的业务水平，也需要具备良好的演讲能力，演讲是领导者必须要拥有的素质。对企业内部来讲，现代企业管理要由对“物”的管理转向以“人”为中心的管理；由“命令——服从”的单方面管理，变成“目标——参与”的双向管理。怎样激发和调动出下属的工作积极性和创造力，是管理者首要的工作。

作为一名企业的领导者，应该告诉所有员工企业的奋斗目标，以感染和鼓舞员工为达到这个目标而奋斗；需要将自己的决策及面临的各种困难告诉大家，以引导员工发挥聪明才智，团结一致，克服困难。

另外，领导者还需要拥有良好的沟通力、很好的亲和力、很强的决策力等多种能力。总而言之，如果你想成为一名优秀的领导者，就要不断提升自己的个人素质和修养，以此来增加个人魅力，吸引并团结员工。

用身先士卒去赢得人心

现实生活中有很多领导者虽然才干突出、品行正直，但他们创造的成绩却比不上其他的领导者，这是什么原因呢？其实一个重要的原因就是因为他们的协调艺术做得不够好。在管理员工时，处理复杂的人际关系大约占用了领导者60%以上的时间和精力，所以能不能灵活巧妙地协调好人际关系，常常成为评判一个管理者是否成熟的重要依据。

吴起是我国战国时代的一位著名将领。他对待士兵亲如父子，和士兵同甘共苦，大家都非常爱戴他。由于他爱兵如子，所以他带领的军队很有战斗力，每次打仗都战无不胜，让敌人非常害怕。

有一次部队中有一个士兵因为脓疮而痛苦不堪，吴起看到后，就马上俯下身用嘴把脏乎乎的脓血吸出来，然后又撕下战袍，为士兵把伤口仔细地包扎好。这一幕让在场的士兵无不落泪。后来这位士兵的同乡，把这件事告诉了这个士兵的母亲，老太太听完后发声大哭。别人以为她是因为感动而痛哭，谁知她却说：“我这是难过，我儿子的命恐怕难以保全了。以前我的丈夫就是在吴将军手下当兵，吴将军对他也是这样好，后来在战争中我丈夫为报答将军的恩，拼死向前，结果战死在沙场。现在又轮到我儿子了。”

士为知己者死。在中国这样一个历来重视情义的国度中，领导者如果能体恤和爱护员工，员工们必然会以全力回报。

在管理员工中，沟通是一项不能缺少的工作。可以说，管理者做的每件事都离不开沟通。首先，管理者没有信息就不可能做出决策，而信息只能通过沟通得到。其次，一旦做出决策，就要进行沟通，否则大家也无法知道决策。所以，最好的创意、最优秀的计划没有沟通都不能实施，这就要求管理者必须具备良好的沟通技巧。

一个团体或单位汇集了来自五湖四海的人，作为领导你是否想过：这些性情各异的人为何会聚集在你的身边，听从你的指挥，为你的事业而努力。俗话说：“浇树要浇根，交人要交心。”作为管理者一定要明白员工的愿望和需求，并尽量给予满足，这样才可能让大家跟随你。以下是领导者需要牢记于心的法则。

第一，干同样的活，拿同样的钱。大多数员工都希望他们的工作得到公平的报酬，即同样的工作得到一样的回报。如果一个人干着同样的工作，却拿着比别人更多的钱，这就很容易让其他员工不满。每个人都希望自己的收入符合正常的水平，偏离准则是令人恼怒的，很可能引起员工的不满。

第二，被看成一个“人物”。员工都希望自己得到别人的承认，他们希望自己的努力得到肯定。赞扬他们几句，或者拍拍肩膀，增加工资等都有助于满足他们这种心理需要。

第三，有步步高升的机会。大部分的员工都希望能够得到晋升。没有前途的工作，是不会让员工满意的，最终很可能因此而离去。除了提升的机会，员工还希望有一个安全保障，对于身为一家之主并要养活几口人的员工来说，情况更是这样。

第四，在舒适的地方从事有趣的工作。许多员工把这一条摆在了要求的前列。大家都喜欢在安全、舒服、干净的环境中工作，但对于他们来说，和硬件条件相比，更重要的是企业的人文环境。其中，领导者的信念所带来的吸引力尤其重要，在发展迅速或是好不容易才摆脱困境的公司里，几乎都可以看见优秀领导者所具备的魅力。

第五，被企业“大家庭”所接受。员工们需要社会的承认和同事的肯定，如果没有这些，他们就会士气低落，从而降低工作效率。员工不但需要员工群体的归属感，也需要整个公司的归属感。在日本，许多大企业集团都实行终身工作制，比如松下、索尼等。员工一旦成为公司职员，则找到了终身工作，解除了他们的后顾之忧，这样员工很容易把公司当成家，因此发挥出更大的工作积极性和创造性。索尼公司每年都推出几千项发明，这与该公司以人为本的治理方法是分不开的。所有的员工都希望公司赏识他们，甚至需要他们一起来研究工作，讨论可能出现的挑战或者某一种新的工作方法，不是通过私下而是直接从领导那里得到这样的消息，这有助于增加员工的归属感。

第六，领导别是“窝囊废”。所有员工都愿意为那些明白自己责任，可以做出正确决策和公平无私的人工作，而不是为一个“窝囊废”领导卖命。

另外，不同的人，对这些需要的侧重点也不同。对有些员工来说，晋升的机会或许是最重要的。而对另外一些员工来说，工作保障可能是最重要的。鉴别个人的需要对你来说并非易事。员工嘴上说想要什么和实际上的需要可能是不同的，比如他们说对工资不满意，可能他们的真实想法是想得到晋升。作为领导者，你应该了解这些需要，并尽可能去满足员工的大部分需要。为此而努力的领导会与员工的关系非常融洽，这样才能同心同德，共同把工作做好。

现代领导者和员工之间早已没有封建时代的君臣、主仆式的关系了，你不能再简单地像对待仆人那样使唤员工。如果你想让自己的决策被下属心甘情愿地执行，一个重要的因素就是要对他们充满关爱。一个不知道关爱员工的领导者一定是一个失败的领导者。

奥斯华·波尔克是第一次世界大战时，德国空军最著名的人物之一。七十多年前，他发明的空中战术，现在还被战斗机飞行员沿用着。波尔克提出了“猎人中队”的理论，就是现在我们所谓的战斗机中队。他本身率领这样一个中队作战，而且凡是派到他这个中队的新驾驶员，他总是想尽办法教导他们，让他们掌握作战技巧。同时他也尽最大地努力帮助这些人在实战中取得成功，为此他甚至不惜牺牲自己击落敌机的最高纪录。虽然他为了教导别人而失去了自己击落敌机的机会，但他还是得到了应有的成功。

从这个例子上，我们可以看出，要成功地管理员工，就要在企业中为员工提供成长的机会。特别是在瞬息万变的今天，给员工提供学习的机会，帮助他们掌握新的东西，这对于企业的发展是极为重要的，由此也可以激发员工的工作积极性和满足他们进步的愿望。

总之，一个成功的领导人必须要懂得去关爱每一位员工，尊重他们的工作，重视他们的才华，从小事中关爱他们，帮助员工解决工作和生活中的困难，帮助他们提高自己，鼓励他们学习，对他们取得的成绩进行表扬。这样，员工工作时就会更为积极，就会更大地发挥其长处，充分地展示其创造力和才华，从而帮助你成就事业。

用自己的激情去感染员工

好的领导者都会运用自己的情绪去感染员工的情绪，用自己的激情去点燃员工的激情，进而让情感转化成生产力。一个热情洋溢的领导者会极大地感染组织成员，影响他们用同样的热情去对待事业和工作，从而使整个组织充满生机和活力。

在微软公司，比尔·盖茨本人以近乎工作狂的态度，带动了员工的工作激情，在他的带动下，微软公司形成了一种工作狂的氛围。

微软公司负责公关的经理曾经这样说道："盖茨先生不但是工作狂，而且要求非常严格，下属认为无法做到的事，他就自己做，并且能很快完成，而且近乎完美，让大家佩服得无话可说。"

爱默生说："有史以来，没有任何一件伟大的事业不是因为热忱而成功的。"热忱是一种意识状态，能够鼓励人们勇敢地行动。它具有感染性，能让人们受到影响。

热忱是推动个人事业发展的动力之源，它就像一个巨大的"发动机"，推动着人不断追求卓越的目标。对于领导者来说，由于肩负着一个企业、一个团队完成任务、发展组织的重大责任，这种发自内心的热忱就更加重要了。

具有强烈热忱的人往往渴望将工作和事情做得更加完美，而不是停留于达到一些基本目标，他们努力提升工作效率，追求更大的成功。他们的乐趣就是在实现成功的过程中，不断克服困难，不断超越自我所带来的满足感。

领导需要热忱，这是毋庸置疑的。那么怎么才能长久地保持热忱呢？

第一，从做好每一件事开始。一个充满热忱的人，会把心中的热情注入工作、生活中的每一件小事上，而不仅仅体现在大事上。实际上，小事上和大事上的热忱在本质上都是相同的，在小事上不断取得成功也意味着大事上的成就。

第二，有爱才会有激情。如果一个领导者满怀着爱心去沟通、理解、工作，自然就会产生激情，而且可以让别人得到感染，激发他们的热忱。

第三，在激情与理智之间保持平衡。作为领导者，你尤其应当在别人群情激奋的时候保持冷静，并在合适的时候，用适宜的方式为大家高涨的激情泼点儿冷水，使这激情保持在一个合理的范围内。

优秀的领导者善于将激情与理性很好地融合在一起。他们的内心并不缺乏火一样的热情，也不缺少激发他人的能力。但是除了激情，他们还具备着冷静的理智。

PART

招数三

3

先识人，才能用好人

企业经营第一要素就是人，企业发展离不开人。就如“一个篱笆三个桩，一个好汉三个帮”的道理，纵然管理者有再大的能力，没有得力助手，也无法成就事业。所以，企业要好，需要有好员工，而想管好员工，就需要会识人。管理者只有像伯乐一样，了解员工的性格特征、长项缺点等，才能将合适的人用到合适的位置，尽量避免大材小用或小材大用这种资源浪费的情况发生。

从日常谈话中鉴别人才

“言为心声”。领导了解员工的有效方法就是和他交谈。平时领导要多和员工沟通，有意识地询问下属一些关心和正在思考的问题，从下属的谈吐中初步判断他们的观念、才学与品性。

第一，目光远大的人可以共谋大事。在向员工询问“企业应该怎样发展？”“你有什么规划？”等问题时，领导如果发现下属不满足于现状，有远大理想，有不同寻常的发展眼光，且想法也不空泛，那么，这是一个难得的人才，可以提拔重用他，发展成为你的得力助手。

第二，善于倾听的人能担大任。善于倾听别人，能够理解别人谈话的关键点，回答言简意赅的人可以担当大任，因为他们善解人意。善听是一种修养，它只有经过长期的锻炼才能形成；同时，这些人也往往具备谦虚的品格，随和的个性，以及领导和管理的天赋。一般而言，寥寥数语，就能点到问题关键的人，往往是思维缜密、周详而又迅速果断的人。他们对事物体察入微，而且客观全面，做出的决定也实际可靠，他们是可以担当大任的人。正所谓“真人不露相，露相非真人”。如果能够重用他们，公司的业绩肯定会大大提升。

第三，“胆小”心细的人比轻易许诺的人更可靠。在分配任务的时候，如果下属总是说“我担心……”“万一……”之类的话。乍看起来，让人觉得这种员工胆小怕事。其实不是这样的，这样的人往往思维比较严密，能够居安思危，经常考虑到可能的各种情况和结果，同时也善于自我反省，明白自己的所作所为以及由此带来的后果，非常有责任心。因为他们对工作中可能出现的困难和问题，事先都给予了足够的重视和准备，所以做起工作来，就会井井有条，工作完成得非常出色。对于这样的人，领导应该委以重任。

一个经常轻松地说“一定如此……”“就是这样！”“一定成功。”“没问题！”等此类话的员工，容易给领导留下豪爽有能力的印象。事实上，这种轻下断言、轻易许诺的人是靠不住的。轻易断定没有任何困难，这说明他的工作很轻率，不能够发现工作中的问题。轻易答应别人是缺乏诚信的一种表现。

第四,好夸耀的人不能重用。这些人争强好胜,喜欢在别人面前炫耀自己，有一点小功劳，就沾沾自喜，不断向人表功。这样的人常常是过大于功。

有的人对很多方面的知识都有些了解，喜欢泛泛而谈，看着也有些道理，似乎很有学问。但是，如果是博而不精、博杂不纯，未免有欺人耳目之嫌。领导者对于凭着某种证书的应聘者，应该考察他是通学还是博学多才的人。通学的人，擅长吸收别人的知识，但是自己并没有独立的见解，他对于知识的掌握还局限在理解阶段。博学多才的人，博学精通，见多识广，但往往不露声色，甘于在平淡中显神奇;虽然非常聪明，学问渊博，但不喜欢夸耀自己。这种人更喜欢把握来自对方的信息，分析眼前的各种情况，快速领会对方的意图；眼光犀利，善于洞察先机，迅速把握有利时机，随机应变；用词准确，沟通能力良好，善于和别人搞好关系，思想灵活，会变通，善于创造新的事物，构思新的框架。简而言之，真正博学多才的人，并不想急于表现自己，而是洞察对方，相机行事。

在和别人沟通时，有人总是喜欢强调“我”，忽视对方的心情和感受，大谈自己的想法，卖弄自己的学识，显示自己的才干，似有怀才不遇感慨。对这种自命不凡的人,尽管他有些特长,但也不能放心地任用。这种人自以为是，盲目自大，觉得自己什么都明白，这恰恰表现出他们的无知。在这种心态的驱使下，他们做起事情来会经常不顾领导的意图，按照自己的意思去做，以为这才是个人价值的体现。如果企业领导被这样的人的夸夸其谈所蒙蔽而让他担任重要职务，就会误了大事，严重影响企业的发展。

第五,华而不实、言之无物的人不能使用。说话模糊不清,程序化的回答，善于应酬而没有真才实学的人不能重用。

华而不实者，虽然能言善辩，口若悬河，说个不停。刚一接触，非常容易给别人留下良好印象，容易让人以为是一知识丰富、表达力强、善交往、能拓展业务的人才。但是，领导者不要被外表所迷惑，要能够分辨出华而不实的人。这样的人，善于纸上谈兵，谈古论今说得头头是道，而且也知道很多时髦的理论，迷惑许多辨别力差、知识不丰富的人。考察这种人，谈话要多一些具体的问题，给予具体的任务，让他们找出方法，交代给他们一些具体的业务，如果这个人讲话办事都是避实就虚，圆滑应对，说明此人是华而不实者。用这种人当副手尚可，绝不能独当一面。

第六，不承认他人长处的人不可信。当领导向一位员工了解另一位员工的情况时，或者在一个员工面前表扬另一个不在场的下属时，如果这位下属不承认他人长处，拐弯抹角地揭别人的短处，对领导表扬别人心怀不满，那么，这样的人是不能信任的。这种举动表明，不是此人看不到别人的长处，就是他的嫉妒心很强烈，害怕别人在某方面超越自己，不管是什么原因，这样的人都是不能信任的。

由此可见，领导者不仅要学会鉴别人才，更要做一个有心人，只有如此，才能识好人，用好人，也才能管好员工，促进企业不断发展。

跟曾国藩学习怎样识人、察人

作为战场上的指挥官，可以不会使用武器，但一定要懂得怎样调兵遣将。一个会识人的指挥官，善于调兵遣将，知道怎样把最适合的人，放在最需要的地方。显而易见，指挥官在战场上的作用胜过自己亲自去前线作战，可以一点不夸张地说，一个懂得识人和用人的指挥官，胜过千军万马。

曾国藩就是一个不会带兵打仗的统帅，他自己带兵作战时，大部分都是败仗，经常是“屡战屡败”，但是他有着别人没有的本领，那就是知道怎样识人。

曾国藩自己不会打仗，但是他麾下的左宗棠、李鸿章、刘坤一、沈葆祯等人，每个人都是难得的人才，对清末五十年的历史有着重要影响。

曾国藩的识人诀窍就在于从不同的方面来考察对方，找出真正沉稳内敛、品性高洁的人才。

1. 散步识人。据说，李鸿章带了三个人去拜见曾国藩，请曾国藩为他们分派职务。不巧曾国藩出去散步了，李鸿章让那三个人在大厅外等候。过了一会儿，曾国藩散步回来。李鸿章向他说明了自己的意思，让曾国藩对这三个人进行考察，曾国藩说：“不必了，面向厅前，站在左边的那一位是个忠厚人，办事很谨慎，可以信赖，可以让他做后勤供应一类的工作；中间的那位是个阳奉阴违、两面三刀的人，不能让人相信，他只适合做一些小事，不能委以重任；右边的那位是个将军的材料，可以独当一面，将来肯定会有一番作为，要好好培养。”

李鸿章非常吃惊，好奇地问道：“这三个人还没有任用过，您是怎么判断出来的呢？”曾国藩笑着回答道：“刚才散步回来，见厅外有三个人。走过他们身边时，左边的那个人低头不敢仰视，可见是位老实、小心谨慎的人，因此适合做后勤供应这类只需要本分老实，不需多少变通的事情。中间的那个，表面上很恭敬，可是等我走开之后，就左顾右盼，由此可以看出是个阳奉阴违的人，所以不能委以重任。右边的那一位，始终都笔直地站立着，就像一根柱子，两眼正视着前方，不卑不亢，是一位大将之才。”

曾国藩所说的有“大将之才”的那位，就是淮军的著名将领，后来成为台湾巡抚、大名鼎鼎的刘铭传。

2. 洗脚识人。注重洗脚养生的曾国藩，为了考察李鸿章的耐心，特意在李鸿章登门向他请教的时候，故意洗脚一刻钟。

当时才 30 多岁的李鸿章自觉受辱，当下脸红脖子粗地拂袖而去。曾国藩观察到李鸿章年轻气盛，觉得短时间内李鸿章难以担当重任，于是把他留在身边继续磨炼。

3. 吃饭识人。领导和下属一起吃饭，也是一个很好的了解下属的机会。

每天中午，曾国藩都会和他手下的人一起吃饭。有一次，在大家吃饭时，在饭中发现没去壳的稻谷，曾国藩用他那锐利的三角眼，看到一位戚姓幕僚，居然仔细地把每一颗稻谷挑出，当时曾国藩并没有说什么。

吃完饭后，曾国藩马上让账房拿出20两白银给这位幕僚，让他返回老家。正当大家不明所以的时候，曾国藩义正词严地解释道："他才刚从农村到湘军总部，不到一个月的时间，就忘记了'谁知盘中餐，粒粒皆辛苦'的道理，如果让他继续待在军营里，恐怕早晚要见异思迁。"

最终在大家的一再请求下，曾国藩才留下这个人，但把他从幕府参谋的职位下调去管理菜园。戚某在曾国藩点醒他的行为偏差之后，从此放下了身段，每天与菜园的仆役一起耕作，甚至于比别人更努力地劳动。

他的这些改变，曾国藩一直暗暗留意着。一年后，他又把戚某召到身边，再一次任用了他，以后，戚某从一个普通百姓，一直做到观察使。

读完上面几个曾国藩的识人、察人方法，你是否有一些启发？

什么马配什么鞍

马有优秀和低劣的区别，人也是形形色色，各不相同。俗话说"江山易改，本性难移"，性格是人很难改变的事情。

作为一个企业的领导者，如果想要准确把握每个员工的性格，首先需要了解一下企业中一般会有哪种类型的人，下面八种性格的人，可以为管理者了解员工提供一些帮助：

第一种人：拥有豪放的性格，却粗心大意，不能细致深入地探求道理，所以当他们在讲大道理时，显得非常宏大高远，但在分析具体的小事上，却不够细心，粗枝大叶，这样的人可以把大事交给他们。

第二种人：性格倔强、顽固偏执，不会委屈推让，面对规定时，他们能够严格要求自己和他人，但无法变通。这种人可以让他维护企业的规章制度。

第三种人：这种人能言善辩，擅长言辞，反应非常敏捷，对于人际关系有着很精确而深刻的见解，但一牵扯到具体问题，他就无法做得周全，容易遗漏。这种人适合做谋划一类的工作。

第四种人：宽宏大量，但思维不够敏捷。这类人说起仁义道德，他表现得知识广博，谈吐得体，举止端庄，但如果让他去紧跟形势，他会因为行动缓慢而失败。可以让这种员工来带动属下的品格行为。

第五种人：随波逐流。这种人没有自己独立的想法，不喜欢思考，乐于接受按部就班的工作，但是当归纳事物的要点时，他的观点就疏于散漫，说不清楚问题的关键所在。

第六种人：认识肤浅，不能发现深层的问题，当和别人谈话时，由于思考的深度有限，他非常容易满足。让这种下属去发现深刻的道理和问题，是不可能的。这样的人不能委以重任。

第七种人：温和柔顺，没有强势的气势。如果要这种人去体会事情的道理，会非常顺利，可是如果让他去分析疑难问题，他就会拖拖拉拉，缺乏果断。这种人可以让他按照上级的指示办事。

第八种人：性格正直，缺点是喜欢指责别人，并且不留情面。性格刚正的人的缺点是过分严厉，性格温和的人则过于软弱，性格耿直的人则显得拘谨。领导者可以把这三类人安排在一块，借此取长补短。

作为一名企业的领导者，怎样才可以掌握不同员工的性格，并且准确地把他们放在适合的位置上，使员工能够既显其能，又避其短呢？以下的几种方法和技巧值得借鉴和参考：

1. 可以对那些经验丰富，有能力、有头脑的人采用以目标管理为主的方式。

在目标和任务确定的情况下，允许他们自己选择方法、手段，自己把握工作进度。还可以适当地扩大他们的自主权，给他们回旋的余地和发展的空间。

2. 对于能力不强、缺乏经验、头脑不太灵活的人，可以采取以过程管理为主的方式。用规定、制度等规范他们的行为，或者运用“传、帮、带”的方式，让他们慢慢累积经验，提升能力。

3. 对于有特殊才能的人，一定要努力为他们营造良好的环境和待遇。特殊人才，特殊对待，这是领导者应该遵循的原则。他们之中有的人并不是安分者，可能有这样或那样的毛病和问题，以至于很难驾驭。对此我们不只要宽容，更应该做好周围员工的工作，使他们能够发挥自己应有的长处和优势。在特殊的情况下，还应该放宽对这样人的纪律约束和制度管理，甚至采取明里掩盖、暗中支持的办法。

4. 对于表现比较差的员工，可以给他们一些稍稍高于他们能力的任务，让他们获得成功的体验，以此来增加他们的自信，同时注意肯定他们的长处，让其一点点地动起来。个性突出，缺点、弱点明显的人，一是用长，他们长处发挥出来，缺点也就得到抑制，也比较容易被克服。二是多与他们沟通，做好他们的思想工作。一年谈几次话，肯定其成绩，指出问题，沟通感情，使他们感到领导者的关心和理解，这样他们就会用心地去工作。三是放开一点，采取忍的办法。不要总是盯着员工，让他们有一些自己的空间，对他们的帮助侧重在大事、关键性的问题上。否则，束缚过紧，难以让他们施展手脚。

5. 对于被压制的人才，其中的一个方法，就是把他们调出去，给他们展现自己的机会，让他们能够更好地审视自己。等有了成绩，被大家认可，在必要时就可以调回来加以任用。另一个办法是把压制他们的人调走，为能者让路。具体的，要根据实际情况决定。

什么马配什么鞍，不同性格的人有不同的对待方法。只有如此，才能因人制宜，解决好员工管理问题。

“尊贤重能”是用人的绝佳手段

对员工的管理，是一件很费脑力的复杂活动。管理是一门学问，不是谁的地位高，就能管得住别人。优秀的领导者需要有宽广的胸怀、高明的谋略，要给予形形色色的人才充分的重视，要能放下架子，用谦虚的态度去寻觅人才。当你树立了尊贤重能的形象后，就会发现，管理别人其实并不困难，哪怕是很有名气的人才，也不是一件多么困难的事。

三国时期，豪杰辈出。人们在说到三国时，经常会这样说："曹操挟天子以令诸侯，占了天时；孙权雄踞江东，占了地利；刘备既没有天时也不具备地利，靠的是人和。"

事实上确实是这样的。说到个人的才能，刘备并不是最出众的，和其他的领导者比起来，他的才能显得很平庸，但他最终却建立了蜀国，和曹操、孙权三分天下。他能取得这么大的成就，凭的不是个人才干，而是出众的“尊贤重能”能力。他所表现出来的个人品德具有感召力，众多的著名人物聚集在他周围，如诸葛亮、庞统、徐庶、关羽、张飞、赵云、马超、黄忠等人。刘备凭借着这些人的力量，称霸一方，成了蜀国的开国皇帝。

“远得人心，近得民望”，是刘备成功的一大关键。如果没有这种道德的感召，刘备就不可能建立蜀国。

刘备善于知人，能够礼贤下士、尊贤重能，对人才能推心置腹，始终信任。这是他能够拉拢众多人才的重要保证。

在刘备遇到诸葛亮之前，一直寄人篱下，等待时机。自从镇压黄巾起义以来，他一直没有自己的地盘。兵也很少，更谈不上政治势力，总是辗转于他人门下，先后跟从公孙赞、陶谦、曹操、袁绍、刘表等人，四处奔波劳碌，一无所成。

在他暂时投靠刘表时，遇到了司马徽。司马徽问刘备："吾久闻明公大名，何故至今犹落魄不偶耶？"刘备说："命途多蹇，所以至此。"司马徽说："并非这样，只是因为将军左右不得其人。"然后，司马徽把诸葛亮推荐给刘备。刘备听后大喜，决定亲自去请诸葛亮。

刘备带着关羽、张飞来到隆中，爬上卧龙岗，找到了诸葛亮的住所。刘备下马敲门，一位小童出来答话。刘备说明来意，小童说："先生不在家，一早就出门去了。"刘备问："去什么地方了？"小童说："我也不知道去哪里了。"刘备再次急切地问："什么时候回来？"小童不耐烦了："我不知道。"于是刘备只好让小童代为转告，和关羽、张飞离开了卧龙岗。

几天后，刘备派出的人禀告说诸葛亮已经回来了，于是刘备再次登门拜访。这天非常寒冷，雪下得很大。张飞不耐烦了，不愿意去见诸葛亮。刘备耐心地解释道："我正要让诸葛亮和天下众人知道我的殷勤之心。"于是三人冒着风雪，再次来到卧龙岗，可惜诸葛亮又外出会友去了。刘备只好再次无功而返。

又过了些天，刘备决定再次拜访诸葛亮，这次关羽、张飞两人都反对，经过刘备的解释和劝说，他们才同意一起去拜访诸葛亮。

诸葛亮被刘备的诚意所打动，迎接刘备进屋，询问刘备多次来访的意图。刘备说："汉朝衰败，奸臣窃国，我的力量虽然弱小，但一心想拯救国家和苍生，恢复汉朝的统治。以前我因为智谋短浅，无所成就，希望你帮助我，筹划大业。"诸葛亮随即说出具有决定历史进程的一段话。首先，他分析了曹操和孙权的情况。然后，他又分析了荆州刘表和益州刘璋的情况。最后，他又针对刘备说："您是皇帝的后代，忠信之名传满天下，您可以利用这些来招贤纳士，如果您能占领荆州、益州，在重要的地方设防、西和诸戎、南抚彝、越，外结孙权、内修政治，一旦局势变化，您可命令一位上将率领荆州的部队向宛城进军，您亲自率领大部队出秦川，到了那个时候，民众一定会带着酒和粮食来欢迎您的。如果真的这样，拯救汉室的大业也就指日可待了。这就是我替您出的谋略，希望您能够采纳我的意见。"一席话说得刘备茅塞顿开。诸葛亮这一番话确立了三分天下的定势，确立了刘备的政治前景与纲领。

刘备有了诸葛亮的帮助后如鱼得水。从此，诸葛亮死心塌地为刘备效忠，屡败曹操、舌战群儒、联孙抗曹……为蜀国的建立，做出了重要贡献。刘备也始终对诸葛亮信任有加，临死前，把太子刘禅托付给诸葛亮。

可以说，刘备三顾茅庐请诸葛亮出山，极大地帮助他塑造了“尊贤重能”的形象。如果刘备没有礼贤下士，不三顾茅庐，不四处奔劳，空余惆怅悲叹，那么后来也不会有那么多人才投到他的门下。

对人和事情进行管理的最终目的是为了把事做好，因此，应该把各有特长的人聚在自己身边，给各种各样的贤才能人以必要的尊重，要能放下自己的架子,以谦卑的姿态为这些人“服务”。一旦你树立了“尊贤重能”的形象，你所召集来的不止是眼前的一位人才，而是更多人才争相投奔于此。这样，把事业做大做强，也就不难了。

“台塑”的用人之法

很多领导者在实际管理中，经常会这样感叹：“没有需要的人才”“现在最缺的就是人才”“人才都在哪儿”……事实上,人才并不缺少,甚至很多时候，这些人才就在你的身边，只是作为管理者的你，没有认出来，导致“熟视无睹”“视而不见”。

中国“台塑”集团董事长王永庆就是一个善于发现和使用人才的优秀领导。

在台湾，王永庆是一个妇孺皆知的传奇人物。作为世界化工工业前50名的“台塑”集团，之所以会取得如此巨大的成就，和王永庆善于用人是密切相关的。

在多年管理经验的基础上，王永庆创造了自己独特的用人之道，在员工的选择、使用上王永庆有着自己的看法。在他看来，人才很多时候就在管理者的身边，求才的时候，应该首先在企业里面寻找。他说：“寻找人才是非常困难的，最主要的是，自己企业内部的管理工作先要做好；管理上了轨道，大家知道怎样去做事，高层的管理者才有知人之明，有了伯乐，人才也就自然而然地出现了。自己企业内部要先完善起来，这是一条最好的选拔人才之道。”另外，王永庆还分析道：作为一名领导者，应该知道每个部门需要哪种人才，比如这个部门缺少一个分析成本的会计，或者是程序员，到底是哪种成本分析，需要的是哪一个方面的电脑专家，困难在哪里，等等。任用人才时应该首先确定工作职位的性质与条件，再来决定哪种类型的人最合适，然后再开始寻找这样的人才。

王永庆说：“就像是努力钻研的一件东西，到了关键时期，看看别人的设计，触类旁通，一点就会；如果不经过苦苦地研究与追求，参观人家的制造，仍然一无所得。要自己经过分析，知道追求的目的，才知道如何寻找人才，否则人才的寻找只是停留在嘴上，不要说找不到，就是找到也不会用。还有，人才找来了，因为自己的无知，三言两语便认为不行的也多得是；或者因为本身制度的不健全，好好的人才来了，但没用多久就因为失望离开了。”因为这样的认识，“台塑”企业内部每当缺人时，并不是马上对外招聘，而是先在企业内部寻找合适的人选，如果找到，就在内部解决，两个单位相互协调调任即可。负责人事工作的“台塑”企业高级专员陈清标说：“通过内部的甄选有两大优点，一方面可以改善人员闲置和人员不足的情况；另一方面，因为员工已经对环境很熟悉，可以缩短培训时间。”这样就可以发挥轮调的作用，将不适合于现职的人员，或对现职有倦怠的人员另换一个工作，使其更能够发挥所长，而且通过这样的调任，也可以消除一些分工太细、组织僵化等情况。

所以，作为企业的领导者，你应具备发现和使用人才的能力。如果你具备了这一点，在人才的寻找上，就会发现“踏破铁鞋无觅处，得来全不费工夫”。

用人避免“灯下黑”

古代没有电灯，人们用蜡烛或者油灯照明，这样的照明方式，在光源的下方出现一片黑影，这就是“灯下黑”。有些领导者，过分迷信“远来的和尚会念经”，把寻找人才的目光，一直放在企业外面，而不注重企业自身的人才，犯下“灯下黑”的错误。

所以在人才的寻找上，企业领导要首先注意公司内部的员工。在“自家人”中选择人才有很多好处。他们对企业有着别人没有的认同感，比较容易和领导“一条心”；另外，因为在企业已经有了工作经验，也可以减少培养的成本。再者，这样的下属，领导驾驭起来也更加容易。

国美的老总黄光裕就喜欢在内部培养管理人才。每一年，国美都会有一些中高层的管理职位在内部招聘，选择合适的人。黄光裕还和主管人力资源的副总裁魏秋立女士共同建立了“蓄水池工程”，目的就是从企业内部挑选合适的人才。

接受“蓄水池工程”培训的员工，必须从最基层的门店销售人员做起，然后再到分部、总部职能部门进行培养，逐步掌握丰富的专业知识和管理技能，熟悉公司组织结构和业务模式。在这一过程中，有很多人因为无法忍受辛苦和压力而半路离开，坚持下来的人成了最符合国美需要的管理人才。

“蓄水池工程”为国美培养了一批批部门经理和业务骨干，实现了企业与员工的双赢发展。尤为重要的是，企业发展的同时，也为以后的人才储备做好了准备，80%的胜出者已经成为公司总部和分公司的部门经理和业务骨干。

作为企业的领导者，应该在自己的企业内部建造一个“赛马场”，不但要“看马”，也要让这些“马”在赛场上竞赛，并且要让更多的集团成员参与选拔。

用兵在精不在多

比尔·盖茨在对自己的事业进行总结时，曾经说过："在我的事业中，我不得不说我最好的经营决策是挑选人才。拥有一个你完全信任的人，一个可以委以重任的人，一个为你分担忧愁的人，一个具备一系列不同的技能而且其行为对你有所裨益的人，是十分重要的。"他看重的是人才的质量，而不是数量。

《孙子·行军篇》中也提到："兵非益多，唯无武进，足以并力、料敌、取人而已。"这句话的大意是，带兵作战，并非是多多益善，只要不轻敌冒进，把自己的兵力集中起来，认清目前的局势，就足够战胜敌人了。这就是人们平时所说的"用兵在精不在多"。"兵"并不在多是战争的原则，也是企业用人的原则。唐太宗李世民当上皇帝不久，也提出了"官在得人，不在员多"的看法。

沈阳电线电缆公司就是这样的一个"精兵简政"的高效率公司。该公司有13000名职工，但公司只在机关安排了八个工作人员，负责办公室、规划组、生产协作组、咨询组的工作。这八个人既分工明确，又相互协调。一个人同时具有多种身份。比如其中的一个工程师，既是办公室主任，又掌管着公司的调研、综合生产情况等工作。他对所属各企业的队伍构成、产品服务方向等两百多个专题项目一清二楚。当他发现电线三厂生产效益不高时，就组织各组对口负责，从生产的各个环节进行治理。一个月后，该厂的经济效益就得到了很大的提升。对于一个公司来说，能有这样一个"虎将"，简直抵得上千军万马！

对此，日本的管理学家士光敏夫也有自己独特的看法，他说："在出人才的工作单位，往往是工作多而人手少。这样，每个人的负荷就加大了。每个人都干着超过自己能力的工作，这就形成一种必须自己去经受锻炼克服困难的环境。”他认为只有这样的环境才能造就人才，他还提到了对于“少而精”的看法，他说：“少而精有两层意思，其中一层意思是：使用少数的精干人物。但我更重视它的另外一层意思：因为人数少，人们更有可能变得精干。前者意味着将已经造就好的精干人物集中于自己的手下，后者则意味着在自己的部下既有玉，又有石。要进一步对玉进行琢磨，同时，也要使石头经过磨炼变成玉，以此来提高全体人员的能力。”

忌只看学历文凭，不注重实际能力

在激烈的市场竞争中，人才的选用是现代企业一个非常重要的工作。究竟应该用什么样的标准来选择人才，不同的人对此也有不同的看法。在现代企业中，有很多单位都是唯学历论，把文凭作为衡量人才的依据。企业中的升职、加薪都要和文凭挂钩，似乎只有有文凭才有机会。即便是业务骨干，因为没有文凭，也会被挡在门外，得不到应有的奖励和提升。同样地，在一些人才市场上，很多公司都把文凭的要求摆在第一位，让人觉得，文凭成了人才的通行证。有之者，可以信马由缰，任意驰骋；缺乏者，则如铁丝束身，毫无办法。因此，很多人为了一纸文凭不得不在工作之余，辗转于各类成人教育院校。

与此同时，学历的巨大作用，也让各大院校竞相办起成人班，各种热门专业琳琅满目，有此需求的人们趋之若鹜。

人们不禁要问：为什么在选拔人才问题上文凭会有如此魔力？造成这种情况的关键就在于企业中的一些领导在观念上过分强调文凭的作用，把学历和能力等同了起来，误以为学历越高，能力就越强，学历与能力成正比，甚至把学历文凭的高低当做选才用人的唯一尺度，并用它去决定员工的晋升与奖金的发放。显然，这种观点是错误的，非常片面。

虽然有很多人，因为种种原因，没有接受高等教育，但他们通过自己的不懈努力，在实践中不断学习，最终自学成才，积累了丰富的经验，其实际能力有的远比受过高等教育的人要强得多。如果领导者只是看重文凭，而不重视人才的实际能力，那就是非常错误的，这样的话，就会造成很多有真才实学的人被拒之于公司大门之外，甚至会给企业带来较大损失。

作为企业的管理者，应该对学历有一个正确的认识。在本质上，学历只是表明一个人受教育的程度。固然，受教育程度越高，理论知识就越系统，眼界就越开阔，整体素质就越高。而高素质又是一个人成功的基础。一个接受过高等教育的人，他的成功几率要远远高于没有接受过大学教育的人。自我发展的机会也要高于没有接受过高等教育的人。企业管理者看重高学历员工的原因，就在于他们的知识比较丰富、拥有系统的专业知识，分析问题、解决问题的能力较强，能对领导有较大的帮助。当遇到问题时，一个接受过高等教育的大学生，能够对自己的专业知识进行分析，并做出妥当的处理。但未经过专门训练和不曾步入大学学府的人，他们也能凭借丰富的实践经验和自身的悟性，去解决一些工作中的难题。这两者之间，不能简单地认为，谁的文凭高，谁的能力就一定强。

学历固然重要，但它并不等同于能力。在今天的现实生活中，一些企业的领导单纯地把学历与能力等同起来，不了解学历和能力、技能的差别，只是根据一张毕业证去安排人员的位置，这是非常片面的，效果未必好。一名大学研究生毕业后被分配到一家公司，当时这家公司正因为经营不善而损失惨重。公司领导因为这个人高学历和丰富的知识，对他进行了重用。大家都把希望寄托在这位研究生身上，可过了一段时间，公司经营仍不见起色，人们议论纷纷。其实，他的学历只代表他接受过某种教育训练的程度，这只表明他在某一个专业的知识上比较强，但不能因此说明，他可以治理好一个公司。因为他缺乏实践经验，尤其缺乏管理的才能，所以公司的经营才不见起色。

有很多学历较高的人，或许只是适合在某些领域从事理论、科技的研究工作，其实际的工作能力未必很强。企业在人才的任用上，如果只是重视学历，难免会出现高学历、低能力的现象。

相反，有很多没有机会接受高等教育的人，通过自学和艰苦的工作实践，同样会成为杰出的人才。

日本松下电器公司的创建者，松下幸之助，这位被誉为日本的“经营之神”的企业家，从12岁起就在脚踏车店里当学徒；世界著名的摩托车大王，被日本人称为“摩托之父”的日本本田技研总公司的创始人本田宗一郎，16岁的时候就在一家汽车修理厂当学徒；台塑集团的董事长王永庆也只是读了几年小学之后，就在一个米店打工。这些人都没有接受过高等教育，但是他们却通过自己的不懈努力和聪明才智，取得了巨大的成功。本田宗一郎在上世纪五十年代曾经说过：“文凭又算得了什么？它顶多像一张电影票，保证你在电影院里有个座位”；“我不仅看学历，更看重真才实学和工作成绩”。

一些日本学者在总结本国的人才问题时候曾经说过：上世纪五十年代，我们尽最大努力学习美国的学院式办学方法，而实际上我们并没有培养出所需要的能力很强的领导者，与此形成鲜明对比的是，一些名扬海外的公司如松下、东芝等，却是没有文化的人建立的，这些杰出的人才都是从实践中培养出来的。

而美国的一些企业领导也发现本国培养的一些学历很高的员工，在毕业的前十年，频繁更换自己的工作，这些人很容易眼高手低，自命不凡，高分低能。在实际工作中，他们的才能并不突出。如今，欧美国家的企业对选择人才已不再局限于陈旧的观念，他们坚持推行“能力主义”和“功绩制度”，把知识、能力和实际的成绩作为选择、提升人才的标准。认为学历只是一方面，更强调以功效衡量一个人的本领。

总之，对学历不重视是错误的，学历反映的毕竟是一个人的受教育程度，知识的深度和广度；但只注重学历也是错误的，不能把学历和能力简单地等同起来。作为一名优秀的领导者，既要关注学历，更要实事求是，关注实际的工作能力。

用好“三种人”

一个企业就像是一个小社会，这其中包含着三种类型的人：大多数员工都是“等死的人”，剩下的一多半是“怕死的人”，最少的当然是“找死的人”。

公司里“等死的人”，不迟到，不旷工，与世无争，严格按照领导的要求办事，他们没什么野心，工资只要可以维持正常的生活水准就行。他们对于公司里的任何事都抱着漠不关心的态度，只要能按时发薪，他们对谁成为领导也不关心。他们不希望，甚至反对老板让他们承担责任或者赋予权力，因为这会打破他们正常的生活，他们盼望能安稳地在公司里一直做下去，直到退休。

他们大多数时候都是听话的老好人，对老板的决定很少有异议。也正是因为这样，他们在公司中是最容易被忽略的群体。但也正是因为有了这些人，领导的权力才有了群众基础。

公司里另一个主要群体是由“怕死的人”组成的，他们整天小心翼翼地活着，随时提防有人来暗算他。他们从不招惹是非，遇到工作能推就推，因为每件事都要消耗他们的精力，这对于他们来说没有什么好处。而且他们信奉“多做多错，少做少错，不做不错”的原则，他们从不干这种吃力不讨好的事，他们不轻易发表看法，喜欢用沉默的方式来面对一切，因为他们的经验让他们明白：先说往往先死，何必自寻烦恼。

他们也非常明白“枪打出头鸟”的道理，所以他们从来不会第一个去争取什么东西，加薪、升职对于他们来说都没有安稳来得重要，他们深知争取是要靠一定的手段，不论最后成功与否都将得罪一批人，而这批人说不定就在什么时候暗算你，让你栽倒了都不明白是怎么回事，所以他们从来不会为自己树立敌人。

这种人大家又厌恶，又喜欢。厌恶是因为他们对任何事的不闻不问，毫无正义感可言；喜欢是因为他从来不会和别人争什么，对他们大可以放心。

公司里的精英是“找死的人”，他们精力旺盛，对任何事情都充满了兴趣和好奇心，他们会不惜一切代价去争取他们应该得到的任何东西。他们往往是大家的领头者，他们会带着大家向老板去争取需要的东西如升职、加薪。而公司老板往往也是一个“找死的人”，两个“找死的人”碰在一起，你可以想象会发生什么事情。

一个明智的领导，应该怎样对待公司中的这三类人呢？这三种人组成了整个公司，相互牵制，相互平衡，虽然老板自己是“找死的人”，但是他也不可能对任何一种人有偏向，以免打破必不可少的均衡。

对于“等死的人”，领导应该对他们充满爱护，毕竟他们构成了公司的主体，虽然并不主动承担工作，但他们却完成了公司的大部分工作，即他们的分内工作。公司的正常运作都靠他们，因为他们人数最多，不要幻想他们会变成“找死的人”——因为公司的大部分员工都去创新，那一般的工作就没人完成了，公司赖以维持的基础也不复存在。

对于“怕死的人”，要对他们表现出充分的信赖，减少他们的疑虑，尽量让他们变成“等死的人”甚至是“找死的人”。“怕死的人”的心态决定了他们对工作缺乏信心和兴趣，这样的人对公司来说几乎没有作用，只会让公司停滞不前，相互扯皮，降低工作效率。

对于“找死的人”，应该用一些适合的办法，把他们的精力引到为企业服务上。对于他们的缺点要设法加以弥补，以免引起公司不必要的混乱和纠纷。“找死的人”有活力、想法和信念，既可以让公司提升效益，也可以给公司带来麻烦，所以要对这种人进行积极的引导，让他们在领导掌握大局的前提下，去发挥自己的创新、冒险才能。

此外，领导应该把这三类人的优点提取出来，在员工中进行推广，比如“怕死的人”重视体育锻炼，注重身体健康，讲究劳逸结合等，这对于留住人才很有帮助。而“等死的人”的遵守纪律、甘于平凡的“老黄牛精神”也应该提倡。至于“找死的人”的积极进取、不断创新的精神更是一个公司的发展不可缺少的。所以领导应该对这三种人进行扬长避短，使三种员工在公司达到一种和谐的状态，共同为公司的发展努力。

挖出内部潜藏的“诸葛亮”

很多著名的公司在人员的选拔上都喜欢从企业内部寻找，找出潜在的人才，给予重用，这样的方法，收到了非常好的效果。

从企业内部提升人员有很多好处，主要表现为以下几个优点：

1. 由于领导者对企业内部人员比较了解，候选人的优点和缺陷都看得比较清楚，所以人选得比较准确。

2. 被提升的员工对企业的历史、现状、存在的问题等了解也比较深刻，可以很快地适应工作。

3. 可以激励被提升者的信心，让其不断提升自我。

4. 让其他成员看到升迁的可能，提高他们的工作兴趣和斗志，提高企业的效益。

美国玛丽·凯化妆品公司是内部提拔的一个典型公司，在公司内部有适合人选的情况下，他们很少聘请外人。

他们的做法是：当一个部门的领导层出现空缺时，该部门的经理必须向公司人事部门正式提出担任这个职务需要的条件，然后人事部门向大家通知这个消息，公司中的每一个员工都可以去申请这个职位。无论申请者现在干什么工作都没关系。他们同所有申请者面谈，从中择优录取，如果认为申请者都不理想，他们才从外界寻找人选，补上这个职位。但一般的情况下，补缺的都是公司内部的人。

他们认为这种做法对他们有积极作用。因为这种晋升的机会能够创造一个良好的风气，它能激励员工们用长远的眼光来看待自己和公司的关系。同时这也让处在底层的新员工明白，只要他愿意努力，愿意提升自己，他就不会永远待在最下层。这种做法使人员外流减少到最低限度，他们认为训练一名精通业务的员工要花几个月的时间，如果失去他损失就太大了。

这样的做法还会产生一连串的反应。比如，领导层出现了一个空缺，可能会有十几个人申请这个职位。一旦公司选中某人补缺后，又会有另外十几个人要求得到补缺者担任的职务。等到这个空缺有人填补后，低一级的位置上又有人申请。就像钓鱼竿一样，可钓一大串。

内部晋升可以采取以下方法和程序：

首先就是将职务空缺的消息在公司进行公告。让整个公司的员工都知道这个消息，公告的内容包括职位名称、所属部门、薪资等级、该职位上司姓名、工作场所、工作内容的简单描述、资格要求，以及对申请人的考核方法、技能的评定等。另外，申请人还可以向人事部门进行更详细的咨询，对该职位未来的发展机会进行了解。

其次，建立人事记录。可以审阅以往的人事记录或利用申请表建立新的人事记录。通过审查这些人事记录了解员工的能力，发现那些从事的工作低于他们能力水平的人；了解那些具有发展潜力的人，知道他们需要哪些方面的培训；哪些人已经具备了从事空缺职位的能力及相关背景。

再次，建立人才技能库。按照公司的规章制度，把那些适合某个职位的人选出来，做成“人才技能库”。例如，在某医院“药剂分析师”库中，医院将所有接受过培训或者具备这种能力的人名都列出来。如果医院的药剂分析师一职出现空缺，就可以从这些人中进行选择。

德尔塔航空公司对初级雇员进行培训与发展，将他们提升到高级岗位以承担更大的责任。正如该航空公司的管理人员所说的："德尔塔公司是为以后而雇用人才，所以新员工的雇用应该是那些有某一方面优点而有晋升潜力的人。我们公司几乎实行完全的内部晋升政策。除了少数具有特殊才能的人，大部分的人都应该从最基层的岗位做起。"

尽管"内升制"有很多好处，但这种制度也存在着一些缺陷：第一，当企业对高层人员的需求量比较大时，即企业有比较多的管理层空缺职位时，而企业的内部人员在数量和质量上难以满足这些空缺，这时如果依然坚持从内部提升，就会让企业遭受双重损失，既会使企业失去得到一流人才的机会，又使不称职的人占据高层位置，这对企业活动的正常进行以及组织的发展是极为不利的。

第二，容易造成"近亲繁殖"。由于企业内部人员已经完全习惯了企业的环境、制度，所以不容易有所创新，而创新是一个企业生存和发展的重要因素。

第三，因为提升的人员数量毕竟有限，若有些人条件大体相当，但有的被提升，而有的没有被提升。这样，就会影响员工的关系，也会挫伤没有提升的人的工作积极性。

如何让你的员工发挥出更大的潜能，是每个管理者都应该思考的问题。因为员工发挥了潜能，不仅对其本身提高有所助益，而且能更好地推动公司向前。因此，身为管理者，找出你企业中的"诸葛亮"吧。

知遇之恩是可以"策划"的

自古以来，中国就提倡知恩重义，有"忘恩负义是小人"的说法。作为一个中国人，"忘恩负义"是让自己很难承受的批评；知恩图报，则被人们认为是理所应当的事。当然，真正的“知遇”毕竟很少，如果你还不能让员工对你产生知遇之恩,那就不妨谋划一下,只要做得好,同样可以让员工产生“知遇”的感觉。

在这方面，唐太宗就做得非常好。

李世是凌烟阁上的二十四大功臣之一。他为唐朝的建立立下了汗马功劳。唐太宗李世民对他深为信任和器重，太宗晚年的时候，又把辅佐太子的重任交给他，对他说：“我想找一个托孤的大臣，想了很久，没有发现比你更适合的人，当年你没有辜负李密，现在也同样不会辜负我！”李世一听，感动得哭了起来，咬破了手指，以殷红的鲜血表示了他的忠诚。

可是李世民在病危的时候，却把李世贬到了外地，他和太子李治说：“你对李世并没有恩德，我现在把他贬到外地，等我死了之后，你就马上把他召回来，让他做宰相，这样他就会感念你的恩德，会对你忠心耿耿！”

李治继位后，按照李世民的办法做了，果然得到了李世的竭诚拥戴。李世对李治唯命是从，对李家更加忠心耿耿了。

唐太宗一世英明,领导有术,其“托孤”的方式也充满智慧。一升一降间,他的大臣便为儿子所用。古今中外善于“策划”知遇之恩的管理者，往往故意设局来拉拢对方，使其变成自己的心腹，方法也多种多样。

袁世凯的下属中有一个叫阮忠枢的人，很有才华，是袁世凯的机要秘书。这个人很喜欢怜香惜玉，他嫖妓到了不能自拔的地步，爱上了天津妓院里的名妓小玉，一时难舍难分。

两个人海誓山盟，情意绵绵。可是作为军官，阮忠枢又不能迎娶妓女。

阮忠枢不敢隐瞒袁世凯，他将实情说明，恳请袁世凯允许二人成婚。

袁世凯装作非常愤怒，他对阮忠枢说：“军人应有军人的品德，背父母而婚，是为不孝，娶妓女为妻，更是内辱家门，外辱军荣。”

阮忠枢听完后，非常失望。

但袁世凯却有自己的打算，他先让人把小玉从妓院中赎了出来，成了“良家女子”，然后再购买新房，准备让阮明媒正娶小玉。他做的这些都是背着阮忠枢进行的。

婚娶之日，袁推说与阮到天津办事，同车前往，马车直奔一深宅大院，悬灯结彩，红烛高照。不久一位新娘子在侍女的搀扶下走了出来，大家非让阮忠枢揭去新娘的盖头，阮莫名其妙地揭开一看，顿时惊呆了，新娘正是自己日思夜想的小玉。一时激动万分，此时才知道这一切都是袁世凯为他安排的。立刻感激涕零，于是，死心塌地地为袁世凯效犬马之劳。

袁世凯在建立新军的时候，先后成立了三个协（旅），他宣布通过考试的方式，来任用军队的领导，每次只取一人。第一次，王士珍考取。第二次，冯国璋考取。从柏林深造回国的段祺瑞，虽然觉得自己学问很高，可是接连两次都没有考上，现在是最后一次机会了。第三次考试前，他十分紧张，担心再考不上，就要屈居人下，心中十分不快。

在考试前的一天晚上，正当段祺瑞为此发愁时，忽然传令官来找他，说袁世凯要见他，段祺瑞不敢怠慢，马上赶往帅府。见到袁世凯后，袁让他坐下，东拉西扯说了一堆闲话，但是在他临走的时候，袁世凯塞给段祺瑞一张纸条，段祺瑞心中纳闷，这纸条是什么呢？又不敢当面拆开看。急忙回到家中，打开一看，非常高兴，原来里面是这次考试的题目。

经过一夜的准备，第二天考试时，段祺瑞已经胸有成竹。考试结果出来后，他果然考中第一名，当了三协的协统。段祺瑞深感袁世凯是个伯乐，对于自己有知遇之恩，决心终身相报。

后来，段祺瑞、冯国璋、王士珍都成为北洋军阀政府的重要人物，提起这件事，段祺瑞仍然对袁世凯感激不尽。谁知冯国璋、王士珍听了，不觉大笑，原来王、冯二人考试时也得到过这样的纸条。

袁世凯利用这种“巧妙”的方法，培植自己的心腹，让阮忠枢、段祺瑞等人对自己感激涕零，心甘情愿地为自己效劳。

中国人有“士为知己者死，女为悦己者容”的心理。作为企业的领导者，如果能够很好地利用这种心理，让你的下属把你当做知音、伯乐、恩人，就能让他们对你死心塌地，任凭调遣，心甘情愿地为你去效劳。看了李世民与袁世凯用人的策略，是不是对你也有一些启发呢？

先把"贤士"逼到墙角，然后再拉上船

纵观古今中外的优秀领导，在招揽人才的时候，大多采用礼贤下士的常规做法，但在招揽人才上，朱元璋却剑走偏锋，把对方逼到绝路，然后再让他没有选择地投向自己一方。

当朱元璋发布广招人才的通告时，天下的好汉都纷至沓来，朱元璋招到很多优秀的人才，可是还缺少一位统领兵马的元帅。这时，朱元璋手下的大将胡大海向他推荐自己的姑表兄徐达。这个人很有才能，对兵法非常精通，很有谋略，只是因为对黑暗的朝廷不满，才在山林间隐居，过着悠闲的田园生活。朱元璋也听说过徐达的才能，所以欣然接受了胡大海的建议，让他去邀请徐达出山。

两人一相见，胡大海就迫不及待地把来意告诉了徐达。但还没等胡大海说完，徐达就打断他说："多谢贤弟美意，只是愚兄久居深山僻野，一向孤陋寡闻，难以从命！"说着，徐达又指着胡大海带来的礼物，"重礼不敢收，麻烦您带回去吧。替我向你家主人多多美言，请他寻找另外的人才吧。"其实，徐达并不是真的想在山野间终老一生，他也想成就一番事业。但当时反元的义军非常多，众多的队伍打着各自的旗号，到底哪支队伍能够最终取得胜利，还看不清楚。再说，朱元璋与自己是老相识，徐达对他的心狠手辣很了解，害怕将来自己会有危险。正因为有这样的考虑，才婉拒了朱元璋的邀请。

胡大海知道徐达做事谨慎，对朱元璋不太信任。于是，使出浑身解数，

软磨硬缠，劝说徐达，但徐达始终不肯松口。

朱元璋知道徐达非常孝顺，就向胡大海传授计谋，胡大海领命而去。

当天夜里，刮起了大风。突然徐达的住宅起火了，不一会儿整个院子就被烧成了一片灰烬。

徐达闻讯赶到，以为老母已葬身火海，直急得捶胸顿足，哭得死去活来。就在徐达痛不欲生时，胡大海赶来，扶起徐达说："表兄先不要悲伤，赶快去追赶强盗，为姑妈报仇。"

徐达骑上马，咬牙切齿道："不擒得这伙毛贼，碎尸万段，岂解我心头之恨！"

徐达跟着胡大海，一直追到天亮，才看见一伙人正骑马向南跑去。报仇心切的徐达快马加鞭，向着那伙人狂奔，可是徐达追得快，那伙人跑得快，等徐达追了一阵，累得人困马乏，前面那伙人也停下来休息。

这样一连追了好几天，忽然看到那伙人跑到了一座军营。徐达顿时很疑惑，就问胡大海是怎么回事。胡大海这才赔礼告罪，把自己闯入徐宅劫走姑母、嫂子、侄子，然后放火焚宅的实情一一告诉徐达。徐达看到事情已经这样了，没有退路，只好长叹一声，跟着胡大海来到军营，为朱元璋效命。

朱元璋不愧是一代枭雄，连这种阴损招数也使得出来。他一把火把徐达逼到"墙角"，使其再无回旋余地，也只好上他这条"贼船"了。

锦上添花不如雪中送炭的情意来得深。生活中我们并不希望自己的员工走投无路，但有时，为了"收买"得力助手，倒是可以策划一个类似的知遇之恩。

PART

招数四

4

留人育人发展人

诚信是很多管理者注重的问题，也是选人用人的一个标准，但往往很多人忽略了企业对员工的诚信。其实，忠诚是双向的。管理者应该懂得，企业最大的成本就是流失的人才，因此，留住人才是企业要面临的一个重要问题。同时，留住人后，企业有责任给其培训学习的机会和空间，因为随着科技的快速发展，企业要有好的发展，就需要员工的知识更专业且不断更新，只有管理者决心打造一支学习型团队，员工才会不断提高，从而推动企业不断前行。

留人首先要留心

人是一个企业最大的资本和财富，一个人之所以选择留在一个企业，一定有自己的动机和原因，可能是为了个人的进一步发展，可能是为了更高的工资收入，无论如何，一个企业总要有值得员工留下来的理由。如果企业无法满足员工的愿望，他们就会离开企业。

作为一名企业的管理人员，一定要知道怎么样才可以留住员工的心，让他们踏踏实实地为企业做出自己的贡献，和企业一起走下去。

首先，要让员工愿意和企业同呼吸，共命运，把企业的发展和员工自身的发展结合起来。

杜邦集团在用人和留人方面就非常成功，这是因为他们采用了以股息和分红等为手段的独特留人制度。杜邦集团不但对公司的经理、中层管理人员分发一些股票，而且也鼓励公司的普通雇员都来购买公司内部股票。每年，员工们除了得到公司的股息和分红之外，还会得到公司每年每股另加的额外股息3美元，因此，员工就被牢牢地锁在了公司内部。而且，员工可以从公司的发展之中盈利，也就会更加努力工作。

除此之外，杜邦集团还在公司内宣传这样的思想：拥有公司股票的人就是公司的所有者。这就不仅凝聚了人心，而且为公司募集了更多的资金。

杜邦公司正是利用这个把公司和员工紧密结合的方法留住了员工的心，让他们更加关注公司的发展，也更加乐于努力地工作。

其次，让员工感到自我认同感。每一个人都希望自己的能力可以在工作中得到充分的展示，实现自己的价值。在公司的工作中，如果员工感到自己被委以重任，这个职业可以有利于自身价值的发挥，那么他就更喜欢这个工作，认同感也就更加强烈，也就不容易出现离职的现象。

最后，良好的福利制度也是留住人才的关键。员工都是人，都是需要衣食住行等具体物质生活的，如果没有较好的物质福利，员工的生活没有保障，这样的企业是无法留住人才的。

从1951年开始，新加坡南益集团就开始实行类似于今天养老金的企业福利制度，当初命名为“休养金”制度。其具体做法是：公司每个月都从员工的薪金中拿出5%，然后加上公司为员工付出的员工工资的10%，一起存到一个特别的账户中，在员工退休之后，就把这些钱都转到员工的名下，为他们退休之后的生活提供保障。

除此之外，该公司也较早地提出了让员工可以“居者有其屋”的福利计划。公司把大约相当于员工3年工资总额的资金以无息贷款的方式借给员工，然后每年从员工的分红中扣除一半来偿还，直到员工还清贷款，公司就把房契移交给员工个人。

由于南益公司的员工都是终身雇佣的，而且他们非常重视对员工的福利制度，为他们的生活提供了优厚的保障，所以公司的员工都被牢牢地留了下来，这就是为什么新加坡会流传着“没有人有本领挖走南益的职员”这样一句话。

以宽容赢得人心

作为企业的管理人员，对员工持有一颗宽容的心是非常重要的。如果你对待一个员工尖酸刻薄，不仅这个员工会怀恨在心，其他的员工也会因此而对管理人员产生意见，这就必然会影响公司内部的团结。当你向员工下达指令的时候，当你交给员工工作任务的时候，就必然会出现拖延和抵触的情况，影响工作和团队协作的顺利进行。无论是从个人待人接物的角度，还是从公司长远发展的角度，这都是非常不利的。

在我国古代文化和思想范畴中，一般都把宽容作为一种理想人格而大力弘扬。《尚书》中提倡“有容，德乃大”的精神；荀子主张：“君子贤而能容罢，知而能容愚，博而能容浅，粹而能容杂。”由此可见，古人也是非常看重人格宽容的。

宋真宗时期的宰相王旦，就是一个待人宽容的人。不仅在朝为官的时候如此，在家庭生活中也是一样。

王旦有洁癖，看到不干净的东西一般难以下咽。有一次，他发现家人烹制的羹汤中有不洁之物，但是他没有指责家人，而是只吃饭，不喝汤。有人问他，您今天怎么不喝汤呢？他却只是说自己不想喝汤。

王旦懂得包容别人，所以才会得到别人的尊敬和爱戴，这和他成为一国宰相不是没有关系的。

作为企业的管理人员，有的时候发现了下属的一些小问题，不要急着责备，而应以宽容的心思来包容他们。员工感受到你的宽容大度，也会心存感激。

一战之前的德国国势强盛，这是因为国家里有一对非常著名的老搭档，一个是首相俾斯麦，一个是国王威廉一世。除了首相才能高之外，德国的强盛也和皇帝的宽容大度关系密切。威廉一世回到自己的后宫之后，就经常气得到处乱扔东西。无论是多么珍贵的器皿，他都是说砸就砸。皇后看到他这样，就知道他一定是又从宰相那里受了气，于是才这样发泄一下。皇后有的时候搞不明白，身为皇帝，为什么还要受一个宰相的气呢？威廉一世解释说道：“你不知道啊，身为宰相，他天天受着手底下那么多人的气，他的气没地方发泄，也只能和我发了，而我呢，我受了气，就只能摔杯子了。”

中国人在形容人度量的时候经常引用“宰相肚里能撑船”这句古话，这是因为在大家看来，一个人只有能够容纳更多的人，容纳更多的事情，才可以成就自己的大气魄，才可以成为大人物。一个企业的管理人员，只有具备了容人的胸襟，才可以受到下属的爱戴，才可以为公司留下人才。

不纠缠小过失

在个人的职业生涯发展过程中，不可避免地会出现过失，尤其是在个人初次步入社会的时候。对于这样的员工，管理人员一定要懂得理解和包容他们，只要不是原则性的问题，不是大过失，就不要太过计较。对于公司来说，这样的“不拘小节”也可以尽可能地避免公司内部矛盾，把员工的精力都集中在工作上。

在这个问题上，我们不妨学一学春秋五霸之一的齐桓公，学习一下他博大的胸襟、非凡的气度。

春秋战国时期，群雄争霸，首先称霸的就是齐桓公。而齐桓公能够成为霸主，很大一部分的功劳都要归功于自己的参谋——管仲。桓公名小白，原是齐国公子。而管仲却是小白的兄弟公子纠的师傅。僖公去世之后，国内的众多公子争夺王位，到最后就只剩下小白和公子纠两个人。管仲和公子小白的师傅鲍叔牙分别效力于自己的公子，为了抢先回到齐国，得到国君的宝座，管仲还曾经用箭射伤小白。但是最后，公子纠并没有当上国君，反而是假装受伤的公子小白坐上了国君的宝座，这就是齐桓公。他要求帮着公子纠争夺王位的鲁国把公子纠处死，并交出管仲。

消息传出后，大家都同情管仲，因为被遣送到敌方去无疑是要被折磨致死。有人建议说：“与其被自己的敌人百般羞辱、折磨，还不如自己死了来得痛快，管仲啊，你要不还是自杀吧。”但是管仲只是一笑了之。他说：“如果要杀我，当初就该和主君一起被杀了，如今还找我去，就不会杀我。”就这样，管仲被押回了齐国。

令大家都感到非常意外的是，齐桓公并没有杀掉管仲来报自己的私仇，而是立即任用他为齐国的宰相，负责齐国的所有事物。

齐国统治山东半岛一带，从整个中国来看，只不过是东边的一个小国。如何使这个小国登上天下霸主的地位，这是管仲日夜思索的问题。

在管仲看来，要富国强兵，就首先要严明制度，推行法制。人的天性都是趋利避害的，为了达到治理百姓的目的，就必须要用法律来约束人们，做到赏罚分明。而富足民生，拉拢人心更是成为明君的大道。此外，还需同时致力于远播威名于四海的工作。可以说，管仲的思虑已经不是如何治理一个小国的问题，而是如何称霸天下的智谋。

齐国与鲁国相邻，由于国界绵延相连，武力冲突不断。齐桓公五年，齐国打败鲁国，鲁国没有办法，只能割地求和。在和鲁国和谈的时候，鲁国的将军曹沫突然用短剑逼住了齐桓公，威胁他归还从鲁国得到的土地。齐桓公被逼无奈，只好同意。于是，鲁国又趁机和齐国订立了归还土地的盟约。齐桓公也只得答应。

桓公为了保命才归还土地，并非真的要归还，于是在鲁王离去后，立即向群臣说："原有盟约是逼不得已的时候签订的，所以无效，另行和鲁国签订盟约，我们绝不退还占领地。"此时管仲劝谏桓公道："主君的心情我理解，但那样做必定因小失大。轻易破坏既定的法则，只会让齐国在诸侯面前失信，这是得不偿失的事情啊，还希望您三思。"

桓公立刻冷静下来，接受管仲的建议，收兵而返。这件事很快传到邻近诸侯的耳朵里，大家对齐国的做法都非常看好，夸赞齐桓公英勇大度，遵守诺言。这件事为齐国赢得了威名。

齐国北方的燕国受到异民族山戎的攻打，因而求救于齐国。齐桓公出兵征讨山戎，燕国的国王非常感激，于是就亲自把齐桓公送回到齐国的国境内，这件事情是不符合礼法的。因为越境送别只限于对待公子。桓公在自己与燕王之间挖了一道鸿沟，把燕王所到之齐地都送给了燕国。齐桓公虽然只赠送了燕国一小块土地，恩惠虽小，却收益很大。诸侯听到这件事情，都对齐国大加赞赏，愿意归顺齐国，齐国大业乃成。

“一年之计，如植谷。十年之计，如植树。终身之计，如植人。”“一分耕耘一分收获是为谷，一分耕耘十分收获是为树，一分耕耘百分收获是为人才。”这是管仲著名的著作《管子》中的一节。

管仲之所以可以当上宰相，不仅和齐桓公心怀天下、宽容大度有关，更和另一个人分不开关系，这个人就是管仲的好朋友鲍叔牙。

管仲和鲍叔牙在年轻的时候就是好朋友，他们一起约定以后要辅佐齐国的国君。当时在公子纠处当师傅的管仲对当小白师傅的鲍叔牙说：“齐国必定是由纠或小白当上君主，值得庆幸的是，我们分别辅佐这两个公子，以后一定有一个可以当上国君，无论是谁坐上王位，我们都要尽力去辅佐他。”

结果，公子纠失败，桓公继位，因此鲍叔牙召来管仲，不仅救了他的命，并且推荐他为宰相，遵守了彼此的约定。

而鲍叔牙之所以力荐管仲，是因为他们之间有着多年的深厚友情。他们曾经一起做生意，得到收益之后，管仲自己就得到了 3/4 的盈利。因为管仲穷困，所以鲍叔牙认为这是应该的。又有一次，管仲为鲍叔牙做了一件事情，反而使鲍叔牙陷入窘境，然而鲍叔牙并没有怨恨管仲。后来齐桓公继位，鲍叔牙深感自己的才能不如管仲，于是让齐桓公任命管仲为宰相，而自己则可以协助他一起治理国家，完成他们年轻时候的理想。

桓公在位 43 年，管仲在桓公死后两年也去世，这期间管仲一直担负着重大的责任。

鲍叔牙可以包容管仲的贪财，因为他看到了管仲卓越的才能，齐桓公可以不计前嫌，因为他知道自己只有任用人才，才可以达到富国强兵的目的。正是因为他们可以包容别人的小过失，看到管仲的大才能，才可以最终成就一番事业。如果什么事都斤斤计较，那么历史上也就不会有名相管仲，也就没有春秋五霸之一的齐桓公了。

历史典故中总是有许多可以值得我们借鉴的东西，我们从中总结规律，然后应用到公司的管理上来，一定也可以因此而俘获人心，有助于公司的发展进步。

善于说“你对了”

“你对了”可以说是最简单而高效的一种员工激励手段。如果你是一个公司的主管，那么认真地想一想，你经常对你的下属说出这样激励的话吗？如果没有，那么你就需要自我反省了，是你的员工工作不够努力，难以达到你的要求，还是因为你太吝啬你的夸奖，认为这无关紧要呢？

每个人都希望自己的付出可以得到回报，哪怕是一句简单的“你对了”，试想一下，如果你努力地工作，出色地完成了任务，但是你的上司根本就不当一回事，那么你的心里会怎么想，是不是觉得自己的努力根本就没有得到认同呢。是不是会挫伤你的积极性，变得不再那么用心地工作呢。我想，在一定程度上，这也确实可以对员工产生影响。

资深经理人霍姆得曾经到位于华盛顿的一家旅馆去住宿，在那里，他深感对员工的赞美是一件多么令人幸福的事情。

在他办理登记时，服务员对他说：“对我们来说，顾客是非常重要的。我不知道您是否可以花点儿时间来帮我们一个忙？”

霍姆得说：“当然可以，请问我要怎么做？”

“我们希望您可以把这本赞美券带好，然后在您感到满意的时候，就撕下一张赞美券，然后记录下令您满意的服务事项和服务人员的姓名，然后把它送到经理的办公室。”霍姆得会心一笑，然后说道：“这样的话，旅店的顾客就都在发现你们做得好的事情了。”

吃过晚饭，霍姆得直接回房休息。他对旅馆所有员工的良好服务态度感到惊讶。他已经用了三张赞美券，一张是给了巡房员，一张给了服务的女侍，一张给了旅店领班。而且，这份独特的体验，让他感觉收获颇多，让旅客挑出员工做对的事情，这是对员工的肯定，而让旅客善于去发现美，这也是提高旅客感受的一个方法。

第二天早上，霍姆得收拾行李下楼吃早餐，然后到柜台退房结账。在他离开旅馆之前，正准备把他的赞美券送到旅馆经理的办公室中，碰巧在那里碰到了经理。

于是，他把赞美券交给经理，同时说道："我想你的赞美制度确实是一个好构想。我想它一定已经产生了许多实际的成效吧！"

旅馆的经理微笑着回答："那是当然，虽然这项制度实行还不到五个月，但是公司里已经发生了翻天覆地的变化。员工的缺勤率明显降低，人事流动率降低，员工现在都想要早点儿上班，他们急于知道他们做对的事情是否被挑出来了。值得一提的是，我们对获得赞美的员工其实并没有什么金钱奖励，而是拍拍他们的肩膀，真诚地赞美他们表现非常好。"

霍姆得好奇地问："你是否认为这个制度也会改变顾客的态度呢？"

旅馆经理答道："我觉得会的，从我们实行这个制度以来，顾客给我们的服务打分已经有了明显的提高，在顾客对我们的分类评价中，已经有大约90%的顾客把我们的服务评价为A级或者B级，评分表的利用率也明显高了起来。"

霍姆得说："这么说来，赞美制度对你、对顾客，以及对员工都有莫大的收益了。"

旅馆经理说道："当然，这是一种一举多得的事情，值得长期去做。"

霍姆得在和旅馆经理握手道别时笑着说："在你们这里住上一夜同样让我获益良多。"

这虽然是一个小事例，却说明了一个具有普遍意义的问题，对于一名员工来说，他们都希望自己的行为可以得到认可和赞美，而这也会更利于促进他们的工作。

伟大的心理学家詹姆斯说："人性中最深层的本质便是渴望得到别人的欣赏。"《圣经》中也有"你们总要彼此鼓励，彼此建造"的警示语。勒贝武夫的《世上最重要的管理原理》认为，每个人想要从工作中得到的除了肯定，就是奖励。只要可以得到奖励，员工就可以在原有的基础上变得更好。而对于员工来说，对他们的欣赏是一种最好的奖励。

曾写作了《奖励员工的1001种做法》的尼尔森这样认为：在如今的社会中，每个人都希望得到别人的欣赏，但是放眼现在的企业和单位，实际上很少有管理人员注意到这一点。现在的员工都受到很多的约束，有了更多的指责，却很少得到可以协助他们的资源。而公司的管理人员一般都很忙，他们总是满足于高科技的终端沟通方式，却不懂得如何去赞美和欣赏员工的努力。

在葛拉翰博士对1500名员工进行的一项研究中发现，67项促使员工努力工作的动力中，排名第一的是主管对部属的亲自嘉许，排名第二的是主管亲自写的嘉许短笺。由此可见，来自管理人员的欣赏和赞美，是可以促使员工努力工作的一个重要动力，在企业的管理过程中，是值得引起高度重视的。

举个简单的例子，接电话是一项很简单的工作，可是长期地保持礼貌和尊重却难能可贵。如果你的哪一位下属做到了这一点，你是否也应该有所表示呢？

另外，表扬要想发挥作用，还要注意表扬的具体方法。当一位员工表现很好的时候，你可以这样说："××，你这项工作做得很出色，他们对你提前一周完成任务感到不可思议。你真是公司的骄傲，我为有你这样的员工感到自豪。"就是这样一些具体的表扬，便可使你的下属们受到极大的鼓舞。

事实证明，对员工的表扬越是具体，越是及时，取得的效果也就越好。绝不要等事情盖棺定论的时候才提出表扬，那就有点儿晚了。留意出色的表现，在部门内当场就给予肯定。甚至在大家喝咖啡的时间里，也可以让大家一起来庆祝一下刚刚完成的高品质任务。有的时候，只是一句简单的话，就可以起到意想不到的作用。

赞美员工是一件非常简单的事情，所以也请所有的公司管理人员都培养起自己的这个习惯，经常去发现员工的出色表现，并用你的嘴把它说出来，让你的员工真切地听到，真切地感到你对他们的赞美，然后在赞美的鼓励下，更加努力地工作。

做出让步，留住进取心强的人才

对于公司来讲，那些进取心强烈的员工也是一笔不小的财富，他们一般都有很强的自我表现欲望，所以当自己的个人价值无法发挥，或者和公司的理念出现冲突的时候，就会对当前公司失去信心，转而另寻出路。如果要留住这样的人才，公司能做的就是做出适度让步，为人才提供合适的发展机会，让其充分展示自己，成就自我。

杰克·韦尔奇就是一名这样的人才，他就曾经因为不满于公司的管理模式而打算另谋高就。结果是GE公司副总裁鲁本·加托夫苦口婆心地劝留了他，不惜做出让步，成功挽留了一个出色的人才，带领公司走向了快速发展的时代。这个经历，也是各个公司的管理人员在公司管理上应该学习的地方。

获得博士学位后，杰克·韦尔奇进入了GE公司。他主要负责PPO材料的研制工作，韦尔奇知道这种材料当时存在许多的问题，包括材料的颜色以及延展性，但是他并不泄气，不断地克服困难，不断地突破难题。

韦尔奇成功地推出PPO材料时，他被公认为GE公司塑胶部门的一颗脱颖而出的新星，这也让他开始成为被化工企业关注的重要人物。韦尔奇自己也非常高兴，希望可以在这里大展宏图，发挥自己的价值。但是他发现GE公司存在着严重的官僚主义，首先体现在薪酬管理问题上。在年底的时候，公司给他加了1000美元的薪水，这是所有在这里工作的员工都会有的。这种不重视个人差异、一概而论的态度让他感到这里没有自己的发展空间。

生性要强的韦尔奇无法忍受GE公司对人才的偏见，他认为既然付出了努力，就应该得到同等价值的回报。他觉得凭借自己对工作的努力，本来应该得到更高的薪酬，所以他坚定地提出了辞职。当时位于芝加哥的国际矿物化学公司十分欣赏韦尔奇的才华，他们向韦尔奇承诺，只要他可以加入进来，就可以每年提供给他 25000 美元的年薪，而这是韦尔奇原来工资的两倍。韦尔奇也接受了这个建议，打算到那里去。

就在韦尔奇预备动身的这一天，正在麻州考察的 GE 公司副总裁鲁本·加托夫闻讯赶到了公司，他早就听到了这位化工博士的名气，也注意到他的研发促进塑胶部门业绩的提升。加托夫意识到，GE 公司应该留住像韦尔奇这样的人才并委以重用，要不一定是自己公司的损失，而且，如果让他流入别的公司，也就无形中为自己增加了一个强劲的竞争对手。

加托夫找到了韦尔奇，极力劝他留在塑胶部门。他知道年轻人的脾气，便许诺给他以 3 倍于现在的薪酬，而且如果以后有其他的成绩，还可以获得其他奖励。

加托夫使用更高的薪水和更高的职位诱使韦尔奇重新回到 GE 公司来上班，他成功了。这个曾经想要跳槽的年轻人没有辜负他的期望，在之后的 40 年里，他致力于 GE 公司的崛起，到 1981 年的时候，他领导的 GE 公司已经成为全球 500 强企业中最突出的那个。

1963 年，加托夫果然没有食言，让这位年仅 28 岁的韦尔奇执掌 GE 公司塑胶部门化学发展运作部门。韦尔奇开始领导 PPO 工艺开发，致力于把 PPO 变成可以产生商业价值的新型产品，尽管这个过程非常艰难。这种材料看起来并不具有很多潜在的市场价值，因为难以塑造成型。韦尔奇一直都没有放弃，后来终于制造成了一种在高温下强度很高，而且易于成型的材料，也就是“诺瑞尔”(Boryl)。

1965 年，韦尔奇建议 GE 公司建造一座价值 1000 万美元的工厂生产诺瑞尔，公司批准了这个建议，却没有人愿意接任这个工作，因为大家都觉得这是一种商业价值不明的产品。唯有韦尔奇渴望这个工作，他知道这是一场艰苦的战斗，但是他知道自己可以做到。他感到应该先试着去制造一件产品，然后把它卖给GE公司内部的诸多企业。这个过程很艰难，因为当时的所有家用器具都是用金属制造的。但是韦尔奇成功了，他用诺瑞尔制造出了电动罐头起子，拥有了第一种可以销售的终端商品。他让人们相信：诺瑞尔还可以有许多其他用途，包括汽车车身和计算机外壳等。

1968年，杰克·韦尔奇已经成为GE公司最年轻的一位总经理，负责包括莱克森(Lexan)与诺瑞尔两个新商标产品在内的整个塑胶事业部门。1981年，他成为GE公司的第8任总裁，同样是该公司历史上最年轻的总裁，也是人们评价最为有魄力的领导人。

事实向人们证明，GE公司副总裁当初努力地留下韦尔奇是一个多么伟大的决定。其实不是企业缺乏韦尔奇这样的人才，而是企业如何去挽留人才的问题。那么，企业的管理人员究竟要怎么做呢？

1. 多和员工交谈工作，就双方的问题达成一致。

2. 给人才委以更多的责任。

3. 多了解员工。当感觉到员工的思想或者生活变动的时候，要对他们表示一些关心，至少让他们感觉到公司还是关心自己的，这样更能得到他们的认同。

4. 大胆起用。在任何一个公司，新聘用的刚刚从大学毕业的优秀生最容易跳槽。对于公司来说，新生力量总是可以带来许多意想不到的收益，一定要敢于提拔和任用，防止人才流失。

5. 对能力突出的人才给予快速提拔。有时候，企业有幸得到一个能力极强、发展前景也被看好的人才，在对待这样的员工时，一定要妥善处理，尽量满足其发展和升迁的需要，避免大材小用。

6. 提供丰厚的报酬。较高的报酬当然是吸引人才跳槽的主要原因之一，一般来说，福利待遇的高低会直接影响员工的积极性和工作质量。只有对员工好一些，员工对公司的付出才会多一些。

一个进取心强的人，不会选择一个没有前景与发展的公司，如果你的公司里有这样的人，不妨用上述办法留住他。因为这样的人会用自己的积极进取带动一批人，更会推动你的企业不断向前。

留住知识型员工有妙招

知识型员工不是指知识丰富的员工，而是指一些可以依靠自己的知识来进行创新和创造的人才。有的是技术创新，有的是市场创新，有的是管理创新。对于一个公司或企业来说，知识型人才都是高级人才，是一类对公司贡献很大的人才。

正是由于知识型人才的特殊性，也就让他们成为一类难以管理的人才。在《时代》杂志的总编辑赫德利看来，这些知识型人才都是一些有自己的独特思维，可以独立思考和处理问题的人，这样的人是最不受纪律约束的，而作为管理者，却总是想要让他们符合一定的约束。同时，从工作内容来看，知识型员工的工作内容也具有特殊性，一般很难做出非常具体的界定。具体的工作效果，很难客观地去评价。

赫德利提出了一些和知识型员工相处的好办法，可以为企业管理者提供一些经验和借鉴。

第一，管理者不摆架子。知识型员工具有独立的思考能力，有自己的价值观和判断标准，他们不是没有自己主见的人群，在对一些问题的认识上，可能比管理人员都要深刻。而且他们大多与管理者的接触要比工人与管理者的接触频繁得多，所以往往可以发现管理者的种种缺点和不足。作为一名聪明的管理人员，是不应该在他们面前摆架子的，而是应该放平心态，谦虚地和他们相处，共同探讨工作中遇到的问题，寻求解决方案。

第二，与员工讨论公司发展。知识型员工对公司的未来发展往往有很多自己的建议，而他们却经常把这些建议表现在自己的抱怨中。作为公司的管理人员，一定要注意从员工抱怨的问题中看到公司的不足和发展上存在的问题，与员工一起讨论公司未来的发展。你会发现，在某些问题上，他们的意见可能更加具有独创性，对于公司的发展有更大的推动作用。

第三，讨论和命令并重。知识型员工不太喜欢被别人命令，而喜欢根据自己的意愿去做事。但是这样有的时候会出现问题。在遇到事情的时候，先发挥他们各自的积极性，一起商议解决，如果需要最后决策，则可以采用强制命令的方式来实行。

第四，敢于批评。不必担心知识型员工害怕批评，其实每个人都不喜欢被别人批评，但是相对来说，知识型员工对待批评的态度要更加理智一些，如果管理者的批评是正确的，可以在道理上说服员工，员工就不会因此而埋怨，对工作也不会产生影响。

第五，制度的公正比合理更重要。由于知识型员工的工作是创新性的，所以对他们的管理以及业绩的考核都具有一定的难度。对于这类员工来说，制度的公正性一般更受他们的重视。即便某个制度不尽合理，但只要对每位员工一视同仁，往往不会产生大的矛盾。只要制度是公正的，员工就不会产生被轻视的感觉，这对于他们积极性的发挥是非常重要的。

在竞争激烈的今天，知识型人才的多少，是企业竞争力强弱的一个关键因素。因此，管理者要想保证自己企业的竞争力，就应尽量多留住一些知识性人才。同时，管理者要打造一个学习型团队，让自己的企业不断创新，只有如此，企业才能更具竞争力与发展潜力。

忠诚是双向的

我们可以把企业和员工看做是合作的关系，企业给员工以发挥自己价值的舞台和丰厚的利润，然后员工则尽自己最大的努力回报给企业。对于双方来说，要想保持长期的合作关系，就要保证双方都是忠诚相待的。如果企业总是抱怨自己的员工不够好，对企业不忠诚，那么他们应该首先问一下自己，作为企业，你对员工忠诚吗？

在一次职业经理人沙龙上，曾经有一个人力资源总监给大家讲过这样一个笑话，故事虽短，却意义深刻。

有一个国外企业组团到中国考察，在一个企业的员工餐厅参观的时候，代表团的人看到公司员工的工作餐很差，于是毫不忌讳地说道："让员工吃这样的饭，大家完全可以不干活儿。"接着，代表团又参观了车间，当看到工人们懒洋洋的样子后，有成员又气愤地说："都这样干活儿，就不应该给他们吃好吃的饭菜！"

这个笑话提醒我们，在经营效益不佳的企业中，经常是同时存在着企业和员工之间的不忠诚问题。要解决这种问题，不能单纯靠做思想工作，而是必须从打造企业对员工的忠诚度入手，通过改变收入分配制度，采用科学合理的用人机制，提高员工的福利待遇，让员工的积极性被充分地调动起来，使员工对企业产生认同感、心理归属感，继而建立起对企业的忠诚信念。

忠诚是企业和员工的双向话题。但是相对来说，要想让员工对企业忠诚，必须是以企业对员工的仁义为基础的。只有企业先以自己的忠诚来对待员工，才可以促使员工忠诚地对待企业。

企业的忠诚主要可以涉及以下方面：企业在利润分配中，能否向员工适当倾斜？在关系到员工切身利益的决策中，是否让员工充分行使知情权？在解决与员工利益相关的问题时，如何保证员工的权益？在对员工进行管理的时候，是否会存在刁难员工、不认真对待员工的情况？和实力雄厚，资源丰富的企业相比，每一个员工其实都是需要去关心的弱势群体。如果企业可以对他们多一些照顾，多一些忠诚，多分担一些他们的困难，多解决一些他们的问题，也就不会出现企业和员工双方互不信任的问题。企业只要对员工真心付出，就一定可以让员工对你投桃报李。

鼓励新员工担当大任

当前社会，很多企业都对自己招聘的员工有从业时间的要求，要求员工已经有一定的工作年限，不给刚刚走上工作岗位的人提供职位。在公司内部，也经常是把重要的工作、巨大的责任都放在老员工身上。

这种做法有一定的实用性，作为一种用人方法来说，却存在着一些缺陷。新员工也有新员工的特点，他们没有经验，所以更加容易塑造；他们思想单纯，所以做事情更加认真肯干；他们也不懂得太多的人情世故，所以对于自己看到的一些问题敢于提出批评和意见。每一个企业都需要不断地增加自己的新生力量，而初出茅庐的人总是可以作为最好的人选来进行培养。作为企业的管理人员，一定要合理地权衡这种利弊，敢于用人，敢用新人，让新员工、新人才得到自己应有的重视。让他们在工作实践中发展自己，发挥自己的长处。即使是有失败和挫折也不要紧，只要看准了对象，就要相信他们可以有自己的一番创建。

有“经营之神”称谓的松下电器创始人松下幸之助，就是一位可以发现新人，并鼓励他们勇敢地担当大任的领导精英。1926年，日本松下电器公司首次在金泽市设立了营业所。松下幸之助觉得自己一定要在这个地方设立一个营业所，却不知道该派谁去主持这里的工作。虽然有能力去主持这个新营业所的高级主管为数不少，但是这些老资格的人都不适合离开总公司，因为如果让他们离开，那就一定会对总公司的业务产生影响。

这时候他忽然想起了一个年轻的业务员，这个人刚满 20 岁。虽然，他的年纪有点儿小，这是一个问题，但是松下幸之助认为，自己不可以看轻年轻人，因为他们也有自己独一无二的地方。

于是他决定派这个年轻的业务员担任设立在金泽营业所的负责人。松下幸之助把他找来，对他说道："公司想要在金泽新建一个营业所，我希望你可以去负责那里的工作。你现在就到金泽去，找个合适的地方把营业所建立起来。"

听了这番话，这个年轻的业务员大吃一惊。他惊讶地盯着松下说："这么重要的职务，我担心自己不能胜任。我还太年轻，也没有什么工作经验……"听到这个突如其来的消息，他明显地感到非常不安。

不管怎么样，松下要他在一个从来没有公司营业所的地方，去设立一个新的营业所，这都是一件非常重大的事情，尤其是对于一个从来没有担当过如此重任的新人来说。

不过，松下总觉得，这个年轻的职员必定能够做到。当然，不做做看还不知道，可是松下希望他可以去试一试，也相信自己看人的眼光。为了打消年轻人的顾虑，他非常耐心地鼓励他道："没有做不到的事，你一定能够做到的！想想看，像加藤清正、福岛正则这些武将，他们都是在不到 20 岁的时候就有了自己的一番成就，拥有自己的城堡，统率众多的士兵，治理自己属地的百姓，他们同样也是年轻人。你已经超过 20 岁了，不可能做不到。放心，你可以做到的！"得到这么多的鼓励之后，年轻人也对自己充满了信心，他坚定地对松下说："我明白了，让我去做吧。承蒙您给我这个机会，实在光荣之至，我会好好去干的！"松下看出了他的激动，也看到了他无往而不胜的信心，这让他感到非常欣慰。所以，松下也高兴地说："好，那就请你好好地去做！”

这个员工来到金泽，然后就立即开始行动起来，他不时地向松下报告自己的行动和进展情况。他找到了做生意的房子，然后又开始筹备，等到一切都已经处理完毕，松下就派去了两三个职员，成功地在那里开设了营业所。

年轻人也是企业的一笔财富，虽然他们有许多的缺点，但是他们也有自己的优势，只要努力去干，迟早有成功的一天。作为松下电器的老总，他之所以可以在日本各地都陆续地创办营业所，大多数都是以这样的方式建立起来的。松下之所以可以成功，就是因为他不看轻年轻人，而是对他们满怀着希望，正确地激励他们去努力完成任务，使得企业和员工都获得了发展。

教会员工最佳的工作方法

企业中存在一些对员工非常严厉的管理者，这样的人会让人反感，但是企业总需要一些制度来管理。如果企业的管理人员过于宽容，对员工的错误也不加以纠正，那就一定会产生许多问题。

如果你开始的时候看到一个员工的工作不合格，但是你没有及时地予以批评指正，那么过一段时间之后，你一定会发现已经开始有大部分员工的工作变得不合格了。因为你纵容了一个员工，也就助长了其他员工的侥幸心理：既然别人犯错不会受到批评，那么我犯错应该也没有问题吧？

懂得了这个道理，在你遇到具体问题的时候，你就知道自己该怎么办了。

公司负责人段鹏坐在办公室里，手里拿着的是一份于菁上交的工程项目报价表，他看了几眼之后，就把它放在一旁。这是一份比较简单的报价表，内容不多，格式也要求不高。尽管如此，段鹏还是看到了几个明显的错误，有的甚至是打印错误，有些地方的格式也不符合要求，除此之外，工程价格计算也有很大的问题，最后的整个预算竟然要高出了前面的价格限制。段鹏一看就知道是错误的，但他仍然摆出一副很认真的样子，又看了看于菁的报表，然后说：“于菁，我必须告诉你，这份报表还需要你自己认真地查看一下，修改一些可以避免的错误。我希望我下次可以看到一个完美的预算报表。”

记住：这时候，可以听听于菁的申辩，但是一定不要给他任何推脱的机会，因为这就是他需要做好的工作。

作为一个公司的负责人，如果你对公司的员工处处迁就，他们就不会高品质地完成工作，对于企业来说，这是非常致命的，可以导致企业业绩下滑、信誉扫地，甚至影响公司的生存。面对员工可能会出现的问题，到底要怎么处理呢？

第一，提出问题，找出错误的所在，把各个错误按重要性和改正的容易度进行排序。一个不符合要求的工作成果一般都会存在很多方面的问题，这些失误的重要性通常是不一样的，所以也要区别对待。你需要确定哪些错误是关键的、致命性的，哪些错误是细节性、仅仅影响细枝末节的。然后按照错误的等级不同，分为轻重缓急等许多类别，然后按照重要性的次序一个个地解决。确定哪些是要马上改正的，哪些是可以拖一拖的，因为如果想让一个犯错误的员工把他的错误一下子全部改过来，会比较吃力，要一步一步地来。在本案中，员工有报表格式的错误，有计算失误，有预算结果的差错，到底哪个才是最关键的，哪个需要最先改正，这都是作为管理人员需要考虑的。

第二，让员工注意他所犯的错误。当员工犯错之后，你一定要让他充分地认识到自己的错误所在。最好是采取和他面对面谈话的方式来解决问题。面谈可以更好地了解员工的特点，也可以给员工一个申辩和提问的机会，但是，一定不要过分纵容员工，听信他们的狡辩和借口。作为公司的管理人员，要能非常清楚地指出他所犯错误的危害性，严肃地告诉他，这些错误可能对自己的工作以及整个团队造成的巨大影响，对于这个方面让他知错就改。

第三，帮助员工改正自己的错误。员工犯了错误并不可怕，可怕的是自己不能认识并改正错误。如果他已经从谈话中发现了自己的错误，那就比较容易了。在如何改正员工错误的问题上，可以设一个计划，比如说“每天少一错”计划，增强员工之间的相互监督，规定员工需要达到的具体水平等。也可以选用格言警句的方式来激励员工，给他们信心，如在公司内部张贴：“在通往成功的道路上，谁能够克服自己的缺陷，谁就能跑得更快”等标语。

第四，改善管理人员和员工的关系。员工都是一个个独立的人，所以也有自己的自尊心，在帮助员工改正错误的时候，一定要尽可能避免让他难堪的情况出现。尽可能让他们在非常轻松的环境下改正自己的错误。但是，对于员工的错误，一定要帮助他全部改正，不可以因为他的一点儿进步就放松对他的一贯态度，使员工产生懒惰的心理。

一个企业对员工有培养的责任，尤其是对工作经验较少的人。这就如磨刀不误砍柴工的道理，只有让员工掌握了正确的工作方法，才能确保工作稳步快速向前。

培训是最好的投资

儿童需要教育，因为这样他们才可以收获更多的知识，成为有用的人。公司的员工也是一样，虽然他们自身已经具备了一定的素质，但是在当前日新月异的社会中，如果只是工作，没有培训，不去学习一些新的东西，一个人的知识迟早都会不够用的。企业让员工为其创造利益，当然也应该为员工提供自身发展进步的机会。没有培训的企业，是一个不尊重员工、没有发展意识的企业，这样的企业是很难有大的作为的。

有一位身强力壮的伐木工人，他拿着一把崭新的斧头来到树林里，第一天的时候，他卖力地砍倒了10棵树。

第二天，他一样地努力工作，事实上，他觉得自己比第一天工作更努力，但是只砍了8棵树。这位年轻人感到非常不满意，于是他提前上床睡觉，准备第三天早点儿出去砍树。

到了第三天，他用尽全力地工作，但是只砍了7棵树；又过了一天，数目减少为5棵。到了第五天的时候，虽然他花费的力气一点儿也不少，却只砍了3棵树，这个时候天还没有黑，他却一点儿力气也没有了。

又过了几天，当他又在费劲儿地砍树的时候，一个老人走了过来，耐心地对他说道："你为什么不停下来磨一磨斧头呢？"

他回答："没时间，我正忙着砍树呢。"

他又忙了一天，却只砍了1棵树。当晚，他想起了老人的话，于是磨了磨斧头，第二天的时候，不费吹灰之力就砍了10棵树。

这个故事告诉我们，如果只是任由员工蛮干，不提前进行培训，让他们掌握一些方法和技巧是不对的。当然，公司只有育才之心是不够的，还应研究掌握育才之术，即育人的有效方法，首先要在员工的日常工作中提供指导，做到不断地进行启发和教育，提高他们的工作效率；其次要注意为员工施展才能、成长进步提供必要的条件及环境；再次要在员工遇到困惑与挫折时，及时给予支持与帮助。同时，也要不断地激励员工自我提高和完善，防止出现自我满足的情况；要允许和提倡员工犯"合理的错误"，让他们在磕磕碰碰中成长进步。

相对于其他的培训，人的一生中最重要的培训就是工作实践。在工作的具体过程中，员工受到的是非常具体、非常有目的性的培养，获得的也是非常具体和实用的才能，对于自身发展进步也有着巨大的影响作用。所以，一般公司都非常重视对新员工的初期培训。

在面对一个新人的时候，一定不要急于求成，而是要善于培育人才，一般都能把员工的每项工作巧妙地当做培养人的活教材，让员工在工作的过程中学到这个工作岗位上必须用到的东西，对员工进行启发教育，由此及彼，不要怕时间和精力的浪费。对于企业来说，新的人才就是企业的财富，只有把新人培养好了，才会为企业带来更多的盈利和收入，才能保证企业的正常运转。如果急于求成，不经过对新人的培训，那么在后期的工作过程中就一定会出现很多难以预料的麻烦。对于企业来说，这些都是可以提前避免的。

对那种已大体熟悉和掌握现在岗位本职工作要领，并能较好地完成工作任务的员工，要不断地促进他们的进步，可以安排他们去干一些从来没有接触过的事情，让他们在新的工作中得到锻炼和提高。对陌生工作感到困难的人，要教育他们蔑视眼前的困难，对自己要有足够的信心，不要满于当前的成果，如果取得进步，就要及时给予鼓励和表扬。

人才不是天生的，人的成长和进步离不开实践培养和锻炼。实践的过程既为他们提供了宽广的天地，又为他们提供了发挥自己聪明才智的机会。同时，工作实践的过程也是一个不断激发员工内在动力和积极性，促成内在潜力释放的过程。如果一个组织中人人都讲效率、乐于工作、积极进取，那么，组织成员的工作能力就都可以得到较快的提升，工作效率也会提高。

德国诗人歌德有这样一句著名的格言："工作若能成为乐趣，人生就是乐园；工作若是被迫成为义务，人生就是地狱。"这句话虽然有些夸张，却说明了工作和人的兴趣之间的关系。

在培养人的过程中如果把工作搞得单调、枯燥、乏味，培养效果难免事倍功半。并不是所有人都对自己的工作充满了兴趣，在对员工进行培养的过程中，一定要尽可能地提高工作的趣味性，避免使工作成为一件非常枯燥的事情。

通过观察分析可见，员工对工作的态度主要有两类，即热爱和厌倦。热爱工作者把工作看成是一种生活享受，他们喜欢工作，并且享受着自己的成果。相反，厌倦工作的人却把工作看成是一件必须得干的任务，是一件苦差事，总是想着减少工作时间，或者其他的逃避办法。心理学家经研究证实：热爱和沉醉于工作中的人，激素分泌十分旺盛，并且工作意愿更加强烈。相反，对工作非常厌倦的人则只分泌很少量的激素，在情绪上，也大多表现为抑郁不乐，讨厌工作，不想上班等。

那么，到底要怎样才可以使他们发生转变呢？我们可以用跑步这件事来举一个例子。如果要让人没有任何目标和计划地跑步，只能使人感到乏味，虽然路程没多少，也使人感到十分厌倦。若是预先告知跑的距离以及到达终点后的荣誉和奖励，自然会引起人的兴趣，使单调的跑步变成一种享受的过程。在企业工作中也是如此，如果可以让员工参与工作目标的制定，让他们认识到自己工作的重要性，他们也会对工作充满热情，以更高的积极性来对待工作。有人认为，培养人的正确办法是送出去培训深造，或者是专门系统地讲授书本知识，其实这是不正确的，以上方法虽然也被一些企业采用，并且产生了一定的实际效果，但是这些更适合部分行业，或者是公司内的老员工。这种传授方法具有自己的局限性，例如书本学习大多只是学到一些理论性的知识，是笼统的、概括性的，它只告诉大家事情为什么是这个样子，但是具体要怎么做，要怎么去实践，还是需要把理论应用到工作实践中才可以得到答案。由此可以认为，工作实践才是员工增长知识和才干的大舞台，这里才有实用的知识和技能，才可以促进员工的发展和进步，使他们不断地获得发展。

坚持正确的培训方式

对于一个企业的管理者来说，即使是1000个99%，也比不上1个100%！

在当今的社会中，已经开始有越来越多的公司开始对员工提供培训，他们希望通过培训来发展员工的知识和能力，让他们变得更加符合社会和工作的需要。但是，结果怎么样呢？大多数的培训似乎都已经成了一种例行公事，因为在员工看来，这种培训根本就难以起到它应有的作用，只会让他们觉得厌烦。究竟是什么原因造成了这一现象，究竟是哪里出了问题，究竟要怎么去提高培训的效果呢？

我们发现了这种普遍存在的现象，于是就去探讨其中的真实原因，寻求解决的办法。对各种培训方式和内容进行总结，我们就可以看到其中的问题。比如这种培训大多都是和员工的工作实践相割裂的，或者只是各种口号似的呐喊，各种对员工潜能的激励。员工心中有疑问，有想要发展进步的思想，却无法从培训中寻找到解决的办法。当他们回到自己的工作环境中时，还是重复原来的思维和工作方式，根本就没有提高和进步。员工的成长和进步，和他的工作环境有着非常大的关系，如果只是想着去塑造员工，却不改变他所处的环境，所有的工作就会变得徒劳而无功。

一个老狐狸养着一窝小狐狸，但是它不会永远地照顾它们。等到小狐狸已经具备了独立捕食的能力时，母狐狸就把它们统统赶了出去。小狐狸恋家，不肯走。母狐狸就又咬又追，毫不留情。有一只小狐狸天生眼睛就是瞎的，但是狐狸妈妈也没有对它格外留情，因为它知道，这些孩子都需要自己学会生存，而不是靠妈妈来活着，它们一定要自己有能力才行。小狐狸们从这一天起便开始长大，即使是那只瞎眼的小狐狸也终于学会了靠嗅觉来觅食。

世上没有免费的午餐。任何人都要靠自己去生存，你只有自己克服困难，才有可能得到你想要的东西。企业也是孕育员工的温床，在员工已经具备独立工作的能力之后，就要勇敢地放开对他们的束缚，让他们去自由地工作，独自承担责任。

商界同自然界一样：物竞天择，适者生存。因而，作为企业，在重视员工培训的同时，也要重视塑造一种有利的培训环境。

也有部分管理者倾向于员工之间的互相学习，比如通过各种内部培训，来让他们互相学习，共同进步。但是需要注意的是：员工有各自的思考方法、认知模式，有不同的专攻方向，大多数员工之间都存在思考方式和认知模式的不同。这种差异导致我们没法发现——我和别人究竟有什么差距，我可以从别人那里学习到什么东西。这就阻碍了他们寻找自我突破的关键，所以就达不到互相学习的目的。

过去的培训是基于知识上的学习，而不是对知识的整合及运用。我们获得的多是知道一些零碎的片段的员工，而不是已经获得了完备的知识，可以寻求自我发展的员工。也就是说，脱离知识平台和系统认识的相互学习是把90%的力量放到10%的因素上去了，使之成为精力和金钱的亏损之源。

也有的企业培训存在另外一些问题，那就是只注重对新知识的培训。在企业的管理人员看来，只有对新知识的培训才可以不断地塑造员工，培养他们全新的工作方式。但是实际的情况是，大多数员工的工作都是依靠自己固有的95%的旧知识就可以完成的，而只有5%的东西需要靠着自己学习的新知识而获得。大多数企业都没有认真地去研究这个问题，不知道我们的员工是如何把新知识和旧知识结合在一起的，不知道他们在这些知识转化的时候会有什么实际的困难，我们只是把我们认为有用的新知识都强制性地灌输给他们，这样的培训，是多么可笑的啊！

巩固培训的效果

韩国的三星集团是当地一个发展迅速的企业集团，1938年，李秉哲刚刚创立三星集团的时候，它还只是一个做出口贸易的小公司，但是他始终都坚持人才第一的原则，把4/5的时间用于人才的吸引和在职人员的培训上。正是因为这个正确的理念，到20世纪50年代的时候，三星集团已经进入迅速发展阶段，并且成为韩国几个大财团之一。

李秉哲主持建立了韩国第一个培训中心，并且亲自书写了“人才第一”

的匾额，悬挂在培训中心的门外。员工需经过训练后才能上岗是三星集团的规则。上岗员工每隔数月就要重新培训，甚至在企业有新产品上市的时候，企业的员工也要进行培训。为了培养员工终生学习的思想，三星集团还花费巨资购买了先进的教育设施，并且免费对所有的员工开放。上至董事长，下至基层员工，每年都要进行三次以上进修。每逢培训班开业，李秉哲都要讲话，表明三星人都是精英，只有大家一起努力，才可以打造精英的三星。

三星入职培训的第一课是“爱三星”教育，目的是培养员工热爱三星，忠诚地为三星服务的思想，树立“我就是三星，三星就是我”的思想信念，这是三星人入门的必修课。其次关于经营理念的教育，主要观点包括“事业报国、人才第一、合理追求”等，这是培养新职工的基本国家观和事业观。

另一项教育是职工岗位互换教育。进入培训中心的员工，凡是在同一个教室里学习的，就可以进行角色互换，让领导来被人领导，被领导者转变为领导者。通过这样的培训方式，让上级也体会到被领导的滋味，从而对下级更多一点儿理解和支持。下级变成上级，可以提高自信心，变得更加积极乐观。

通过这样的教育，很多员工都可以从中受益，有一位三星的保安曾经就这样感慨：“作为一名普通保安人员，居然能受这么好的教育，能够听那么多优秀的导师讲课，这真是平生用钱也买不来的机会。”

正是由于对人才的高度重视，才让三星集团不断地走向成功，它的实力迅速增强，也开始在家电、计算机领域步入世界先进行列，三星集团也从中受益。正是因为有这么多人才的努力，三星才不断地走向成功。

然而，培训作为企业行为，目的在于改变员工的思维方式和行为习惯，提高组织绩效，建立企业竞争优势。但是，培训的效果如何，可以在多长时间、多大程度上发挥出来，这些还都要受到企业管理者的影响。如果他们没有这方面的意识和技能，培训与开发的措施往往都会落空。那么，要如何来巩固培训的成果呢？

第一，建立学习小组。无论是从学习的规律还是从转移的过程来看，重复学习都有助于受教育者对所学到的知识和技能的掌握。在公司内部建立起学习小组，可以促进学员之间的帮助和交流，如果同一部门的同一工作组的人员参加同一培训后成立小组，并和培训师保持联系，定期对培训内容进行复习，就可以在一定程度上提高培训成果，改变小组人员的整体行为模式。

第二，制订行动计划。在培训课程结束时可要求受训者制订行动计划，明确行动目标，保证自己回到原有的工作岗位上的时候可以运用新学到的技能。为了提高对新学内容的执行力度，企业的管理人员可以对员工定期检查和监督，或者也可以写成工作计划，双方定期回顾计划的执行情况。培训人员也可参与行动计划的执行，并给予一定的辅导。

第三，多阶段培训方案。对企业员工进行的培训也可以分阶段实施，在一个阶段结束之后，就给受训者布置一些任务，然后让他们运用课程中所学的技能，并在下一阶段将运用过程中的成功经验与其他参训者分享。在完全掌握此阶段的内容后，再开始下一个阶段的培训和学习。这种类型的培训方式历时较长，较适合用于员工的管理培训。为了保证培训效果，一般都需要获得上级管理人员的支持和配合。

第四，利用应用表单。应用表单是将培训中的程序、步骤和方法等内容用表单的形式提炼出来，方便受训人员的使用，如核查单、程序单等。这类表单可以方便受训者的自我学习和指导，帮助他们逐渐养成利用表单的习惯，自发地去运用所学习到的知识和技能。为防止受训者中途懈怠，可由其上级或培训人员定期检查或抽查。此类方法较适合技能类的培训项目。

第五，营造应用培训成果的工作环境。有些企业虽然进行了培训，但是大多没有产生什么实际的效果，这是什么原因呢？大多数的情况是因为缺乏应用培训成果的环境造成的。解决的办法可以让企业的高层管理者长期倡导员工的培训和学习，并且把员工的培训成果和一线管理人员挂钩，只是改变把任务下达到培训部门的做法。甚至也可以把培训员工作为一项管理制度，纳入对企业管理者的考核中去，让所有的管理者感到自己都有培训企业员工的职责，这样他们不仅会配合企业的整体培训，而且可以为员工培训创造一个合适的施展空间，提高培训的成果。

企业管理者要确保对员工进行培训后的效果，不仅要让员工有积极的意识和较强的学习能力，还要加强其行动性。只有如此，才能实现对员工培训的意义并取得预期的效果。

PART

招数五

5

左手物质，右手精神

衣食住行是每个人都需要面临的生存问题，也是人参加社会工作需要解决的首要问题。因此，企业要管好人，首先要满足员工的基本物质生活条件，只有如此，员工才会有精力和兴趣把工作做好；而要留住人，除了保障其物质生活外，还应注意在精神上给予关怀。人是感性的动物，人的情感往往决定了其价值取向和行为方式。管理者懂得在精神上给予员工关怀，就会起到情感激励的作用，不仅能调节其认知方向，也可以调节其行为。所以，要管好员工，就要懂得左手物质、右手精神的道理。

你满足他的需求，他才给你干活

虽然管理界在不断探索各种各样的管理模式，希望可以找到更好的企业管理法则，但是值得注意的是，无论这些模式多么先进，多么完美，都是必须以解决员工的基本生存问题为基础的。如果企业都无法为自己的员工创造一个起码的生存环境，那么员工的关注重点只会集中在自己身上，你又怎么可以要求他们谈团队合作、谈爱岗敬业呢？

企业要研究对人的管理，首先就要知道人的需求，在马斯洛提出的需求理论中，人的需求可以依次被分为生理需求、安全需求、社交需求、尊重需求和自我实现的需求。

第一类：生理需求，也就是员工衣食住行的需求。这是一个员工保证自己正常生存的基本需求，如果这种需求都无法满足，那么其他的一切根本就无从谈起。

第二类:安全需求。安全需求包括对人身安全、生活稳定，以及免遭痛苦、威胁或疾病等的需求。这种需求同样属于低级需求，是一种必须得到满足的需求。

第三类：社交需求。社交需求包括对友谊、爱情，以及隶属关系的需求。当生理需求和安全的需求得到满足之后，人就会进一步表现出自己对其他问题的需求。社交需求更多的是表现在员工的精神状态和情感体验上，如果这种需求得不到满足，就会影响员工的精神，导致高缺勤率、低生产率、对工作不满及情绪低落。

第四类：尊重需求。尊重需求可以表现为自己对个人取得的成就的感觉，也可以包括他人对待自己的态度。有尊重需求的人希望别人按照他们的实际形象来接受他们，并认为他们可以胜任自己的工作，他们希望别人可以看到他们的才能，并且因此而尊重他们。他们希望自己可以依靠才能获得成就、名声、地位和晋升机会。当他们得到这些时，不仅会因赢得了别人的尊敬而感到心理满足，而且会因为个人价值的实现而非常自信。

第五类：自我实现需求。自我实现属于一种较高层次的需求，一般的人很难达到这种需求层次。处于这个阶段的人，一般都有很强的解决问题的能力，自觉性高，善于独立处事，要求不受打扰地独处，并且他应该已在某个时段，其他的需求已经得到满足。当然处于自我实现层次的人一般对精神方面的要求要高于常人，通常很少关注自己的低层次需求。

人的需求是不断变化、逐级升级的，并且对于某个人而言，可能在某一时刻同时有几种不同的需求存在，一般来说，需求层次越低，也就越容易满足，需求层次高，得到满足的可能性就小。当前一种需求得到满足时，后一种需求就会浮现出来，占据主导地位。这时如果不懂得注意人需求的变化，往往就会弄巧成拙。企业的管理人员在引进人才的时候，如果不考虑人才不断发展的需求并因此而做出相应的调整，就很难长期留住人才。

小李工作表现好，得到了一个省部级的奖励，集团公司的领导为了对他表示祝贺，所以请他去吃鲍鱼。小李受到邀请，非常高兴，最后吃得酒足饭饱。正在他刚想回家的时候，另外一个领导打来电话，请他赴完宴后务必过来，要邀他吃鲍鱼。小李只能勉强答应。应付完这位领导，已经快要九点了，他也感觉自己非常难受，心想自己终于可以回家休息了。谁知道，这个时候，公司的部门经理又打来电话请他吃鲍鱼，并且已经定好位子，让他一定要过去。小李只有硬着头皮前往，席间禁不住经理的热情夹菜，一顿饭下来，小李实在是受不了了，鲍鱼在他的眼里已经不再是什么美味的东西，而是让他想起来都想吐的厌烦对象。吃完饭已近十点，这时公司的另一位领导给他打来电话说一位给他颁奖的领导在公司督察工作，所以正好邀请他一起去吃鲍鱼。小李听了这话，害怕得不得了，他坦白地和领导说了今天晚上的遭遇，请求他一定要饶了他，别再让他吃饭了。

在地球村、跨国公司等一些名词日趋被人们熟悉的当下，竞争与合作不可避免地被提上了议事行程。在当今社会，一个公司要走出国门，走向世界，不在员工的管理上做一番文章是不可行的，而其中最值得关注的就是对人才的挽留。心理学家马斯洛提出的需求层次理论，在新时期人才管理中是极有参考价值的。

有的公司管理者一直都给员工画饼充饥，让他们凭着对未来的美好憧憬生活下去，这是非常不现实的。作为企业的管理人员，应该懂得适度地填满员工的口袋，让他们在和公司一起向前看的同时，也可以获得当前的满足。他们尽可能地满足员工的生活和工作需求，提供给他们舒适的休息室、明亮的灯光、良好的工作氛围，虽然这些都是小事，但是却可以让员工感受到家的温暖，以更好的精神状态投入工作中去。

只有始终关注员工的生存和发展需求，处处都为员工着想，这样的企业才可以得到员工的信赖，也能让他们更加忠诚地为它服务，和企业一起走向更加美好的未来。

薪酬是员工的基本动力

对于员工来说，薪酬是对他们生活的一种基本保障。对一个自然人来说，他们身为公司员工的同时，也是一个需要满足自身需求的个体，尤其是在如今这个商品化程度很高的社会中，薪酬已经成为员工生活的基本保障。

人可以不是为了钱而工作的，但是一个人要生活下去就不可以没有薪资保障。一个人的薪酬是和个人的基本生活需求紧密地联系在一起的，只有这种需求首先得到了满足，员工才可以感到自己是安全的，才可以投身到工作中去。

有一位老人非常喜欢安静，他独自一个人生活，已经习惯了平和宁静的生活。但是有一天，这种生活被一群孩子的来临打乱了。社区的一群孩子每当放学后都到这位老人的房子周围玩耍。他们大声地吵闹、嬉戏，老人受不了这种吵闹，感到坐卧难安。不久之后，聪明的老人就想到了一个好办法，他走出家门对那些孩子说："如果你们每天都到这儿来玩，我就每人给5元钱。"那一天，老人果然给了每个孩子5元钱，这让他们非常开心。孩子们想要得到钱，于是有了越来越多的孩子到这里玩。可是有一天老人没有出来，自然所有的孩子都没有得到钱。又过了一天，老人还是没有出来。孩子们没有耐心等下去了，终于敲开了老人的门，说道："既然你不再给我们钱，我们以后再也不到你这儿来玩了，并且告诉我们的伙伴都不要到这里来玩了。"就这样，老人的生活又恢复了以前的平静。

上面这个精彩的故事告诉我们什么道理？为什么仅仅5元钱就起到这样大的作用呢？这是因为它可以满足人的需求，有了老人给的5元钱，孩子们就可以买自己喜欢的东西，满足自己心中的渴望。为了满足自己得到那些东西的渴望，孩子们就不断地重复老人要求的行为，但是当孩子们没有如期得到钱的时候，他们就感到自己应该停止为老人"工作"，所以正好满足了老人的需求。

薪酬除了作为一种谋生手段之外，还是对员工能力的一种肯定，是社会对个人价值的承认。所以，员工的薪酬水平可以在很大程度上影响员工积极性的发挥和潜能的开掘。当一名员工努力工作，却无法获得更高工资的时候，他就会觉得自己的劳动没有收到应有的尊重，从而产生悲观的心理。而当他得到加薪和晋升的时候，就会体会到社会对自己劳动的尊重，这种情感可以激励他继续努力工作，把自己的潜能发挥到更大。

了解员工对工资的期望

你了解员工对工资的期望吗？或许有些老板考虑过，但大多数都未必。事实上，在现实生活中，一味的激励与“画大饼”依然起不了多大作用，老板只有真正了解了员工的期望，才能有针对性地制定措施，以激励员工创造更大价值。

一条猎狗将一只兔子赶出窝，然后开始追赶它，但是它却没能追上。牧羊人看到这种场面，于是嘲笑地说道：“作为一只狗，你竟然都不能追上一只兔子。”

猎狗回答道：“你错了，我不是追不上它，而是我们两个奔跑是为了不同的目的啊，它为了逃命，而我却仅仅为了一顿饭啊。”

猎人听到了这句话，他感到猎狗说得很有道理，于是就要想个办法来改变这种状况。于是他又买来了几只猎狗，规定只有在打猎的时候追到兔子的，才可以得到骨头吃，要不就没有饭吃。这个措施很快就起到了作用，为了可以得到饭吃，猎狗们都开始非常卖力地追赶兔子。

就这样过了一段时间，问题又出现了。大兔子非常难捉到，而小兔子比较好捉，但捉到大兔子和小兔子得到的奖赏却是一样多的，猎狗们发现了这个窍门，于是就都去捉小兔子，猎人得到的兔子也越来越小。猎人对猎狗说：“最近你们捉的兔子越来越小了，为什么？”猎狗们说：“反正捉到的兔子大小和分到骨头的数量没有什么关系，为什么要费劲去捉那些大的呢？”

猎人经过思考后，决定不将分得骨头的数量与是否捉到兔子挂钩，而是每过一段时间，就对猎狗捉到兔子的总重量进行统计，然后按照兔子的重量来决定猎狗的具体待遇，就这样，猎狗们提高了捉到兔子的数量和重量。

猎人很开心。但是过了一段时间，猎人发现，猎狗们捉兔子的数量又少了，而且越有经验的猎狗，捉到的兔子的数量越少，于是猎人就又去找猎狗。猎狗说："我们把最好的时间都奉献给了您，但是我们会越来越老，当我们捉不到兔子的时候，您还会给我们骨头吃吗？"

猎人又改变了自己的赏罚制度，规定猎狗在捉到一定数量的兔子之后，即使以后捉不到兔子，一样可以享受充足的骨头。猎狗们都很高兴，大家都努力去达到猎人规定的数量。这时，其中有一只猎狗说："我们这么努力，却只能得到几根骨头，但是我们捉到的猎物却远远超过了骨头，我们为什么不给自己工作呢？"于是，有些猎狗离开了猎人。

猎人意识到猎狗正在流失，并且那些流失的猎狗像野狗一般和自己的猎狗抢兔子。这让猎人非常担心，他不得已捉到一条野狗，然后询问它当猎狗的缺陷，野狗说："猎狗吃的是骨头，吐出来的是肉啊！"接着又说，"也不是所有的野狗都顿顿有肉吃，大部分最后骨头都没得啃。"

于是猎人再次进行改革，除了让猎狗可以得到骨头之外，还允许它们从自己捕到的兔肉中得到提成，而且贡献越大，该比例也越高，并有权按比例分享猎人获得的总兔肉。就这样，猎狗们与猎人一起努力，把野狗逼得没有生计，所以又都要求回到猎狗的队伍中来。

故事中猎狗获得奖励和员工获得工资具有一定的相似性，在企业管理过程中，员工获得的工资变化也会对员工的工作积极性产生影响。

虽然工作的目的不只是为了金钱，但是对于员工来说，更高的工资总是可以更好地提高员工的满意度，保证员工可以乐于工作，忠诚于公司。公司为了留住员工，应该更加充分地考虑到员工的生活和工作需求，在更大程度上让员工感到满意，而不是依靠过分压榨员工的利益来减小公司的运作成本，使得公司利润的"伪最大化"。

制定科学健全的薪酬制度

企业的薪酬制度是企业和员工的连接点，是保证员工利益的基础。对于员工来说，这种制度可以对他们的工作产生一定的激励作用，促进他们达到特定的工作任务和目标。建立企业的薪酬管理制度，是一项非常重大的事情，需要一整套正规的程序进行保障。

第一，企业薪酬的建立策略。企业的薪酬策略是企业文化的重要组成部分，对企业文化具有一定的指导作用。在这个基础上，可以方便企业政策的划分，拉开员工的薪酬差距，确定薪酬的组成比例等。

第二，职位分析。对人员进行职位分析是确定员工薪酬的基础，企业管理人员首先要明确企业的经营目的，然后对企业的业务和人员进行分析，明确部门和各个人员的职责，规范企业经营行为。

第三，职位评价。职位评价重在解决薪酬的内部公平性问题。它有两个目的：首先比较企业内部各个职位的重要程度，给特定的职位排序；其次是对薪酬调查，提供统一的评估标准，使不同职位之间具有可比性，保证薪酬的公平性。它是对职位进行分析的必然结果，依据的是职位说明书。

职位评价的方法有许多种，比较复杂和科学的是计分比较法。它首先要确定与薪酬分配关系密切的一些评价要素，然后赋予这些要素以特定的权重和分数。目前来看，国际上流行的评价模式主要有 HAY 模式和 CRG 模式，都是采用对职位价值进行量化评估的办法，通过几个大要素和几个子要素对职位进行全面评估。

大型企业的职位等级有的多达 17 级以上，中小企业多采用 11~15 级。国际上有一种趋势是“减级增距”，也就是说要不断减少企业内部的职位等级，同时也拉大各个等级间的工资差别，体现出宽幅化的特征。

第四，市场薪酬调查。市场薪酬调查重在解决薪酬的外部公平性问题。薪酬调查的对象，最好是选择与自己有竞争的对手企业，或者是类似的同行，调查的重点应该集中在企业员工的流失方向、企业员工的来源等多个方面。薪酬调查的数据，要有上年度的薪酬增长状况、不同薪酬结构对比、不同职位或不同等级员工的薪酬水平、奖金和福利水平以及对员工的薪酬发展走势等。

第五，确定薪酬水平。通过薪酬结构设计为不同的职位确定的薪酬标准，虽然在理论上是可行的，但在实际操作的过程中，如果每一个员工都有自己独特的薪酬水平，就会给公司的管理带来困难，也难以起到对员工管理与激励的作用。所以，实际上总是把众多类型的薪酬归并组合成若干等级，可以把200分以下的职位都定位为第一等级，200至400分的定位为第二等级，按照这个标准执行确定薪酬结构。

薪酬等级数目应视企业的规模和行业的性质而定，其多寡并没有绝对的标准。若级数太少，会给员工以难以晋升的印象，对员工的积极性也有抑制。但是，如果太多，同样难以起到好的作用。另外还要给每一等级都规定一个薪酬变化的范围，或称为薪幅，其下限为等级内员工的底薪起点，最高薪酬作为顶薪点。各个等级之间的薪幅可以设置为相同的，但是更适合的是随着等级升高而累积增多。相邻等级的薪幅之间会出现重叠，这不仅是不可避免的，也是必要的和有益的，这样就可以让员工在较低的等级内也得到较高的薪酬，促进他们积极工作。但是，员工薪酬的重叠也不应该太多，否则可能会造成员工在晋升后薪酬反而降低的现象。

第六，薪酬的实施与修正。一个企业的薪酬制度建立起来之后，就应该保持较长时间的一致性。但是，薪酬制度也不可以一成不变，还必须根据企业薪酬制度的变化以及企业的经营情况而发生变动。

对于企业的员工来说，合理的薪酬是他们满足自身生存发展需要的基础来源，对他们是否留在企业有着决定的作用。作为企业的管理人员，就应该为他们提供一套令人满意的薪酬体系，保证他们的合法权益，保证企业的发展和稳定。

工资应不应该透明

虽然同样是在一个公司从事共同的职位，但是员工的工资却是不尽一致的。有的公司就采用了“薪酬保密”的原则，不允许员工之间相互透露自己的薪酬情况。在联想公司内部，薪酬保密更是受到了特殊的重视，甚至达到了“一旦犯规，请君走人”的程度。

柳传志是联想公司的创始人，早在联想公司建立之初，他就提出了工薪保密这样一条公司内部天条，列入了联想员工的职业操守清单。不得不说，这一制度的建立也具有一定的实际意义，同样作为一个公司的员工，你们也从事同样的工作，如果你知道自己的同事得到比自己更高的收入，你会很气愤:我们干的活相差无几，凭什么我拿的比他少？如果看到两人的收入差不多，你的心理可能仍然很不平衡，我比他付出得多，为什么却得到的却不比他多？从心理学来看，人们总觉得自己干的比别人多，但得到的比别人少。因此如果薪酬不被保密，人们的心理总会觉得非常不满足，在这样的心理因素影响下，就难以做到积极工作，也就无法调动他们的劳动积极性。

当然，某些关系密切的员工相互透露薪酬在所难免，但由于大家都知道触犯这一原则可能引起的后果，所以就不会以此为借口到处传播。这就使得这个秘密仅仅是被当做两个好朋友之间的私事来互相了解，并不会造成什么其他不利影响。

或许，有些人认为，工薪保密虽然可以在一定程度上消解员工的不平衡感，但也会带来其他问题，突出的就是员工成就感的来源问题。但是二者之间其实并不是矛盾关系，如果处理得当，也可以做到两者兼得，关键在于考核的标准是否明确，是否有相应的政策制度作保障，是否有深厚的文化理念支撑。

虽然相互无从知晓对方的钱袋是否丰盈，但联想的薪酬结构并无神秘可言：根据岗位、能力大小和市场销售情况来定薪资，根据任务完成情况来发奖金、津贴和其他表彰性奖励。当然，保险、工作午餐、带薪休假、出国考察等福利以及为业界所称道的股份权也是如此。这样，如果员工想要对企业的薪资水平有一个明确的了解，他在哪里都可以得到明确的回复。

人们之所以想知道别人的薪水是多少，就是为了知道自己的待遇是否公平。那么工薪保密是不是会造成员工工薪的不公平呢？当然，采用这种方式的企业一定要有确保公平的基本手段。

第一件是先进的评估考核工具。例如联想采用平衡体系对员工的职位、能力价值进行量化评估，同时，以市场竞争的实际情况作为参考，确定每个员工的实际岗位工资；同样也采用指标来考核员工绩效，以此确定奖金数额。这些先进的工具可以使员工相信，薪酬的确可以反映出自己业务的水平，以及个人贡献与得到回报之间的关系。

第二件是向下看两级的管理制度。虽然员工相互不知道薪水多少，但是员工的上级很清楚，他也有具体的薪资评估标准。同时，员工的上级也会受到自己上级的考察，如果他在员工的薪资问题上藏有“猫腻”，那么他在联想的未来职业生涯就会被葬送。与此同时，人力资源部门也是对员工业绩监管的部门，如果他们发现存在对员工不公平对待的情况，就会直接追究管理者的责任。此外，联想还设有员工“进步信箱”，如果认为自己受到了不公正待遇，可以到网上进行投诉，并且专门有人从事调查工作，对员工的疑问进行反馈。

第三件是诚信公平的企业文化。仅仅靠一些标准和政策是做不好人力资源工作的，同样，企业内部公平也是如此，虽然管理制度、管理者监督和各种评估工具都可以起到一定的作用，但是没有企业文化作为基础，这一切就都有点让人难以相信。

薪酬保密制度具有独特的优越性，在公司的管理上也发挥着重要的作用。所以，在这项制度没有对企业的管理产生影响之前，人们是不会放弃采用此项制度的。各个公司，可以在采用此项制度的同时，完善相应的内部管理制度，保证企业员工待遇的公平合理性，促进企业的人力资源优化。

下功夫强化福利的激励作用

对于企业来说，具有完善的福利制度是吸引和保留员工的一个重要保障，标志着企业发展完善的程度。通常来说，员工福利可以分为两个部分，一部分是按照政府规定，企业必须执行的福利制度，包括养老保险、失业保险、医疗保险、工伤保险、住房公积金等。另一部分是企业主体为自己的员工定制的其他福利待遇，根据工作性质不同，可以分为人身意外保险、家庭财产保险、旅游、服装、餐补或免费工作餐、健康检查、俱乐部会费，提供住房或购房支持计划，提供公车或报销一定的交通费、特殊津贴、带薪假期等。

在各个大型企业中，福利是一笔不小的开支，一般可以占到员工工资总额的 30% 以上。但是，为什么许多大企业支出却难以取得很好的实际效果呢？这主要是因为他们没有能够很好地应用企业福利的刺激作用，没有认真地对企业的福利进行管理。但是，如果企业不设置福利制度，又很容易造成企业人员的流失，对企业的长远发展产生影响。

那么，对于企业来说，到底要如何利用这种激励模式呢？

第一，福利政策要有正确的导向。企业采取福利措施，目标是使员工行为与企业行为保持高度一致，有效地将广大员工团结起来，促进企业的发展和进步。从福利的本质上来说，它可以看作是一种补充性的报酬行为，是和员工的具体劳动结合在一起的。所以，企业的福利政策要涵盖福利设定的目标和相应的对员工行为的要求两方面内容，这样才可以对员工的行为产生一定的导向作用。

第二，对福利政策进行适当的宣传。企业不仅要设立福利政策，同时也应该让企业的员工都可以对企业的福利政策有一定的了解。比如把福利政策明明白白写进员工手册。让员工知道企业有什么福利，不同的福利对员工的工作有什么样的具体要求，自己应该如何去努力。这是企业的一项工作，是企业应该努力的方向。

第三，要区分福利层次。要按对企业贡献程度，将福利设定不同的等级层次，规定什么样的福利属于保障性福利，是可以让全体员工都得到的，而什么样的福利是和员工的效益挂钩的，是只有达到一定的工作效果才可以享受的，而且达到不同的绩效，享受不同的绩效福利。

第四，随时调整福利项目。企业绩效随着市场环境变化(比如金融危机)会有起落，企业的福利一定要和企业的业绩挂钩。企业绩效转好，应当适时地增加一些新的福利项目；当企业的业绩减少的时候，也要相应地暂时性裁减部分福利项目。必须要让员工通过企业福利的变动情况，感知企业生存的变化，取得员工对企业的认同感，增加员工和企业之间的联系。

第五，福利的特色化。每个企业都要开发属于自己的独特福利，有特色才有吸引力。企业有能力增加福利投入时，可以本着“人无我有、人有我精”的原则,开发自己的特色福利项目。如果在福利投入总量不发生变化的情况下，则要根据“集中使用投资”的原则，创新不同于别的企业的福利项目，保持企业的特色，增加员工的认同感。

第六，自助式福利分配。各个员工对福利的需求不同，所以在具体分配福利的时候，可以采取“自助餐”式的福利分配方式，这样对员工和企业两全其美。员工可以根据需要得到福利，企业不用强迫，收效显著。但是，采用这种方式的前提是企业可以提供多样的福利待遇。

第七，保证福利的公平性。一方面，企业管理者要说到做到，如果已经对员工许诺，就要在时机成熟时兑现。另一方面，给某些员工发放特别福利时，要让其他员工没有异议，让大家觉得这份福利的发放是合适的。

一个具有完备福利制度的企业，不仅可以使员工得到实惠，提高员工对公司的满意度，节省员工个人所得税的支出，同时也能提升公司的社会形象，从而吸引更多优秀人才加入进来。

切实关注员工的利益

企业的管理人员有感于员工思想意识上存在的问题，于是用所谓的事业心、大公无私的道德情操来教育员工，致力于员工个人和企业目标的一致性，但这样的教育鲜有成功的。

有一次，著名的人力资源培训师鲁柏祥在一个公司总经理小余的陪同下到深圳去。

到了深圳机场，飞机还在跑道上滑行，小余和其他旅客一样，拿起自己的旅行箱，就要急着出去。

这时，鲁柏祥把小余拉回座位，问他：“为什么刚上飞机时大家都很安静，即使是飞机因故推迟起飞，旅客们也不会想要离开呢？而现在的情形却完全不同。”

小余一时被问住了：“我还从来没有考虑过这个问题。”

鲁柏祥说：“这里有一个管理学上的大学问。乘客与飞机之间靠什么联系起来的？”

小余回答：“机票。”

鲁柏祥再问：“机票对于乘客来说意味着什么？”

“飞机把我们从杭州带到深圳。”

鲁柏祥又问："这是否可以说，飞机的目标与旅客的目标是一致的？"

"是的。"

鲁柏祥进一步问："那么当人们到达目的地之后，机票还有其他的意义吗？"

"没有啦。"

"现在旅客的目标与飞机的目标还一致吗？"

"不一致了，所以大家才急着离开。"

鲁柏祥最后说："管理企业与坐飞机有着同样的道理。企业就像这架飞机，员工就像飞机上的乘客。只有当企业的利益和员工的利益结合在一起的时候，员工才能安心待在企业里。一旦员工的目标与企业的目标不一致，员工就会离开企业这个'飞机'。

所以，管理企业就要不断地给员工'连程机票'。让他们可以不断地从一个地方，飞向另一个地方。"

一个人为什么要到你这个企业中来？这是因为你的企业能够帮助员工实现依靠自己的力量无法实现的目标。

管理者必须认识到一点，个人的自私是天经地义的、不可更改的，这就好像数学中的公理一样。一个员工加入你的企业中来，一定是有个人的私心的，是因为他认识到，要达到他个人的目标必须依赖于你这个企业组织。也就是说，企业仅仅是员工个人为达到他个人目标的可以利用的平台。而同时，对于企业来说，员工也是企业取得利益的方式和凭借，企业与员工其实是一个利益共同体！

企业和员工之间，其实是互相合作的关系，企业依靠员工获得发展，取得盈利，员工则借助企业这个平台，实现自己的人生价值，获得自我发展。

员工个人的私利与企业的公利之间的不一致，很可能会导致企业内部产生分化，从而使得企业难以实现自己的目标。如此看来，企业如何管理人的问题就变得非常重要。领导者要利用这样的管理规律，来达到员工私利满足和企业目标实现的双赢。员工如果没有了私利，他就失去了努力的方向，企业如果不可以很好地满足员工对个人利益的追求，就会失去员工对企业的依赖感。员工为什么会离开企业？就是因为企业不了解员工的心理，不能有效满足员工私利。也就是说，懂得管理的企业是不会不顾员工的心理和利益要求的。

作为企业的员工，他们也有自己的判断。在一个竞争的环境里，他到一个企业里来，必然会遵守一个基本原则，就是凭借自己的劳动付出来获得属于自己的回报，也就是以他个人的劳动与企业进行等价交换。因此，员工对于企业的期望值，一直都是基本固定的。但是，作为企业的领导者，却要懂得如何去激发员工的期望预期。因为员工的期望值越高，他的创造力也就可以被最大限度地激发出来，对企业发展的贡献也就越多。所以，优秀的管理者要有这样的心态，不怕员工拿得多，只怕员工拿得少。员工的收入增长了，企业才可以得到更大的实惠，更好更快地发展。

让员工的努力及时得到回报

企业要获得更多的利润和收入，就一定不要害怕给予员工的薪酬过高，因为企业只有付给员工恰当的报酬，才可以留住员工。很多领导把支出的工资维持在最低工资水平，他们认为员工工资是成本的一部分，只是致力于如何减少公司的运营成本，至于报酬与工作成效之间的关系，他们却视而不见。

员工也是有生命的个体，在工作的过程中，他们希望自己的劳动可以得到别人的认同。否则，不管管理者使用多么美妙的言辞表示感激，不管管理者提供多么良好的培训，也无法提高员工的积极性，让他们服从管理者的命令和指挥，为企业的发展出谋划策。对于企业来说，提高员工这种个人认同的方法就是让他们的劳动获得相应的报酬。

员工会按照市场状况和一些合适的对象进行比较，他们自己的收入影响着他们对工作的满意程度。一个人要生活下去，就一定会对自己的个人收入产生关注。即使是暂时牺牲个人收入，也不可能一直这样下去。最好的领导总是在员工要求增加工资前作好考虑，他们积极主动调查市场，保证自己员工的报酬比其他公司要高。这样，员工就会把自己的时间和精力用于更好地提高工作效率和完善自己，而不是计较个人的报酬。聪明的领导会积极主动地支付报酬，而不等待员工提出要求。

在竞争日趋激烈的现实社会，人们开始适应满负荷的工作。就算你的员工已经很努力地工作了，你也可以让他们更好地挖掘自身潜力，最大限度地发挥自己的特长。精明的管理者都明白，员工的积极性和潜力，就如同埋藏在地下的宝藏一般，必须依靠企业的管理者去开发。

美国的一位总裁总是随身携带着一沓5美元的钞票，当他遇到表现出色的人时，就立即给予奖励。至于为什么要选择5美元的钞票，是因为它可以起到最好的作用。

如果奖励的是100美元的钞票，就一定会引发嫉妒和愤恨，会有人跑来说："为什么他得到100美元？我做得比他好多了。"但是却没有人会对5美元说三道四，那实在是不值得。但即使是5美元，它也可以起到很大的作用，它是一种褒奖，让接受它的人能够享受一顿午餐，却不至于招来嫉恨。谁也不会再抱怨什么，而且谁也不会拒绝5美元。大家都喜欢受到别人的赞扬。

作为企业的管理人员，应该及时发现做得正确的人，并立刻给予奖赏，就像这5美元所包含的含义一样。奖赏不一定要很大，即使是很小的奖励也很好。我们在看重主要成就的时候，也不要忘记为小事情喝彩。比如嘉奖那些为了完成一张备忘录或多接一个电话而加班的人，当然，对勤于打扫卫生的人进行嘉奖也是有意义的。

由于工作努力而受到奖励，使员工能认识到整个组织的行为方针，感受到领导对自己工作的重视，员工个人有被承认的满足感和被重视的激励感，就会保持高昂的工作热情和责任心。如果努力工作的人没有获得一定的实际利益和奖赏，就一定会对他们工作的积极性产生负面影响，使他们的工作热情下降，工作受到影响。

企业管理人员的目的就是要让员工知道，只有真正努力的员工才会得到最好的回报。员工个人都有一些本能的需要，渴望别人的尊重和事业的成功。这就构成了人的内部动力。要使公司有更多受到高度激励的员工，可以以一定的目的去寻找和公司的风格相近的人，或者调整公司的管理风格来和员工的需要保持一致，但是无论如何，让努力的员工得到合理的回报都是必不可少的。

企业无论使用哪种手段，都要实现对职员的管理。员工的行为除了取决于一定的自身因素外,还取决于个人价值取向。只有具备一定价值取向的员工,才可以具有更高的责任心和道德意识,也就有助于激发员工的自我意识。但是,适当的奖励制度同样是不可缺少的。在你的员工努力工作,做出好成绩的时候,适当地给予一些回报，让员工感受到辛勤劳动的成果，让员工明白，他们的努力不会白费的，努力地付出之后，一定会有丰硕的回报！

理解是管理人的根本

每个人都有被理解的欲望，都希望自己的行为可以得到别人的支持和赞同。对于一个人来说，得到理解通常可以让他感受到莫大的欣慰，产生难以预见的实际效果。

有一位经过多年修行却没有得道的僧人，有一天他巧遇云游的禅宗大师，便讨教禅宗之要义到底何在。大师一个字都没有说，只是竖起一根大拇指。

僧人顿时醒悟，连连点头。旁边的小和尚见了，以为自己也已经得到了大师的点拨，参透了佛学的真谛，别人问他禅到底是什么，他也竖起一根大拇指。僧人见状，毫不留情地砍掉了他的大拇指。僧人再问禅的要旨，小和尚不知所措，这时候他才知道，原来自己从来都不曾知道禅的真谛。

小和尚长大之后，成了远近闻名的高僧，门下弟子有好几百人。一日，打坐念经的弟子们看到师父正在打磨一片瓦片，于是便奇怪地问："师傅在磨什么？"老和尚答："要把瓦片磨成镜子。"弟子不解地问："瓦片怎能磨成镜子？"老和尚反问："如果瓦片不可以磨成镜子，那么打坐又如何成佛呢？"

小和尚被佛学的形式所迷惑，所以无法探索到真正的内涵。就像很多人口口声声说那句禅语："一寸坐，一寸佛。"好像他们每天抽几分钟几小时静坐，就有一定的时间在修炼一样，其实不过是用来标榜的过场。由此看来，"坐禅"即"成佛"，"坐禅"并非是"成佛"的手段，"坐"与"佛"是融合在一起的，所以，形式终归是形式，等到你内心真能树立起自己的"佛"时，才有可能把形式和内容真正结合起来。"佛"是如此，对人的管理也是如此。当你真正理解别人的时候，别人才会真的服从你。

有一个电脑公司的工程师对管理人员说，公司的工作计划同他在几个月前达成的夏季租房协议发生冲突。管理人员听到职员的话后，立即表明了自己的态度：如果因为公司的工作打乱了他个人的计划，他可以用自己的别墅去度假。这件事使这个工程师很受感动，为了研究课题项目，他没有再计较什么，而是把自己假期的时间都投入了进去。

当你的利益与员工的利益发生冲突时，你有没有考虑过如何解决？比如，单位要分房子，一位就要结婚的员工和你一样看上了同套房子。你是管理者，你得到那套房子的机会要大得多。但是，你有没有替那位马上要结婚的员工想过，你体谅过他的生活和不易吗？

英国有一位孤苦老人，他无儿无女，又体弱多病，万不得已的时候，便决定搬到养老院去。于是宣布出售他那套漂亮的住宅。

购买者闻讯蜂拥而至。住宅底价是 8 万英镑，但人们很快就将它炒到了 10 万英镑了，而且金额还在不断地提高。

老人静静地坐在沙发上，满目忧郁。是的，要不是身体不佳，他是一定不会卖掉这栋住宅的。

这时，一个衣着朴素的青年人来到老人跟前，弯下腰，低声说："先生，我很想买这栋住宅，可我只有 1 万英镑。"

"可是，住宅的底价是 8 万英镑啊，"老人淡淡地说，"现在它已经升到 10 万英镑了。"

青年人并不沮丧，诚恳地说："先生，如果您把住宅卖给我，您可以依旧在这里生活，和我一起喝茶、读报、散步，每一天都过着快乐的日子，而我，也将用我的整颗心来时时关爱您。"

老人始终微笑着。

突然，老人站起来，面对着正在竞价的众人说道："朋友们，这栋住宅的新主人已经产生了。就是这个小伙子！"

这个年轻人了解老人，所以他才可以用那么低的价钱得到这座住宅，但是在老人看来，他也得到了自己希望得到的东西。

聪明的管理者可以试着去了解每个人，理解每个人。每个人都会有自己的麻烦与困难，当他们身陷其中时，当他们因为某些原因而无法取舍的时候，作为他们的上级，你就应该展现出一位管理者的博大胸怀，多体谅他们，宽容他们。在这个时候，对员工的理解常常可以产生意想不到的效果，让他们更加忠诚于你，也更加乐于为公司做出贡献。

为员工做个远期规划

员工进入一个公司，大多数时候都是希望可以通过公司这个平台，获得更好的个人发展。作为企业的管理人员，一定要看到员工对个人职业发展的规划和希望，并且不断地开拓这方面的空间，为他们实现职业理想提供支持和帮助。

联想集团就为自己的员工提供了良好的个人发展空间，他们坚持“个人主动规划，上级指导；业务提供事业空间和发展舞台；人力资源建立机制和体系保障”的员工发展模式，保证了员工的长远发展。

联想公司一直都在努力地为公司员工提供属于自己的职业规划路程，促进个人实践在联想的职业发展方向。在联想，除了“经理—高级经理／总监—总经理—副总裁—总裁”的管理序列发展路径外，从2000年开始，联想也建立了研发人员的专业发展道路，提出了联想的独特技术职称体系。公司的专业人员，可以沿着“助理工程师—工程师—主管工程师—资深工程师—副主任工程师—主任工程师—副总工程师”的路径发展，并且获得不同的公司制度保障。2001年至今，在研发、工程、技术支持三个技术专业序列外，联想已经把这种规划发展到销售领域，建立起渠道销售、大客户销售、产品、采购、财务、管理咨询等岗位序列的专业发展道路，让员工明确各个岗位员工的职业能力要求和职业发展方向，为员工确立专业发展路径和方向。再具体细分，作为渠道销售人员，也可以沿着销售助理、业务代表、高级业务代表、资深业务代表的路径规划个人的职业发展方向。

通过为员工提供职业发展方向，可以让他们有选择性地学习不同系列的培训课程，或选择适合自己的外部培训方式。员工也会乐于学习，加强自身能力的提高。同时，公司还推行轮岗、关键岗位的竞聘制度，充分发掘员工多方面的职业潜能。

这种促进员工个人发展的岗位制度具有多方面的意义。对个人来说，员工可以根据个人的特长和职业兴趣选择适合的发展路径，规划和发展自己的职业道路；对企业来说，为自己的员工提供各类培训和选择，可以更好地促进他们能力的发挥，提升公司的整体业务水平。

所谓事业发展与规划管理，就是企业通过人力资源发展部门，把企业员工对个人发展的追求，纳入组织发展过程中的人力资源配置和人员培训这个大事业之中。事业发展与规划可以让员工不断寻求工作与生活质量的满意和平衡。也是企业帮助员工规划和发展自身事业的长期性激励措施。借助这个过程，员工的需要和利益可以和企业的目标和利益相容，达到组织和个人目标及利益的互相匹配。

事业发展和规划管理的理想状态是促进企业和员工的共同发展，是企业以人为本管理思想的较好的实现方式。它可以起到深层次的激励效应，让企业员工具有平等感：满足员工的情感需要、受尊重的需要和自我实现等高层次的需要；有助于员工选择做他愿意做的工作，让他可以在工作中投入更多的精力，提高员工的工作生活质量。同时，企业与员工共同讨论员工的事业发展领域及所需的技能，并且为员工提供发展个人能力的具体机会，提高企业对优秀人才的吸引力。

作为管理者，要善于从员工的个人贡献来向其提供薪酬，提高员工的自豪感和自信心。同时，主管还要听取员工对工作绩效的自我评价，促进员工工作绩效的提高。对于员工的生活情况，管理人员也要给予足够的关心，尽量满足员工提高生活质量方面的要求。但是，所有的一切都是服从于员工的自我发展需要，要尽可能地促使员工的事业发展途径多样化，让他们在沿垂直的组织等级阶梯向上发展，和在平行的相关职位上发展中做出选择。员工的发展带来的一定是企业的发展，企业以多大的决心来促进员工的发展，也就决定了企业的未来发展出路。

一分关怀，十分回报

一个企业就像一个大家庭一样，其中有和谐的一面，也有存在着许多分歧的方面。在企业中，管理者和员工的关系如何，越来越引起人们的关注。企业需要员工对自己的行为担负更多的责任，这样才可以使员工成为企业发展的伙伴，促进企业和员工的共同发展。

因此，凡是聪明的管理者都懂得善待员工、重视员工、体谅员工、关心员工，他们把员工看作知己、看作良友、看作自己人，他们乐于为员工排忧解难，让员工时刻感受到温暖与关怀。做到了这些，企业管理就变成了一件非常容易的事情。

1939年，IBM的创始人老沃森组织了3万名员工，到纽约参加世界博览会的“IBM”活动。他租了10列火车，打算把IBM职员从工厂里直接运到纽约。职员们都非常高兴，一路上欢歌笑语，手舞足蹈，好不快活！没有人会想到这个时候会有悲剧发生，一列满载IBM员工家属的火车在纽约地区撞上了另一列火车的尾部，造成了众多人员伤亡。

当时正是深夜两点，老沃森一接到电话，就立刻爬了起来，带着他的女儿向出事地点开去。在这次事故中，有400人受伤，有些人还伤得很严重，但是值得庆幸的是，并没有出现人员死亡。老沃森打电话向纽约总部发出指示，用一列新安排好的火车把那些没有受伤的人及受了点轻伤的人接往纽约。自己则和女儿留在医院里，不断地安抚员工的情绪。当部分员工到达纽约时，IBM早已把一座旅馆改造成一座设备齐全的医院。

老沃森直到第二天深夜才返回曼哈顿，然后就立即指示自己的部下给所有受伤者的家庭送去慰问的鲜花。许多花店的老板不得不在深夜开始忙碌，确保所有的伤员在第二天清晨的时候就可以看到鲜花。

这件事对IBM全体员工的触动极深，他们看到了公司对自己的关心和爱戴，对于企业的感情也进一步加深，IBM集团日后的骄人成就，都是他们用辛勤的汗水浇灌出来的。

有的管理者认为自己不应该同自己的员工保持亲密的关系，而是应该区分雇主与雇员的关系。这样的企业氛围是不利于公司的长远发展，也不利于提高劳动生产率的。

如果企业的员工在良好的感情氛围中工作、生活，自身的热情和积极性也就会提高。管理者努力地为员工创造良好的工作环境,对员工进行感情投资，往往会有让人意想不到的收获。

每一个幸福的家庭总是充满了创造力和生命的活力，对于生活在其中的成员来说，也都会感到非常温馨。对于公司的员工来说，如果可以收到管理者的礼遇，感受到来自企业的关心，就可以提高员工对企业的认同感，让他们更乐于为企业服务，促进企业的不断发展。

PART

招数六

6

“给我干”不如“一起干”

管理者要放弃“给我干”的想法，让员工跟你“一起干”。让员工心甘情愿地与管理者一起干的方法之一，就是授权，让员工参与到管理中。授权是一种重要的管理技巧和激励方式，但要避免实施过程中出现事必躬亲和放任无度两个极端。管理者只有将授权运用好，让员工看到希望，使员工有主人翁的精神，才能极大地调动其积极性与责任心。

善于管理，善于授权

在一个管理咨询专家看来，懂得如何授权是企业管理人员的一项必修课。之所以把授权提高到这么高的地位，是因为他们看到了有效授权对于提高企业工作效率的重要影响。

荀子认为:假舆马者,非利足也,而致千里;假舟楫者,非能水也,而绝江河。君子生非异也，善假于物也。通过这段话，他向我们道出了善于利用外物的重要作用。在企业的管理工作中，也要懂得借力的手段，通过适度授权来实现对企业的管理和劳动效率的提高。

每一个人的时间都是有限的，如果你要事无巨细，什么事都要亲自管，那么就会感觉自己的时间总是不够用。如果试着把任务分一些给其他的人，个人的压力也就能减轻不少。

但是，授权并不是一件简单的事情，如果你只是把工作毫无准备地丢给其他人，那你的授权尝试就一定会失败，并且你必须收拾残局。这就会把事情变得更加复杂,你不但没有使自己的时间压力减轻,反而被麻烦困扰。因此，在授权一项活动或任务时，一定要制订计划和做好充分的准备。

一般来说，企业的管理人员职务越高，他花在具体事务上的时间就越少。但是要花更多的时间去“计划”，成功的授权可以节省你亲自做具体事务的那部分时间，使你的能力得到更好的发挥。

通常来说，在一个组织中，做出决定和执行任务的工作应该尽可能地交给职务相对较低的员工来执行。这对组织顺利有效地运作是非常重要的。

比如，一位文具供应公司的员工如果能够决定选哪种裁纸刀并知道如何下订单，那么这个员工就完全可以独自去完成工作任务，他的上司就可以被解放出来，把精力投入重要的决策任务中去。

如果员工完全能处理一项任务，你就应该把这项权力下放给你的员工，让他们独自去完成。如若不然，既浪费时间，又会在一定程度上削弱员工的独立能力，让他们无法肯定自己的能力，长久下去就会削弱整个组织的力量。作为管理者，你的职责是培养你的员工，帮助他们建立信心，而不是让他们受挫，这就需要你学会授权。

培养员工的能力是每个管理者都必须具备的基本才能，如果一个企业不是以培养员工的能力为自己的最基本的信念和行为，那么这个企业也就无法长久地生存下去。管理者一定要有接受授权后就能马上展开工作的员工。如果没有，就要想办法进行培养。

授权是企业培养员工能力最有力、最有效的方法之一。因为，授权可以为员工提供学习及成长的机会。同时，授权的正确使用，还可以刺激他们的进取心，让他们在工作中获得满足。当你将一项重任托付给他人时，他就可以从你的授权中感受到你对他的信任，从而建立起自尊和自信。

当员工接受授权，感受到企业为自己成长提供的机会时，他们的斗志就可以被很好地激发起来，全身心地投入工作中去。这种信任可以给他们更多的力量，让他们更努力地完成你授权的任务，促进工作高效地完成。对于公司的长远发展来说，这也是非常有益的。

让员工参与管理

员工也是有自己独立思想的人，他们并不是企业用来赚钱的机器。如果可以让员工都参与到企业的日常管理中来，充分发挥他们的作用，这才是促进企业发展的决定性力量。

在日本本田汽车公司看来，如果可以充分调动员工的积极性和创造性，让每个人都得到充分发展，就可以为企业的兴旺发达提供保证。本田公司的董事长总是穿着和工人一样的工作服，并且把同事都当做自己的老师。他知道，公司的每个人都在某种专业知识和具体问题上有着比他更广阔的知识领域，他向公司的2500名老师和同事学习，就可以从中得到丰富的知识，开拓自己的思路，促进公司的发展。

为了发掘人的潜能，本田公司坚持不让职工长期工作在一个岗位上，经常变换他们的工作，尽可能地让他们掌握多种专业知识和技能。一般来说，在本田公司里，工人在同一工作岗位上平均工作时间为3个月，如果员工表现良好，就可以到其他的岗位上去参加别的工作。

本田公司还尽可能地让每一位员工参与管理，重视员工的合理化建议。公司中每个职能部门通常有200名职工，经理处下设部门委员会。如果员工对公司的某项工作有自己的意见和建议，就可以填写一张表格，在表格中详细阐明自己的计划，并说明其理由。然后，员工的建议就会被送到部门委员会那里，接受审议。如果认为建议基本可行，就把建议提交到经理处。如果一种建议被采纳，提议者就可以获得一定程度的分数奖励；如果积分达到300分，就可以享受一次国外免费旅行；如果员工的一项建议就得了300分，还可以因此获得特别奖，即本田奖。

本田公司还善于任用各种具有天赋的人才，他们在提出过革新建议的人当中挑选出20名最优秀者到公司的研究中心来。当公司想要设计某种新产品的时候，就给研究人员提出这种产品的多种可能性，然后鼓励他们去提出好的想法和建议，从发展的观点去从事有意义的研究项目，以后再去考虑充分利用的问题。

本田认为，自己的公司之所以可以取得成绩，主要是因为他充分地尊重每一个员工进行思考和希望学习的权利。他抓住职工的这种心理，然后顺应它，以这种方式去激发他们的主动精神和发明创造的天分。所以，在本田公司中，你无法找到不能独立思考的人，他们都在靠自己的聪明才智去更好地完成自己的工作。

授权是提高领导工作效率的好方法

要想提高领导的工作效能，主要是要让领导干自己该干的事。这似乎是非常正常的事情，但是实际上做起来并不容易。看看我们的企业，就会发现其中的很多领导都有“不务正业”的嫌疑，他们把自己的眼光照顾到工作中的各个方面，该自己管的事情要管，本来应该由员工来管的事情也要插一手。这就让他们感觉每天都非常忙碌，即使如此，个人的工作效率却很低。要改变这种状况，就要让领导者懂得放权，减少人力和财力的无端浪费。

首先，扩大授权。一些领导者之所以整天忙忙碌碌却又无法提高工作效率，其原因就是抓权太多。他们一边在抱怨事情干不过来，另一边却事无巨细，什么事都要亲自管。当员工把矛盾上交时，他就亲自去处理那些可以授权出去的事情，导致自己不能自拔。这种包揽各种权力于一身、唱“独角戏”的做法，是不符合现代社会发展对企业管理要求的。

有一位著名的企业改革家就提出“分权而治，分级管理”的思想来对企业进行改革。作为厂长，他平时只负责管理九个人，包括四位副厂长、两位顾问，加上计划经营科长、质量管理科长和一位办公室主任。然后再由这些人来往下授权，工作起来效率很高。相比较过去，现在他的工作清闲了许多，办公室里不再挤满了人，晚上也没有人到家里请示工作了。厂长可以把大部分的精力用于对公司发展的长远规划上，只用少量的精力处理日常事务。晚上在家里有了看书学习和休息的时间，而不是累得焦头烂额。

其次，尽可能地减少自己的工作量。领导者除了避免插手别人的工作之外，还应在通常属于自己的工作中再做精简，只选择处理那些必须亲自处理的问题，而可做可不做的工作则应尽量排除，少做无效劳动。例如：汇报工作或做报告时，要减少背诵，防止时间的无谓浪费，要减少头脑的储存负担，提高头脑的处理功能；有些报告在会前发给大家，可以不朗读的就不朗读，只是在会上进行讨论；打电话能办的事就不写信，用便条就可以处理好的就不选择写长信；应该由下级提出的办法便放手让下级去干，不替下级过多考虑；办事前做好准备，搞好沟通，减少对工作时间的浪费。对那些非做不可的工作，也要综合起来考虑，哪些事情要先办，哪些可以延后办；哪些重点事件要亲自抓，哪些事情只需要心中有数就可以了；哪些事要专门去办，哪些事可以合起来办；哪些事必须用特定的时间办理，哪些事可以利用零碎时间；哪些事必须按规定程序办，哪些事可以采用简单的方法办。

美国威斯汀豪斯电器公司有一位声名显赫的管理专家，他在《提高生产率》中提出，领导者在处理任何工作前，首先要问自己：这件事可不可以不做？可不可以和别的工作合并？能不能用更简便的东西代替？这样一来，就可以大大减少工作时间，提高工作效率，主动权也就掌握在自己手里了。

再次，领导者要善于自我约束。所谓自我约束主要包括两个意思：一个是要求领导者避免对下级工作的直接干预。三国的杨颙认为“为治有体，上下不可相侵”；思想家陈亮也主张，既然已经“与其位”，就应“勿夺其职”，而是要学会“操其要于上，而分其详于下”。用今天通俗的话说，就是不要抢下级的活儿干，避免浪费自己的精力和对下级工作积极性的挫伤。通常来说，领导者抢下级的活儿干，就会打乱他们的工作部署，造成依赖、埋怨或对抗情绪，使他们没有主见和责任感。

自我约束的第二个意思是要抓大事。领导者要懂得如何克制自己，尽量不为琐碎的事而过分劳累，避免“捡了芝麻，丢了西瓜”。古罗马的法典中有“行政长官不宜过问琐事”的规定。我国古代也有“君逸臣劳”“明主治吏不治民”“大臣不理碎务”的说法。但是真的做起来，也很少有人可以做得很好。诸葛亮虽是一代贤士，却有事必躬亲的“毛病”，连核对登记册这样的小事都要亲自动手，“流汗竟日，不亦劳乎”。

所以，聪明的领导者一定会把自己约束在自己的职权范围内，不去干预下属的事。当然，各部门、各岗位、上下级之间的互相帮助则是另一回事。作为领导者，先把自己分内的事干好，不属于自己职权范围内的事不要直接去管，这才可以更好地处理好日常工作，培养出可以独立处理问题的下级管理者。

值得注意的是，不插手别的领导者和员工的工作，并不等于看到问题不闻不问，有建议的时候，也可以提出来供他们参考。而对于下级的部下，一般都不要去直接干预，看到需要解决的问题，可以采用启发下级的方式去诱导他处理，这就既解放了自己，又使员工的能力得到充分发挥，提高了企业的工作效率，这又何乐而不为呢？

合理的人选是授权的前提

在我们提倡领导人员授权的时候，还有一个非常重要的问题需要注意，那就是要选好授权的对象。管理者把手中的权力下放到员工手里，让他们可以更好地控制自己的工作，但是，权力的下放绝对不是一件简单的事情，只有把一定的权力授予了合适的员工，才会有利于企业的生存和发展，如果人选不适当，就会产生不利的影响，倒不如不授权。

北欧航空的董事长卡尔松曾经对自己公司的状况非常不满，于是就想要进行某种变革。他要努力把北欧航空公司变成当地最准时的航空公司。

卡尔松充分地考虑了这个事情，他想，如果自己有一套切实可行又十分有效的措施，就按照自己的措施施行；如果自己没有好的办法，就要去设法找到一个可以推动这种变革的人。然而卡尔松没有想出更好的办法，因此他就需要一个可以代替他实现这个目标的人，让他在自己的授权下进行企业内部变革。

卡尔松果然是一个好伯乐，他很快就找到了那个可以完成这一任务的人，他选择了一个风和日丽的日子去拜会他，以提问的方式向他寻求问题的解决答案：“我们怎样才能成为欧洲最准时的航空公司？你能不能替我找到答案？过一段时间你可以再去找我。”

卡尔松深知管理的艺术何在：如果他告诉一个人具体的办法，而且限定他可以花的金钱，那么这个人一定不能在规定的时间内完成任务，他会在期满后过来说，他认真地做了，有一些进展，却需要额外的100万美元，而且完成任务大概需要更长的时间。精明的卡尔松并没有这么做，他是运用提问的方式让对方自己寻找答案，他把问题下放给自己选择的人，然后让他自己去寻求问题的答案。

过了几个星期后，那位员工去约见卡尔松，说：“目标可以达到，不过大概要花6个月的时间，而且要用150万美元的巨资。”于是，卡尔松认真地听取了他的方案。对于他的回答，卡尔松甚为满意，因为他的预计投资要高于这个水平。于是卡尔松让这位员工认真地实施方案去了。

大约4个半月之后，那位员工邀请卡尔松来检验他的改革成果。这时，卡尔松的目标已经达到，北欧航空公司已经成为全欧洲最为准时的公司，而且，预计的经费也没有花完，节省了大约50万美元。

卡尔松之所以可以完美地完成改革，就是因为他选取了一个合适的人，而且把权力适度地下放给他。由此可见，授权给一个合适的人可以达到事半功倍的效果。作为企业的管理人员，既要懂得如何合理授权，也要挑选好合适的人选。

掌握授权的三大步骤

作为企业的管理人员，除了要具备合理授权的意识之外，也要掌握合理的授权步骤。这对于提高授权效率，规范企业分工合作具有重要意义。

第一，授权内容划分。管理者要授权，就要明确自己哪些权力可以授予下级，根据实际工作需要保留领导者的权力，确定权力的分配。通常来说，有几种权力一般是不会授予下属的，其中包括区域、部门、单位的重大决策权，直接下属和关键部门的人事任免权，监督和协调下属工作的权力，对直接下属进行奖惩的权力。这些权力都是领导者本人应该掌握的基本权力，是不应该下授的。除此之外，那些会分散领导者精力的小事情、事务性工作、边界权力等都可以下授。

第二，确定授权对象。管理者要分散自己的权力，那么，究竟要由谁来接任呢？管理者对下级授予权力，下级并非都会欣然地接受。应当明白，下属也是人各有志，有的人就不愿意承担过大的责任。领导者勉强授权，很难取得成效。这就提醒领导者，要把权力授给愿意接受权力的人。

领导者也要注意，千万不要被人的表象迷惑，让那些削尖脑袋、投机钻营的人骗取权力，以达到其不可告人的目的。在授权之前，领导者一定要对员工进行细致的挑选，被选中的员工通常要有这样的素质：有职业道德，善于灵活机动地完成任务，有自我开创能力和集体意识，善于团结他人，共同合作。

克里斯勒小型运货车新生产了一批汽车，但是它们挡风玻璃上的刮水器出了毛病，使得这批小型运货车无法装船发运。为了解决这一问题，公司成立了一个联合调查小组，该小组被授权去找出问题的原因，这个小组主要由一名生产总监、一名质量检测员、一名质量分析专家和两名工程师组成。

经过几个月的调查之后，他们发现汽车驱动杆上的锯齿边在运作的时候带动了刮水器。这正是问题所在。于是，工程师就设计了一个计量器用来测量曲柄的转度，有效地解决了这一问题。在确保毫无纰漏的情况下，全部的小型运货车都被运走了。如果小组成员中没有工程师，那么问题解决可能就会花更多的时间。

第三，选择授权方式。在确定授权的目的之后，掌握具体的授权方式也是非常重要的，让我们一起来看一些公司的经典授权模式，从中发现适合自己的授权模式。

凯瑟琳是匹兹堡市一家连锁服装公司的老板。在对下级进行授权的时候，她采用了模糊授权的方式，让每一位销售人员都独自承担某一种产品的销售权，全权负责从生产到销售的整个运作过程。虽然这种授权确定了具体的工作事项与职权范围，领导者对员工需要达到的使命和目标方向有着明确的要求，但是并不指出具体的实现步骤，给予被授权者在实现手段方面以巨大的自由发挥余地。

迪拉德百货集团的执行副总裁亚历克斯·迪拉德则采用惰性授权的方式来管理自己的员工。他在对230个分店进行走访之后，总结出了一个经验，那就是各店的经理最知道如何摆放自己店内的货物，货物怎么样陈列才容易售出。于是他不对各个店铺进行统一要求，而是充分尊重他们，让他们按照自己的意图去做。因此，他才成了一名优秀的领导者。惰性授权的特点是领导者和决策者由于不愿意多管琐碎纷繁的事务或自己也不知道该如何处理，就把它们都交给部下去处理。

卡尔顿公司专营饭店业，他们对员工采用柔性授权的管理方式。公司的每一位员工都可以自行动用最高达2000美元的经费，用于做他们认为必须去做的事情，可以是解决客户问题，也可以是改进其他管理。公司从来不过问钱的去向。柔性授权的特点就是领导者对被授权者不做具体工作的指派，只是为他们提供工作大纲和轮廓，被授权者有很大的余地做因地因时因人的处理。

授权不是简单的放权，更不是随意放任。管理者必须要掌握好授权过程中的一些细节，才能收到自己预期的效果。否则，只会适得其反。

莫将“放任”当“放权”

在企业的管理过程中，领导者一定要区分放权和放任的区别，切忌把放任当做放权。防止对员工的过度放任，冲淡放权的管理成果，甚至对整个企业产生影响。对于一个企业来说，没有约束地下放职权，根本不能激发员工工作的积极性，反而会产生负面的影响。

有的企业领导不懂得授权的技巧，而是采用了类似放任的方式。他们告诉员工 :“这项工作就交给你了，所有问题都随你自己处理，不必向我请示，只要在月底前告诉我一声就可以了。”这样的授权方式，缺乏对员工的鼓励，容易让他们产生不受重视的感觉，对工作的重要性产生影响，也就没有把工作做好的动力。

对放任进行预防的最好办法，就是监督。高明的授权法一定要在下放权力的时候，给他们以受到信任的感觉，既要检查督促员工的工作，又不能使员工感到有名无权。对于一名领导者来说，这也是一门学问。若想成为一名优秀的领导者，就必须深谙此道。

一手软，一手硬 ；一手放权，一手监督。这样放权才可以真的起到实效。

授权之后，主管就要完成从工作的实施者到工作控制者的转变，只有完成这种角色的转换，授权才可以真的走上高效运行的轨道。

然而，很多企业的管理者并不能够意识到这个问题，他们往往并不知道怎么样在具体工作之外，对下放的权力进行监督，实施有效的控制。

管理者对下属进行授权，既要给他们以信任，又要做好必要的控制和监督工作。具体来说，在授权的过程中，管理者应该注意这几个问题：

第一，避免死板。领导者要认真地接受报告情况，以变应变，及时了解下属工作的完成情况。但是工作的状况经常会变动，有时妨碍部属的工作效率。领导者虽然要相信自己的部下，但是当发现变化已经超出部属的权限时，就要凭借本身的观察，帮助下属来完成特定任务，为其指点迷津。

第二，防止不管不问。领导者在工作中需要具有高瞻远瞩的能力，当情况出现的时候，一定要与关系部门协调或请求支援以便及时地解决出现的问题，千万不要坐以待命。在部下工作的时候，领导一般都起着指导的作用，防止部下墨守成规或惰性发作，经常地留意部属工作的状态，必要的时候予以指导。

第三，防止工作环节的遗漏。要避免出现遗漏的情况，就要保证工作任务的明确性。例如：工作的截止日期、领导者对报告的形式与次数的要求，所有的问题，都要巨细无遗地交代给部属。即使部下可以听从领导的指示，但是如果指示本身不明确或有疏漏，被信赖的部属出于好意，勉强执行，最后的结果也总是不尽如人意。这也就要求领导在下达指示的时候，一定要注意指示内容的明确性，防止出现理解的偏差。只有经过多次配合之后，领导者与下属之间才能够形成良好的信任关系，才能够使工作完成起来有章可循。这样的放权，才真正起到了放权的目的。

一个领导者，即使他的能力再大，也不可能一个人就完成所有的事情，肩负起所有的责任。他必须依靠自己的部属，依靠他们来为自己分担责任，共同致力于企业发展。

让员工责权集于一身独立处理问题

授权已经被企业的管理人员普遍重视，为什么有的公司可以因此而提高工作效率，而有的公司却无法达到优化管理的目的呢？通过对多个公司放权实践的总结，我们发现了一个突出的问题，那就是权责统一问题。

在授予下属权力的时候，一定要让他们担负起和职权一致的责任，如果有责无权，工作一般都难以开展；反之，如果有权无责，又可能会出现滥用权力的现象。确定好了赋予他们的权力和责任之间的关系，然后就可以充分地给予他们权力，让下属在自己的职权范围内创造性地处理问题。

麦当劳的总裁克罗克是一个喜欢放权的人，他对年轻人没有怀疑的态度，而是更多地采用启发、咨询和要求的办法，从不独断独裁。他喜欢授权，而且对那些可以想到好主意的人非常尊敬。虽然有些主意他并不认同，但大部分情况下，他都愿意让自己的员工可以提出不同的意见，并尝试着把它付诸实践。他说："如果有人有了新的想法，我可以让他做个实验，有的时候，我会做错事；有的时候，他们会做错事，但是我们可以一起成长。"

麦当劳给自己的员工以充分发展的空间，给他们证明自己能力的机会，但也要求他们承担相应的责任。正是在这种管理制度下，麦当劳的管理者对自己的工作产生了高度的热诚。麦当劳给员工提供机会，其实也是在为自己的发展创造着更多的可能。

克罗克是一个外向、可亲、坦诚的人，而桑那本的性格却很内向、冷漠、深沉。在工作上，桑那本对财务数字问题很感兴趣，而克罗克却对此一窍不通。但是克罗克并没有因此而阻碍桑那本的发展，他相信他的独创之处，当他提出麦当劳应进入房地产行业的时候，他允许了。因为克罗克认为，桑那本可能会犯错，但可以在错误中成长。桑那本并没有让他失望，他取得了成功，麦当劳股票得以在纽约证券交易所上市，而他自己，也有幸被提升为麦当劳的财务总经理。

除了这个例子之外，运用授权而获得自身发展的例子数不胜数。马丁诺由于善于处理人际关系和发现人才而成为公司的董事；特纳因创造出快餐工业的优秀营运制度而成为麦当劳的新任总裁；康利善于招募加盟者，为麦当劳开疆拓土，所以成为麦当劳的高级管理人员。这些成功者都从麦当劳宽松的管理环境中受益，找到了发挥自己才能的沃土，也以事实证明了这种制度的优越性。

麦当劳授予自己的管理者以巨大的权力和责任，并以此作为对他们成长的鼓励，使他们在权力与责任之间取得平衡，正是因此，才有了麦当劳人创造出来的巨大业绩。

授权是管理者必须学习的一课，虽然授权的过程有成功也有失败，但是这种管理思路是永远值得提倡的。

追求无为而治的管理境界

领导者的任务就是对企业人员的管理，作为一名领导，管人是主要功课。但是作为一名领导，为什么有的深得人心，可以团结大家一起为公司的发展做出努力，而有的领导，却让人分外厌烦，难以在员工中树立起自己的威信？根本的原因，就在于个人管人能力的高低。

善于管理的人，一般都指挥若定，左右逢源，一呼百应，而且也很少出现员工不满意的状况。有了“人心”的统一，企业的业绩自然也就更上一层楼了。而不善于管理的人，却经常弄得自己捉襟见肘，企业内部也人心不一，管理体系像一盘散沙一样。

有人认为，“管人”就是施展手中的权力，利用自己的三寸不烂之舌，让别人“俯首称臣”。事实上，“管人”也并不是一件简单的事情，而是一门高深的学问。你不能因为自己是“领导”就自视甚高，不把员工当回事，对他们颐指气使，吆五喝六；也不能对下属平等到他们瞧不起你，不把你当做领导的地步；你不能玩弄权术，让别人感觉你不可信赖，也不能过于诚实，以至于任何人都可以随便知道你心中的想法；你既不能城府太深，用心太过，也不能嘻嘻哈哈，随随便便；既不能冷酷到不近人情，又不能脸皮太薄，心肠太软。而是要做到和蔼可亲、平易近人，又必须令出禁止，威严有度；既要有菩萨心肠，又要有魔鬼手段……可见，管人也是一门高深的艺术。

两千多年前，老子就曾提出过无为而治的思想。在他看来，做到了无为，才可以有大的作为。《庄子》中记叙了阳子臣与老子的问答。

阳子臣问：“假如有一个人，同时具有果断敏捷的行动与深入透彻的洞察力，并且勤于学道，那么就可以称为理想的官吏了吧？”

老子摇摇头，回答说：“这样的人只是可以称得上是个小官吏罢了！他们的才能有限，却反被才能所累，结果使自己身心俱乏。虎豹招致猎人的捕杀，就是因为身上美丽的斑纹；猴子和猎狗活动灵活，所以才被人抓去，用绳子给捆起来。因为优点而招致灾祸，这样的人也可以称为理想的官吏吗？”

阳子臣又问：“那么，请问理想的官吏是怎样的呢？”

老子回答：“理想官员的功德很大，以至于普及众人，众人却看不到他的功绩；他的教化影响众人，人们却丝毫感觉不到他的教化。他实现对天下的治理，却不会留下任何施政的痕迹。”这才是老子“无为而治”的思想。

当然，无为并不是真正的不为，而是作为的最高境界。必须有两个先决条件：第一是制度的运行和个人礼义修养都保持在较高的水平，第二是百姓衣食住等需要得到充分满足。唯有社会制度达到自如运行的程度，个人礼义修养又有很高的水准。

由此可见，要达到无为的管理目的，也是有一定的准备和前提的，管理者在这之前，一定要做好准备工作，否则无为不但不能成为“无不为”，反而会成为天下祸乱、乌纱不保的根源，这是现代管理者应该了解的问题。学习古人智慧，老子的无为思想主要可以给我们三个方面的启发：

第一，尽可能减少下属的过重负担。

第二，应该尽量少下达命令或指示。

第三，避免对下属工作的过分介入或干涉。

那么，作为一个领导者来说，究竟要如何对待放权的管理工作呢？聪明的领导者要随时留心下属的动向。注意他们是否因此而口出怨言或是牢骚满腹、自叹倒霉，如果如此，只能说明这样的领导者是不称职的。即使工作非常辛苦，这也是自己应负的一种责任，所以不应该感到过分痛苦，而是要以悠闲自在的精神状态去解决和面对。

“无为而治”的思想提醒领导者要懂得分离职权，既为下属创造一个宽松环境，又为自己减轻一些压力。如果主管事必躬亲，连细枝末节、鸡毛蒜皮的小事都要过问、干涉，不但会打击下属士气，而且对于自己的时间也是一种浪费。

身为领导人员，把日常的工作要交给其他人去办，将自己的职权分离一部分出去。这样才可以让自己有时间和精力去构思经营大计。大权独揽，事必躬亲，对于企业的发展来说，也是一种阻碍。

其实，“无为而治”的同时，只不过是人力本身的“无所作为”，但制度本身从来没有停止运行。确定了严明的法纪和制度之后，下属的注意力就被转移到各种制度和规则中去了，企业的管理人员，就可以隐身于制度之后，以“有为”的制度达到自身“无为而治”的目的，不得不说，这是非常高明的。

放手让员工去做

比尔·盖茨认为，管理员工，就要信任他们，不用任何规章制度来束缚他们，让他们尽可能地发挥自己的独创性和潜力，放手去干。

一名优秀的管理人员，一定是非常善于通过信任来俘获人心的。他们对员工既“信”又“用”，打消员工心中的疑虑，真正把员工用好。

作为企业的管理人员，在对员工充分信任的基础上，可以把一部分权力分配给员工，让他们可以发挥自己的才能，为企业的长远发展做出贡献。只有这样，管理者才可以把自己有限的时间和精力用到更重要的决策上去。

松下幸之助认为：充分的信任可以使部下心情愉悦，从而增加干劲儿，提高员工工作的积极性和主观能动性。如果你对部下说明原委，明白地表达出对他的信任，他们就可以最大限度地发挥出自己的能力和水平。

惠普的创始人曾经这样总结惠普的精神：“惠普之道，归根结底，就是尊重个人的诚实和正直。”惠普公司聘用最优秀的人才，强调密切配合的重要性，鼓舞他们必胜的意志，这是惠普公司内在凝聚力和创造力的源泉。

与许多公司不同，惠普将员工视为自己人，即使是有机会就占公司便宜的员工。在惠普，存放电器和机械零件的实验室备品库是全面开放的，这种全面开放不仅允许工程师在工作中任意取用，而且实际上还鼓舞他们拿回家供个人使用。因为惠普的观点是：不管他们拿这些零件做的事是否与其工作有关，反正只要他们摆弄这些玩意就总能学到点儿东西。

相信员工还表现在工作时间上，公司没有作息表，也不进行考勤。员工可以从早上6点、7点或8点开始上班，只要完成8小时工作即可。这样每个人都可按照自己的生活需要来调整工作时间。

惠普是全球驰名的公司，它的成功相当程度上得益于它恒久的企业精神。

不难看到，正是由于它有恒久的凝聚力，公司员工才能够自信乐观地对待公司的事业；因为它充分信任员工，放手让员工去做，公司员工才会与它有难同当，有福同享。正是由于它以高质量的产品服务于用户，用户才会以“货币选票”支持它的发展。

由此可以看出，作为一个领导人员，他的任务更多地体现在对员工能力的开发上，他们去了解员工，发现他们身上的价值，然后信任他们，再赋予他们一定的责任，让他们主动地去尝试。

作为一个领导者，应该学会放手让你的员工去做，只有这样才会让你的员工得到更大的发展，为公司创造更大的价值，而不要着眼于一些琐碎的事情，这不是领导者应该注意的事情。

培养员工的成就感

岗位是员工发挥自己才能的一个平台，每个员工都会有对自我发展的要求，希望自己的工作可以给自己带来成就感，得到别人的认同。从精神的层面来看，这也是员工努力工作的巨大动力。

美国的3M公司懂得提高员工的成就感，他们允许公司的科技人员花费15%的工作时间从事自己选择的研究和发明。实施“15%法则”后，3M公司的销售和盈利增加了40多倍。

智联招聘的一份调查结果显示，有70%的职员在选择雇主时，首先考虑包括成就感在内的“精神薪资”。正是因为这一原因，越来越多的公司开始把给员工提供一个“事业的舞台和工作的成就感”写在了职位信息里。每个人都希望自己可以得到企业的认同，渴望在工作中感受到成就感，以实现自己的人生价值，这种成就感不是靠高工资和高福利就可以满足的。

那么，怎样才能培养员工的成就感呢?

第一，要增强员工的自信心。自信心是个人事业成功的前提，一个平时总是唉声叹气的员工，是难以取得成就感的。GE 总裁杰克·韦尔奇就告诉员工 :“如果 GE 不能让你改变窝囊的习惯，你就应该另谋高就。”企业的管理者通过自己的言行向员工传递积极正面的信号，就可以让员工从中认识自我，发挥潜能，就能做得更好。如果他们失败了，不能打击，要允许他们在失败中学习成长。同时，可以积极地鼓励员工参与拟定企业的经营发展战略，让普通员工也体会到参与决策的成功和喜悦。

第二，提供适度挑战性的工作任务。上海朗讯总经理陈宜希望自己的员工可以每天都学到一些新的东西，在一定程度上实现一些个人的事业目标。所以在实际工作中，他们总是提供给员工一些具有一定挑战性的工作，而这个挑战是可以通过自己的努力，或者从上级那里获得帮助而战胜的，这样员工就获得了非常大的满足感。所以，给予员工足够的信任，并给予员工独立的空间也是很有必要的。

第三，公平公正地对待员工。金钱和地位也是对个人成就和价值的一种肯定。研究表明，金钱带给员工的成就感和企业的薪资、升迁制度的公平性有直接的关系。在保证公平对待员工的前提下，企业可以拉开收入档次，用量化的经济指标来衡量员工各自的能力和价值，建立起能力优先机制。

第四，提供富有成就感的工作环境。对于优秀的员工，可以为他们提供激励他们的工作环境。如私人办公室（包括可远眺美景的大窗户，最好还有舒适的沙发)、专属的秘书以及专用的停车位，为员工创造催生成就感的人际环境。

在培养员工成就感的过程中，要避免三个误区 :

1. 避免千篇一律。每个员工都有自己的特点，要针对员工的具体情况，分析各种方法对个体员工的作用，切忌千篇一律。

2. 避免过分强调成就感。成就感是自我激励的源泉，在一定程度上可以起到高于物质激励的作用。但是，我们也不能过分看重精神激励的作用，一味强调从精神上调动员工积极性，失去了激励产生作用的必要物质基础。

3. 避免过分监督。过度严密的督导只会让员工变成“听话的机器”，遏制他们创造力与想象力的发挥。将完成本职工作所需要的权力赋予员工，帮助他们更顺利地完成工作，避免任何事情都要过问，而是靠各种制度和适度抽查来进行监督。

对成就感的渴望是每个人与生俱来的本性。对于员工来说，真正有效的激励必须通过每个人的内心而发挥作用。因此，作为企业的管理人员，就要认识到员工的这一需求，着重培养他们的成就感和事业心。

帮助员工建立安全感

从心理学方面来说，每一个人都是有弱点的，这种对弱点的不安让他们没有安全感。一个公司内部，大约有75%的员工都没有安全感，其中也包括许多地位显赫的总裁和副总裁，许多公司都是由一群没有安全感的员工组成的。

认真地去观察一下，你的员工有安全感吗？如果没有，那么你该高兴了，因为这使你得到了一个激励他们的大好机会。这不仅可以提高员工自身素质，而且对于企业整体能力的提升来说，也是非常重要的。

每个人都有弱点，这让他们对别人的看法感到恐惧。作为他们的领导者，你应该时刻注意去肯定他们，打消他们对自己的疑虑。经常地去夸奖他们吧，告诉他们“你做得好极了，你的表现愈来愈好。”

如果他们因为害怕失去工作岗位而没有安全感，那么你可以告诉他们“真幸运有你为我们工作，没有你帮忙，我真不知道怎么办。”

如果他们是因为对工作没有信心而没有安全感，你就要帮助他们去完成具体的工作内容，然后以成就感来提升他的自信心。

如果你帮助缺乏安全感的人提升了安全感，他就可以从心理上亲近和依赖你，这可以很好地团结员工，共同去完成工作目标，但是也要注意避免过度依赖，防止出现不胜负荷的情况。

没有安全感的人就像一棵摇摇欲坠的小树，而领导者就是帮着他们暂时站起来的支撑物，在他们的帮助下，员工站了起来。但是这样站起来是不够的，还要试着自己站稳，当支撑物不再有的时候，小树也要可以依靠自己的力量挺立着，而不是又趴倒在地上。领导者对缺乏安全感的人提供帮助，起到的只是一个鼓舞的作用，最终的结果如何，还要看员工自己的努力。对于企业来说，要尽可能地争取那些缺乏安全感的员工，通过对他们的友好帮助来使他们走上独立发展的道路。

PART

招数七

7

沟通是桥梁，企业离不了

沟通是人与人之间、人与群体之间进行思想感情传递和反馈的过程，目的是求得思想一致和感情融洽，这也是进行有效管理的前提。巧妙而有效的交流和沟通，不仅能让命令与信息在组织内部及时准确地传达，更能够促进管理者与员工之间的相互理解与默契。是否善于与自己的员工进行恰当、有效的交流和沟通，也是衡量一个管理者管理能力与水平的重要标准。因此，要管好员工，管理者要学会建造并运用沟通这座桥梁。

及时疏导，决不让泥沙阻塞了河道

这样的员工几乎每一个管理者都会遇到，这种员工表现为他们不喜欢自己的工作，他们不喜欢公司，不喜欢主管处理工作的方式，有时候一些很小的事情也会成为他们抱怨的对象，就连空调也会被嫌弃，他们会向愿意倾听的人们抱怨周围的一切难以忍受的东西。他们这种吹毛求疵、尖酸刻薄、满腹牢骚的行为，令所有的管理者感到很是厌烦，同时又感到很危险，因为这种行为会影响公司所有人的士气。

这种人的存在就是一种威胁，由于他们对任何人和事情都不会感到满意，对任何事情都要抱怨，这种行为既挑战一名管理者的权威，也会降低其他员工的士气，甚至威胁到整个部门的效率。这种行为会使其他员工感到心灰意冷，大家很容易就看到它的负面影响。所以作为一名管理者，要时刻关注员工的负面情绪，不应该把其中的一些抱怨当做幼稚和愚蠢，更不应该漠然以对，掉以轻心。

下面就来看一下这些对话：

主管："玛丽，你最近的行为态度我很关注，你有哪里不舒服吗？"

玛丽："原因都是因为那些董事会的代表们，他们没有什么事情可以做好，你应该记得那份关于长途电话使用情况的报告吧，当我送到楼上时，他们居然弄丢了，现在的情况是我只好再做一份。"

主管："这份文件的复印件你没有留一份吗？"

玛丽："原因就在这里，但是复印件就是他们粗心大意的理由吗？"

主管："但是如果你将那一份文件复印一份的话，至少会减少你很多的工作量，不是吗？"

玛丽："不是因为这些。"

主管 :“但是事实上就是因为这些原因，你才会如此烦恼，这只是一件小事你就有这么多的抱怨。之所以将你叫过来，就是因为发现你似乎不太满意公司的很多事情，我发现你有很多牢骚。玛丽，我希望你以后尽量少一些这样或那样的牢骚，因为这样会影响其他员工的正常工作。在这里我并不是禁止你的思考，愿意思考这本身是一件十分优秀的事情。我们想要将事情做到完美，但是总会有一定的意外产生。我更希望的是以后你发现哪里有什么不对的时候可以向我报告，但同时你也要告诉我事情的解决方案。光是抱怨挑剔是不能解决问题的，我们想要知道的是如何才能将事情做得更好。”

主管以积极的方式结束了这次谈话，他允许员工对工作环境加以挑剔，但是在挑剔的过程当中要有解决的方案，这样对于一位员工来说是可以接受的。

任何一位管理者想要将这种抱怨消除，真正将事情解决，就应该采取一定的措施。那么，要如何做才能将事情处理好呢？一位合格的管理者想要消除抱怨，应该注意以下几点 :

第一，端正态度莫压制。作为一名管理者，在管理员工的过程中，要时刻关注员工的学习生活以及日常工作，重视下属的建议，注意下属的意见，观察下属的反应。有任何问题要及时解决，下属之所以会有抱怨是因为下属对某些方面不是很满意，管理者不能漠视这种抱怨，要将这种抱怨重视起来，当成一件极为重要的事情，并要将这种事情当成是日常工作中就要解决的问题，亲自处理或让专人处理。

员工有了抱怨之后，如果不及时处理的话，有可能会出现一些偏激的行为。想要解决这种事情，管理者就要学会沉着冷静，切不可暴跳如雷、怒气冲天，而要保持一个较好的心态。如果管理者只是一味地生气，暴跳如雷，只会将矛盾激化，并不能将事情解决，反而会为部门和公司带来很大的不确定影响。但是也不要禁止员工对公司或部门提出意见或建议，管理者应该清楚的是那些抱怨说不定代表的是大部分员工内心中的想法，批评和禁止的结果就是公司缺乏民主，就再也不会听到有用的建议和意见，只会让管理者的公司陷入困境。

所以，对于下属员工的抱怨，管理者要及时加以解决，这时候管理者要放下领导的架子，深入下属当中了解详细的情况，积极听取下属的意见，进行仔细的调查研究，弄清楚员工抱怨的原因，为什么抱怨，积极主动地加以改善和解决。

第二，排查原因明端详。当一位管理者听到有员工在抱怨时，就要将员工抱怨的原因及时地找出来。

要从自己身上找原因。要多想一下是不是因为自己的失误，进而造成了员工的不满，或者使工作无法顺利进行，所以员工才抱怨连天的。不如想一想，会不会是因为自己的决策脱离了实际，没有科学性，使下属的利益受到损失；会不会是自己要求过于严格，考虑不周，使员工工作时的压力过大；会不会是自己没有将实际情况了解清楚，为下属的工作造成了很大的困扰；会不会是自己的言行举止太过主观随意，使员工的建议和意见无法顺利解决；会不会是自己的工作方法和领导艺术缺乏科学，伤害到了员工的尊严和感情。

要从客观上找原因。上司的意图不明确，公司的政策就有可能引起员工的不理解；有一些员工抱怨过多是因为自己的心胸过于狭窄，或者是员工对于公司无法满足自己的个人利益而抱怨；还有一些员工并不知道自己为什么要抱怨，只是因为受到别人的挑拨；另外还有一种情况就是管理者已经下达了一个决策，他并不知道客观条件已经发生了改变，中层管理者也未能及时地对完成任务的时间和其他要求做出相应的改变，由于员工无法顺利完成任务而抱怨。总之，一定要将员工抱怨的众多原因找出来，进行研究分析，并加以解决。

第三，采取措施严纠正。如果不及时解决员工的抱怨，将会引起难以想象的后果。可能是影响员工工作的进取心和积极性，导致消极怠工，或与中层管理者产生摩擦或对立情绪，不支持上司的工作，不执行中层管理者的指示，甚至还会对着干。所以如果员工抱怨的原因是出于管理者自己，那么管理者就要以诚相见、严于律己，对自己进行检讨并改过，敢于并勇于承担错误进行自我批评，及时纠正自己工作中的失误。不要故弄玄虚，不要将自己的错误轻描淡写地一带而过，更不要坚持错误观点进而强词夺理，不要马马虎虎敷衍了事，积极改正将有利于工作的顺利进行。如果是员工自己的问题，就要了解员工抱怨的真正原因，讲事实，摆道理，使员工能够做到互相理解并积极投入工作当中去。如果是那种无事生非、无端怨天尤人、没事找事、故意发牢骚、泄私愤、出怨气的员工，就一定要进行严肃处理或严厉批评教育，使他们懂得纪律和制度的严肃性，消除其得寸进尺和侥幸的心理，重新焕发良好的情绪和心态，以崭新的精神面貌和积极的态度努力将交予他的任务完成。

生活中，任何人都会有情绪失控、想发牢骚的时候，只要身边的人懂得适时沟通，就不会让情绪泛滥，同样的道理在工作中也一样。因此，学会沟通是管理者需要掌握的一种工作方式。

微笑是沟通的第一步

任何一个人都是喜欢那种笑口常开的人，对于那种喜欢经常板着面孔或面无表情的人总是会敬而远之。这是大家都明白的道理，既然是这样，那么管理者就要投其所好。不管是对待下属还是对待员工都要笑脸相迎，充分利用微笑这一武器帮助管理自己的员工。笑脸在现实生活中是调节各种矛盾和良好人际关系的良好润滑剂。微笑就像阳光一样，使冰冷的员工与管理者的关系得以融化，并且给员工带来心中的温暖，使管理者在员工的心里留下一种宽厚、谦和、平易近人的良好印象。它能缩短你与员工之间的距离，产生心理上的相容性。

在美国有这样一个案例：

有一家以钛金属产品为主业的公司，很多年以来公司的利润都很低，生产效率也不高。后来一个叫丹尼尔的人出任总经理，他认为重视员工、开发员工潜力是振兴公司的根本。他将一个《华尔街日报》称之为“地道的老式笑话”的计划执行开来，将那种比较夸张的标语贴得到处都是，他强调沟通，明确要求员工保持微笑。车间的墙上贴着这样的标语：“如果你看别人不笑，你偏对他笑。”“热爱工作才能成功。”每张标语下边都有署名：“老吉”。所谓老吉就是人们对这位总经理丹尼尔的昵称，员工们总是亲切地称他为“老吉”。老吉工作的大部分时间都是乘坐着高尔夫球小车在公司的厂区内巡逻，在巡逻的过程中不断地跟工人们打招呼、开玩笑，和他们对话，全厂2000多名工人的名字他几乎都叫得出来。他还花费许多时间同工会交往。当地工会负责人对老吉的评价就是：“他不仅请我参观他的工厂，还积极邀请我们参与他公司的会议，这是多么难能可贵啊！”而这家公司的标志就是一张微笑的脸，公司的信封、信纸、文具盒、厂房乃至工人们的头盔上都有这张微笑的脸的标志。

渐渐地，这个标志已经十分出名，由于这家公司的所在地是在俄亥俄州奈尔市，以致后来人们将这个城市称为俄亥俄州微笑市。在老吉担任这家公司3年总经理的过程中，老吉没有对公司进行一分钱的注资，却使生产效率提高了80%，利润也大幅度地提高了。

那么，原因是什么呢？这难道就是微笑的魔力吗？原因其实很简单。这不仅仅只是微笑，这种微笑代表的意义是理解，是体贴，是关心，是沟通，是融洽，是信任，是和谐。尤其是丹尼尔，身为总经理，在“微笑”这一要求下，能以身作则，带头微笑。换一句话就是深入群众中去，体会真实的民情民意，这是管理者和员工和谐相处的表现。尽管如此，总经理依然是总经理，工人依然是工人。但是如果一位管理者这样做的话，员工们的心理变化是十分有效的，心情不同，工作的结果也不同。前些时候，媒体广为宣传的一位山东模范官员有句名言："当官不像官，做人要像人。"他像一名真正的人民公仆一样做人做官做事，不仅得到了群众的拥护与信赖，更为他自己铺平了事业之路，一时成为典型、模范。他和丹尼尔一样有一个共性，丹尼尔和他都不"自己端着自己"，不会以为自己是总经理、官员，就得时时有那个"派"头，总是"端着"。他们如果总是想着自己的职位和"派"头，微笑就无法展现出来，对员工和百姓就更微笑不出来了。笔者认识一个小"工头"，他带着几个年轻人工作，管理得非常好，总是能够出色地完成上级领导交给他的任务，他与员工之间的关系也很融洽，整天都是乐呵呵地忙碌着。这个"工头"也有句名言："能笑着办的事，绝不能绷着脸！"

如果组织的所有管理者，都能时时刻刻用微笑面对每个员工的每一件事，那么在组织里面就会营造出一种和谐融洽的气氛，使上级和员工之间，以及员工和员工之间的心理阴影得以消除；让员工心情舒畅，还能使每个人尽心尽力、积极主动地工作，而且还相互支持、相互帮助，形成一个所向无敌的高效团队。如果这样的团队一旦形成，就没有什么困难可以阻挡他们的前进。这个团队本身就直接构成一个组织的核心竞争力，保证组织持续稳定发展。有哪个管理者不向往这种状态？

值得注意的是这种微笑管理是一种不需要额外投入的管理，人力、物力、财力的投入对它而言是没有任何影响的，它需要的只是管理者发自内心的一个微笑——面部肌肉轻轻地运动而已。因此，它又是一种能给组织直接带来经济效益的高效管理方式。

换句话说，只有真诚的发自内心的微笑才是在管理时最需要的。微笑还要有一定的节制，管理者既不能当那种笑里藏刀的笑面虎，也不能是那种毫无原则的哈哈滥笑。那种笑里藏刀的笑面虎，他们的笑总是含有某种恶意，笑容中总是含有一些不可告人的动机，这种微笑是十分虚伪的。那种没有原则的滥笑，传递给员工的信息就是，这是一个没有丝毫内涵、做作而又虚伪至极的人，不仅不会有利于工作，管理者的印象也将大打折扣。

以上两种微笑绝对不是我们所推崇的，那种微笑应该是发自内心的、诚挚的。表现出来的是自己相对乐观的心态，并希望你周围的人能够被你的微笑所感染，并保持良好心态，将工作效率提到最高。

听有时比说更重要

虽然沟通是双向的，但是在沟通的过程中更希望管理者能够静下心来去倾听员工最内心的声音。

过去曾经有一位小国的使者来中国进贡，将三个一模一样的小金人觐献给了皇帝，那三个小金人十分璀璨，皇帝十分喜悦。但是那位小国使者很有想法，在敬献供品的时候同时出了一道题目，那就是想要知道在皇帝眼中哪一个小金人是最有价值的。皇帝被这样一个问题难住了，他询问大臣，希望找到正确的答案。

最终，一位已经退位的大臣告诉皇帝说他有解决的办法。

皇帝将那位使者叫上了大殿，让他看一看问题的答案是否正确。那位老大臣找来了三根稻草，胸有成竹地准备将使者的问题解决，只见这位老臣拿起三根稻草，插入一个金人的耳朵里，这根稻草从另一边耳朵出来了。将稻草插入第二个金人时，稻草从嘴里直接掉出来，而第三个金人，当那位老臣将稻草插入小金人体内时发现稻草进去后掉进了肚子里，什么响动也没有。那位老臣得到这样一个结论，那就是：最有价值的小金人就是第三个。使者默默无语，答案正确。

这个故事告诉我们，最能说的人不一定就是最有价值的人。老天给我们两只耳朵一个嘴巴，本来就是让我们多听少说的。善于倾听，才是成熟管理者基本的素质。

世界上很多知名的大企业都将员工的意见看得十分重要。

著名的GE（美国通用电气公司）把LEADER（领导）这个词的每个字母作了一番新颖的解析：

L→listen→倾听

E→Explain→说明

A→Assist→援助

D→Discuss→讨论

E→Evaluate→评价

R→Respond→回答、负责任

在对这样一个词语的最新解释当中，占有第一位置的是“听”，也就是说听是所有沟通的基础，只有有效地听取了员工的意见，才能做出正确的反应，并根据员工的意见进行一定程度的改进。由于员工与管理者之间是上下级关系，有许多真实意见员工不敢直接表达出来，只能用委婉或含蓄的语气来说。作为一名管理者不仅要将员工的意见听进去，同时还要认真揣摩员工的话语里面没有讲出来的东西。

善听不是消极的行为，它是积极的行为。听者对于交谈的投入绝不亚于说话者。一位经营者之所以不愿意去听取员工的意见，就是他不想要被干扰、被影响，不想要进入员工的内心世界。在这些新知识和新感悟的基础上，就必须改变他们的观点和已经形成的看法。对很多管理者而言，他们最不愿意做的就是改变他们一贯的思维方式。这些管理者对于他们将要放弃那些已经驾轻就熟的东西，而去经历或学习一些他们完全没有接触过的东西有一种本能的抵制。但是，如果不竭力去听懂他人，你就不可能进步，也不可能成为这些人的优秀管理者。

一位好的管理者并不是那种所谓的面面俱到、无微不至的关怀。你的唠唠叨叨、啰里啰唆会使你周围的人把握不住你说话的要点，对要做的事情没有一个清晰的要领，在实际的工作中无法将重点突破，反而将过多的心思放在那些细枝末节的工作上面，只会让员工有更多的抱怨和反感。也就是说，你虽是一位心细如发的上司，但是过于细致地对员工叮咛反而会引起他们的反感，员工会认为你这样做是因为对他们的工作感到极为不放心，并且怀疑他们的决断思考能力。年轻的员工会觉得你婆婆妈妈，不够爽快利落；年老的员工会认为你不尊重他们，否定了他们的办事能力。时间一长，你就会发现你虽然是一名管理者，但是你已经成为员工不愿意接近和讨厌的对象。

其实，少说多听是管理者管理员工的一个好方法，但真正把倾听当回事的管理者并不多。管理者经常会说的一句话就是这样的："这件事就这么办了，你就按我说的做就是了"，这样的管理者如果可以将员工的心声仔细听进去，许多事情可能会有更好的解决方法。

既然倾听是管理者的重要工作，那么作为一名管理者要怎样做才能学会倾听呢？其实想要学会倾听并不难，只要将下面几点做好，就会是一个不错的倾听者。

第一，认真聆听对方说话。不能表面上似乎在聆听，心里却想着别的事，或暗地里埋怨："怎么还没说完？"听完之后就将员工的倾诉当成是耳边风。最重要的就是要专心致志地将员工要讲的话听完，不能因为忙或是有其他事情而分心。万一员工看出了这种苗头，他也想敷衍了事，这种沟通自然没有什么效果可言。

第二，勿中断话题。这个错误是作为管理者的人经常会犯的，早点听到结论是管理者所希望的，当员工在喋喋不休时，管理者常会以"我懂啦！总而言之就是这样，对不对？"来中断话题。如果这样做，招致的结果必然是遭来员工的反感，使接下来的谈话脱离原本想要的结果，甚至可能产生和前半段话中所预料的结论不同的结果，所以对于和员工的谈话应该尽量避免中断话题。如果员工在说明状况和理由时过于繁琐，但是管理者需要临时离开来解决业务上的沟通时，就必须要对员工之前所讲的内容进行提炼。

第三，发问。对于在倾听过程中发现的问题，一定要及时提出来并加以解决，不可以搁置。

第四，注意表情等语言以外的表现。将员工的表情、方法、全身的各种特征研究透彻，这样可以更加方便地了解员工的特点。

总之，要想将员工管理好，管理者就要学会倾听。这不仅需要管理者要有良好的获取信息的能力，同时还要求管理者拥有娴熟的发送信息的能力。一位管理人员是否优秀，就要看他是否愿意放掉等级上的束缚，接触每个必要的人，是否愿意认真积极地倾听那些对他来说具有非凡意义的话语。

别让批评的雨水从背后流走

“忠言逆耳利于行，良药苦口利于病”，这是古人交给我们亘古不变的道理。经营企业的管理者，在经营的过程中，会有各种各样的逆耳之言被你听到，那么管理者要如何应对呢？俗话说“宰相肚里能撑船”，如果要做到这一点，那么就会有各种各样的人前来为他“撑船”，为他效力，而对于那些小肚鸡肠的人来说，只会使他身边为他撑船的人一个个离他而去。

那些为了一点点的事情就大发雷霆的管理者都是十分愚蠢的，聪明的管理者会耐心地将批评听完并将当中有利的东西吸收起来，避免再犯同样的错误。美国著名诗人惠特曼曾这样说过：“难道你的一切只是从那些羡慕你、对你好、常站在你身边的人那里得来的吗？从那些反对你、指责你或站在路上挡着你的人那里，你学来的岂不是更多？”

林肯曾经是美国的总统，他就是一位善于倾听别人批评，并从中能够学到很多东西的人。曾经有一回林肯被爱德华·史丹顿称为是“一个笨蛋”，而当时，林肯是美国总统，史丹顿只是林肯的下属。史丹顿之所以生气是因为林肯干涉了他的工作。这是因为林肯要取悦于一个很自私的政客，所以签发了一项命令并调动了某些军队。史丹顿不仅拒绝执行林肯的命令，而且大骂林肯签发这种命令是愚蠢的行为。当史丹顿说的话被林肯听到之后，林肯心平气和地说："如果史丹顿说我是个笨蛋，那我一定就是个笨蛋，因为他几乎没有出过错，我得亲自过去看一看。"

果然，之后林肯去见了史丹顿，当知道这一错误的指令是自己签发的之后，他马上下达了要收回的命令。只要是有诚意的批评，是以知识为根据而有建设性的批评，林肯就非常欢迎。

华尔街第 40 号美国国际公司的总裁马修·布拉许，刚开始的时候他也是听不进别人的建议，而且相当敏感。他说他当时急于要使每一个人都认为他非常完美，要是他们不这样想的话，就会使他感到忧虑。他会想方设法去取悦任何一位对他有怨言的下属，但是事情总不会完美解决，因为这种行为取悦了其中一位就有可能得罪别人。最后他发现，他越是想讨好别人，以避免别人对他的批评，就越是会使他的对手增加。所以最后他对自己说："只要你超群出众，你就一定会受到批评，所以还是趁早习惯得好。"

这一观点帮助了他很多，从此之后，他决定任何事情都要尽最大努力去做。把他那把破伞收起来，让批评他的雨水从他身上流下去，而不是滴在他的脖子里。

可是，当你接收到的批评是非常不公正的时候，你应该怎样做呢？是反唇相讥呢，还是一笑而过呢？

林肯要不是学会了笑纳那些骂他的人，恐怕他早就承受不住内心的压力而崩溃了。他写的关于如何处理别人对他的批评的书，已经成为一篇文学上的经典之作。麦克阿瑟将军在第二次世界大战期间，就曾经将那些比较经典的话语摘抄下来，那些语录总是在他总部的写字台后面的墙上挂着，甚至英国前首相丘吉尔也将那些话镶在镜框中，始终挂在他书房的墙上。

因此，作为一名管理者，当受到的批评是不公正的时候，就必须记住这样的原则："尽你最大的可能去做，然后把你的破伞收起来，免得让批评你的雨水顺着你的脖子后面流了下去。"

为自己的错误寻找借口并且强词夺理，都是一些缺乏智慧的人的表现。这样做的结果，就是使自己处于一种更加不利的位置，而真正聪明的人能够勇敢地、豁达地承认自己的错误，这样的人才能得到他人的敬重和谅解。

反面意见更要听

古语有云："智者千虑，必有一失。"不管一位管理者的管理经验如何丰富，有多么出众的管理能力，方方面面的信息也不可能一时全部了解。如果只是从自身出发，仅凭主观判断的决策难免会有所偏颇。那么要如何才能避免这样或那样的偏颇呢？最好的方法就是要仔细听取不同的意见。

只有清醒的判断才能做出正确的决策，决策者必须具备的素质就是要始终保持清醒的头脑。那么要如何长时间地保持一颗清醒的头脑呢？最简单的方法就是要广泛听取各方面的意见，特别要听取不同意见。如果管理者不去考虑多种不同意见，那么他的思路往往会非常闭塞，并最终导致决策失误。那些不同的意见是一些决策层外的信息，是在办公室里面的管理者所听不到的。所以，正确的决策绝非是在一片欢呼声中做出来的，只有通过对话，通过对立观点的交锋，在沟通的过程中从各种不同的判断中做出选择，管理者才能做出正确的决策来。所以，卓有成效的决策者往往不求意见一致，反而十分喜欢听取不同的意见。

通用汽车公司的前领导者艾尔弗雷德·斯隆，其最伟大的功绩就是将通用在美国汽车市场的占有率从12%提高到56%。他做决策从来不靠"直觉"，他总是强调必须用事实来检验看法。他反对一开始就先下结论，然后再去寻找事实来支持这个结论。他懂得只有建立在对各种不同意见并进行充分讨论基础之上的决策才是正确的。他将自己的决策理念归纳为“听不到不同意不决策”。

艾尔弗雷德·斯隆有一次在高级管理委员会的会议上说：“各位先生，据我所知，大家对这项决策的想法完全一致。”与会者纷纷点头表示同意时，他又说，“但是，我建议把对此项决策的进一步讨论推迟到下一次会议再进行。在这期间，我们可以充分考虑一下不同的意见，只有这样才能帮助我们加深对此决策的理解。”

那么，在管理过程中，当听到员工提出一些建议或是意见时，管理者应该如何做呢？

第一，认真听取员工的建议。当管理者在提出一个建议的时候发现有的员工对于这个建议有不同的看法时，管理者不要急着将这个建议否决掉，而应该先确定员工的建议是否具有可行性。如果的确具有可行性，管理者就应该按照员工的建议去实行。这样一来，既可以让员工产生一种自豪感，又可以使问题得以顺利解决。如果像马谡一样自高自大，把员工提出的建议抛在一边，不但会导致任务失败，而且会降低自己的威信。仔细想一下因为不听取员工的建议进而导致失败，这样的管理者是不会在员工的心里留下好印象的，同时也会使威信大减。

第二，不能口是心非。如果管理者总是敷衍员工，表面上接受员工的意见，但在实际行动上依然我行我素，这样当面一套背后又是一套的行为导致的结果就是员工渐渐不再与管理者进行交流，或者在以后的交流中，员工会变得很被动。那是因为员工已经知道：管理者之所以会这样做，只是想要走一下形式交流的目的，而不是为了了解他们，只是为了走走过场，找人解闷儿罢了。

第三，给员工一个抱怨的机会。你只有将充满气体的气球里面的空气全部排出来，你才能将这个气球装进口袋。同理，如果员工的心里装满了怨气，你却不给他一个释放的机会，发泄掉那股怨气，那么，你就很难将这些员工收服，并让其为你专心做事。

有“世界第一 CEO”之称的美国通用电气前首席执行官杰克·韦尔奇曾说过这样一句话：“给员工一个抱怨的机会，就是要让员工把不满说出来。”这样可以打消员工的顾虑、猜疑和不解，使员工的心情得以放松，最后将更多的精力投入创新生产技术、提高工作效率上，以便增强企业的竞争实力。

不管你是一个怎样的人，拥有怎样的能力，都不可能将所有的工作都做得非常完美、滴水不漏。总会有一些重大决策制定得不合理，一些管理工作做得不到位或者事情处理得不是很公平、恰当，进而使员工产生了不解或不满情绪。如果没有这样一个平台或措施，即能够让员工顺畅地反馈个人意见和建议，能够有效解释企业内部决策和管理工作动机、目的、方法的渠道，就会使员工积累越来越多的怨气和不满，当这些消极的情绪积累到一定程度的时候就会爆发，甚至使公司产生严重的管理危机。所以，任何管理者都要给员工足够的抱怨机会，一个既明智又很可取的方法就是让员工将所有的不满都说出来。以便知道其中原委后找到好的解决方法。

如何说服下属

作为一名管理者，在对待性格各异的员工时，该如何应对呢？针对不同性格的人采用哪种沟通方法才能使对方服从命令呢？下面就向管理者介绍几招说服下属的方法：

第一，推心置腹，动之以情。“感人心者，莫先乎情。”这是古人教给我们的，作为一名管理者，要想在工作上将员工说服，就要在很大程度上将员工的感情先征服，将情感技巧运用得当，动之以情，晓之以理，这才是最能打动人的地方。人与人之间沟通的桥梁就是感情，只有通过感情这座沟通的桥梁才能成功将别人说服，才能够打倒对方的心理堡垒，征服别人。主管在劝说下属时，应该讲明利害关系，推心置腹，动之以情，使对方感到主管的劝告并没有丝毫的不良企图，不抱有任何的个人目的，而是真心实意地为员工的切身利益着想。“功成理定何神速,速在推心置人腹。”这是白居易曾写过的诗句。今虽非古，情同此理。

第二，克己忍让，以柔克刚。当一名管理者与员工的意见发生不一致的时候,作为主管的那个人就要注意不要用职位试图将下属压倒。如果那样做，也只能是千斤压而不服的状况，他们的反抗会像收紧的弹簧一样随时扩张、爆发。聪明的管理者就会采用克己忍让的方法，先要对对方忍让三分，让事实来“表白”自己，以柔克刚。只要主管这样做，其高风亮节必然会激起他们的羞愧之心，下属会打心底里佩服主管的度量，在无形中便接受了规劝与说服。这种以柔克刚的说服技巧常常能赢得下属真诚的拥护与尊敬。

第三，适度褒奖，顺水推舟。不管是什么人都希望得到别人的赞扬，希望别人能够了解自己的功劳。身为主管，应该适时地给予鼓励与慰勉，褒奖下属的某些能力，引导他们顺水行舟，更加努力地工作。比如：当员工不是因为能力的原因就推辞掉一件工作时，作为一名主管，就要负责将员工的积极性调动起来。这时候，作为一名主管可以这样说：“当然我知道你很忙，抽不开身，但这种事情非要你去解决才行，我对其他人没有把握，思前想后，觉得你才是最佳人选。”这样一讲，既肯定了该员工的功绩，同时还令该员工无法拒绝这项工作，巧妙地使对方的“不”变成了“是”。这种说话技巧就是通过对员工身上某些固有的优点给予适度的褒奖，以使对方得到心理上的满足，减轻挫败时的心理困扰，使其在较为愉快的情绪中接受你的劝说。

第四，设身处地，将心比心。在与员工进行沟通的时候要讲究将心比心，设身处地，人同此心，心同此理。许多说服工作遇到困难，大多不是没有把道理讲清楚，而是因为双方都不肯让步，固执己见，不愿意替对方多想一下。

只要沟通的双方能够将心比心，多为对方考虑一点儿，被劝说者也许就不会“拒绝”劝说者，劝说和沟通就会变得容易多了。主管在劝说下属时，尤其应该注意这一点，运用这种方法可以将很多情绪障碍轻松解除。主管站在被劝说者的位置上推心置腹，同时，也希望被劝说者能够站在你的位置上多想一点儿，将被劝说者关注的那一方面多加以解释，使他心甘情愿地把天平的砝码加到主管这边。

第五，为人置梯，保人脸面。作为一名主管，想要改变员工已经根深蒂固的立场或观点，首先应该做的就是，要顾忌到员工的脸面，使对方不至于背上出尔反尔的包袱，下不了台。假定主管与下属在一开始没有掌握全部事实的情况下发生了分歧，主管想要将员工说服，就可以这样说：“最初，我也是这样想的，但是后来当我了解到全部情况后，我就知道自己错了。”也可以这样说：“当然，我完全理解你为什么会这样想，因为你那时不知道那回事。”为人置梯，不仅可以将被说服者从自我矛盾中解放出来，还能够将对方顺利说服。在实际工作中，主管最好采取单独面谈的方式，让下属避开公众的压力，使其反省。这样，下属定会顺着你给出的梯子，走下他固执的高楼，并且还会因为你保全了他的脸面而对你心存感激之情。

第六，求同存异，缩短差距。主管与员工之间或多或少会存在着一些共同关注的事情。作为一名管理人员，要想将员工顺利说服，就要寻找这些能够引起共同关注的事情，便于求同存异，将主管和员工之间的心理距离拉近。当双方对共同关注的事情展开讨论时，也就意味着双方已经进入了求同存异的阶段，使那些与主管意见相反的人有了共同的话题，既然有了可以共同讨论的话题，那么主管就可以解释自己的观点，并得到员工的理解，进而了解员工内心最真实的想法。

员工的性格是各种各样的，管理者只有多掌握一些不同的技巧，并了解员工的性格特点，才能因人而异更好地说服并激励下属。

不用家庭式指责法

在管理者批评下属的时候，要切记不要使用“家庭式”的指责方法。

那么，怎样的指责又被称为是“家庭式指责法”呢？可以根据下面的例子加以理解。

例子一，当科长看到一份小李誊写完的报告时，便皱着眉头说：“你写的字难看就算了，居然还这样潦草。去，一笔一画地重写一份，记住要端端正正地写。”小李羞得满脸通红，讪讪地拿着文件离开了。自从那件事之后，小李看见科长就会远远地赶紧掉头走开，拒绝与科长进行交谈，更不要说配合科长工作了。

例子二，当王经理一进办公室，就开始嚷嚷起来：“小张，我昨天不是让你把头发剪短的吗？怎么还是这副披头散发的样子？”“哎哟哟，瞧你这办公桌，简直像垃圾堆！”“你看你，怎么把废纸篓放在这里？难看不难看？”王经理一边说着，一边走出办公室，众人刚刚不约而同地舒了口气，王经理又伸出头来嚷道：“喂，你们都听好，今天可不准再提早吃饭！”

例子三，办公室里面的刘主任一面将沾在小张衣领上的一小片枯叶拂掉一面说着：“小张啊，我这可是为你好。这件事我已经和你谈过好几次了，你怎么就是不听呢？这样下去怎么行呢？”小张眼睛看着窗外，对刘主任的话置若罔闻。

通过上述三个例子可以看出，上面几位领导普遍都是使用了“家庭式”的指责法，那科长如同严父，一点儿也不给下属面子，搞得小李非常狼狈，失去了搞好工作的信心。王经理是“婆婆嘴”，事无巨细，唠叨个没完。老刘则像个教子无方的慈母，对不听话的孩子束手无策。

对待下属不能像对待自己的孩子一样，既不可以溺爱，也不可以过分严厉。

像那个科长，如果对小李是这样说："你的字这样潦草是会影响打印出来的质量的，希望你重新誊抄一下。另外，你经常要搞这类工作，有空的时候可以练练字。"这样说话不仅照顾到了员工的脸面，同时也将要表达的意思表达清楚了，不至于让下属下不来台。

王经理对那些小事，则应该视若无睹。如果需要进行卫生方面的处理，可以将大家一起召集起来，共同维护环境的干净与整洁。既能解决问题，又不显得婆婆妈妈。刘主任对小张则应该严肃点儿，国有国法，厂有厂规。对于这种屡教不改的行为就必须要接受相应的处分，放低身段或是哀求并不能将事情完全解决，同时还降低了威信，得不偿失。

工作场所中的教育和家庭中的教育是完全不同的教育方式，家庭里面的人都存在着血缘关系，关系是十分亲密的。但是在工作中的关系只是一种契约关系，即使工作场所中的气氛非常平和，也不可能像家庭那样亲密无间。在家庭教育中，可能怎样的语言都可以，但是在工作中使用家庭教育中的语言时，就会引起别人的反感，这种不适当的指责只会将两人原本的关系闹僵，这样闹僵了的关系是不容易缓和过来的，进而影响后面的工作。

关于这一点，所有的领导者都应该意识到。

学学周总理的沟通艺术

周恩来是我们国家的开国总理，他既是一位伟大的革命家和政治家，同时还是一位杰出的外交家。在他一生的外交生涯中，他可以沉着应对各种或刁难、或嘲讽、或斥责、或蔑视的言语，并且不卑不亢、机智巧妙地化解尴尬，打破僵局，变不利为有利。同时他还与世界各国的各色政治家、商界领袖、国家元首进行过无数次的谈判、沟通和交流。

许多企业的管理人员都要学习和借鉴周总理高超的谈判技巧和沟通艺术。

关于周总理与人交际和沟通的案例，我们可以根据以下经典的案例进行分析：

艺术之一：巧用神话传说——例如“嫦娥早已登上了月球”

美国国务卿基辛格博士于1971年为恢复中美两国的外交关系秘密访华。在一次正式谈判尚未开始之前，基辛格突然向周恩来总理提出这样一个要求：“尊敬的总理阁下，震惊世界的一项发掘成果就是贵国发掘的马王堆一号汉墓，那个墓穴里面的那具女尸确实是世界上少有的珍宝啊！我国科学界知名人士委托本人，希望用一种地球上没有的物质来换取一些女尸周围的木炭，不知贵国愿意否？”周恩来总理听后，随口问道：“国务卿阁下，想要交换这些东西也不是不可以，但是不知贵国政府将用什么来交换？”

基辛格博士说：“月土，既然不能是地球上能够拥有的东西，那就只能是我国宇宙飞船从月球上带回的泥土，您觉得呢？”

周恩来总理哈哈一笑道：“我还以为是什么样的宝贝东西，原来是我们祖宗脚下的东西。”基辛格博士一惊，疑惑地问道：“为什么这样说呢？难道你们早有人上了月球？什么时候？为什么不公布？”

周恩来总理笑了笑，没有说话，只是用手指着茶几上的一尊嫦娥奔月的牙雕，认真地对基辛格博士说道：“我们早已经公布了呀，早在5000多年前，我们就有一位嫦娥飞上了月亮，在月亮上建起了广寒宫住下了，怎么，这些我国妇孺皆知的事情，你这个中国通还不知道？”博学多识的基辛格博士被周恩来总理机智而又幽默的回答给逗得哈哈大笑。

艺术之二：巧借历史事件——“美军投降时的签字笔”

有一位美国记者在20世纪50年代时曾经采访过周恩来总理，他在和总理谈话时，总理办公室里有一支派克钢笔被那位记者看到，于是那位记者带着几分讽刺的意味，得意地向周总理发问道：“这是我国的钢笔，总理阁下，您也很迷信这个东西吗？”周恩来总理听了后风趣地说道：“这是一位朝鲜朋友送给我的。他曾经对我说过，‘这是美军在板门店投降签字仪式上用过的，你留下作个纪念吧！’我觉得这支钢笔的来历很有意义，就留下了贵国的这支钢笔。”

听到这样一番言论之后，美国记者的脸一直红到了耳朵根儿。

艺术之三：巧用类比手法——“中国的《罗密欧与朱丽叶》”

周恩来总理在1954年参加日内瓦会议的时候，他通知工作人员，给与会者放一部《梁山伯与祝英台》的彩色越剧片。为了使外国人能够看懂中国的戏剧片，工作人员写下了15页的说明书呈给周恩来总理审阅。没想到周恩来总理批评工作人员道：“你这样做就是对牛弹琴，这种报告要看准对象。”工作人员不服气地说：“给洋人看这种电影，那才是对牛弹琴呢！”

周恩来总理说：“那就看你怎么个弹法了，要用十几页的说明书去弹，那是乱弹，我给你换个弹法吧，你只要在请柬上写上一句话，‘请您欣赏一部彩色歌剧电影——中国的《罗密欧与朱丽叶》’就行了。”

没想到电影放映后，观众们看得如痴如醉，不时地爆发出阵阵掌声。

艺术之四：巧用地理知识——“橘子洲”与“天心阁”

毛泽东主席、周恩来总理等在1960年5月在长沙进行视察。工作之余，到江边散步。遥望橘子洲头，百舸争流，万帆竞发，这个时候毛泽东主席的诗兴大发，口占一上联：“橘子洲，洲旁舟，舟行洲不行。”此联动静相对，三个断句，两处“顶针”，意境悠远，“洲”和“舟”又是谐音，应对难度极大。一时间没有人接主席的话茬。

这时候，毛泽东主席转身对身边的周恩来总理说：“恩来，我一时江郎才尽，请你来个锦上添花如何？”周恩来总理不仅才思敏捷而且熟谙地理，对长沙也十分了解，竟于百步之内得佳句：“天心阁，阁中鸽，鸽飞阁不飞。”

与“橘子洲”相对应的“天心阁”系长沙市内一景。这个对联既工整又流畅，浑然一体，两位伟人相对而笑。

艺术之五：巧用概念转换——“马路”与“厕所”

一次，周恩来总理在接见一位美国记者时，这位美国记者不怀好意地问：

“总理阁下，在你们中国，为什么要将人走的路叫做马路呢？”

周总理听到这样的话并没有生气地予以反驳，而是妙趣横生地说道：“我们走的是马克思主义之路，简称‘马路’。”

听到这些之后，这个美国记者仍然不死心，继续刁难：“总理阁下，在我们美国，人们都是仰着头走路。但是为什么你们中国人要低着头走路呢？”

周恩来总理笑着说：“这一点儿都不奇怪，答案很简单，因为你们美国人走的是下坡路，当然要仰着头走路了。而我们中国人走的是上坡路，当然是低着头走路了。”

记者又继续刁难：“中国现在有4亿人，需要修多少厕所？”

这纯属无稽之谈，但是这样的场合，又不可以起冲突，周恩来总理轻轻地一笑回答道：“两个！一个男厕所，一个女厕所。”

艺术之六：巧用借喻手法——“吃掉‘法西斯’”

20世纪50年代初，周恩来总理有一次在中南海勤政殿设宴招待外宾。对于中国菜的风味之独特，味道之鲜美，花样之繁多，客人们赞不绝口。

这时，上来一道汤菜，汤里的蘑菇、红菜、荸荠、冬笋等都雕刻成各种图案，色、香、味俱佳。谁知冬笋片在汤里一翻身恰巧变成了“法西斯”的标志。贵客见到这样的标志大惊失色，忙向周恩来总理请教。

虽然总理也感到很突然，但他随即泰然自若地解释道：“这是我们中国传统中的一种图案。并不是什么法西斯的标志！念‘万’，象征‘福寿绵长’的意思，是对客人的良好祝愿！”

接着他又风趣地说道：“就算是法西斯标志也没有关系嘛！我们大家一起来消灭法西斯，把它吃掉！”这话将客人逗得很是高兴，宾主哈哈大笑，气氛更加热烈，这道汤也被客人们喝了个精光。

艺术之七：诱敌深入——“汉语太难学了”

周恩来总理有一次从日内瓦开会回来顺道访问莫斯科。在为他举办的招待会上，他用英语向苏联人祝酒。

这时米高扬（时任苏联部长会议副主席）抱怨道："周，您应该讲俄语的，因为你的俄语更棒啊。"这句话显然是很不友好的。

周恩来总理对于他的激将并不理睬，他仍用英语回答说："米高扬，您是否该学汉语了？"以促使米高扬说出不学汉语的原因。

米高扬果然上钩，抱怨道："汉语太难学了。"

话音刚落，周恩来总理马上接话说道："没关系，下回到我们使馆来，我们将非常高兴地教您。"一下子将米高扬置于一种学生的位置。

艺术之八：巧用数字概念——以"总面额"代替"总金额"

在一次周恩来总理主持的一个介绍我国建设成就的记者招待会上。会间一位西方记者问道："中国人民银行有多少资金？"

这种国家机密，周恩来总理当然不会说出来。只见他眉头一皱，很快答道："有18元8角8分。"在场的人全都愕然。

在大家都还在质疑为什么中国的银行只有18元8角8分时，就听到周恩来总理解释道："中国人民银行的货币面额为10元、5元、2元、1元、5角、2角、1角、5分、2分、1分，共10种主辅人民币，合计为18元8角8分。为我们的中国人民银行作后盾的是我们的全国人民，实力雄厚，信用卓著，人民币将会是世界上最有信誉的一种货币。"

周恩来总理的讲话刚完，全场就已响起了热烈的掌声，周恩来总理的这种偷换概念的行为，将此"总面额"用彼"总金额"代替，将外国记者的口给牢牢堵住，这样做，既回答了那位记者的提问，又维持了招待会的和谐气氛，两全其美。

周恩来总理总是会在适当的时候运用曲解或者是偷换概念而使语言既风趣又犀利，将高超的语言艺术和过人的应变能力表现得淋漓尽致。作为企业管理者可能不会像总理这般具有语言艺术，但是也要尽量地加强在此方面的学习与造诣。

尝试锯掉经理的椅子靠背

在一个企业当中，虽然管理者在立威时不可以全部凭借自己手中的权力，也不能将这种权力滥用，但是要想将公司管理好，那么就要适当使用组织赋予的权力，这也是必需的。将手中的权力合理使用出来，不仅是管理者管理能力和水平的体现，还是管理者实施科学管理的必要工具和手段，同时也能够帮助管理者成功地树立起自己的威信。

管理者通过严于律己、以身作则、敢于承认错误和承担责任等方面，将自己的修养和自身素质加以提高来树立自己威信的同时，还要恰当地使用手中的权力，严厉地督促和严格要求下属，使得下属对管理者有所敬畏，对管理者的命令严格遵循，以此来达到树立威信的目的。

管理者只有勇于向下属施威，善于向下属施威，才能使下属完完全全地服从管理者，彻彻底底地信赖管理者。管理下属时要不怕得罪人，要顶住压力、排除阻力，向下属干部们“开刀”。要是管理者将这些全部都做到了，那么得到的结果就是管理者的下属干部们对管理者的俯首帖耳。那么其他的一般员工就会更对你服服帖帖了。

雷·克劳克是全球快餐巨头——麦当劳的创始人，他就是这样的一个领导者，敢于和善于向下属经理、主管们发威。他在管理企业的时候有个习惯，就是不喜欢坐在办公室里办公，大部分工作时间都在企业里的各个部门、生产一线走动，就是到各个公司或部门进行仔细的研究调查，他喜欢到各处看看、听听、走走、问问，这就是著名的“走动管理”。

在麦当劳公司面临着严重亏损危机的那一段时间，克劳克就是用他的“走动管理”方法寻找到了麦当劳的症结所在，那就是公司里各职能部门的经理有严重的官僚主义，习惯于躺在舒适的椅背上指手画脚，把许多宝贵的时间耗费在抽烟和闲聊上。

于是克劳克发出了这样一个命令，那就是将所有经理的椅子靠背锯掉，并要求立即照办。虽然有很多人私下里将克劳克叫疯子，但是克劳克的命令依然被严格执行着。很多经理都纷纷走出了办公室，深入基层，到生产一线去调查研究，了解公司的实际情况，而不是坐在办公室里纸上谈兵、指手画脚。这样的政策使麦当劳内部的官僚主义和夸夸其谈的风气日渐熄灭，那些曾经躲在办公室的经理逐渐养成了这样的习惯和管理风格，那就是注重实践、勤奋踏实、实事求是，管理者的决策失误率大幅度下降，管理能力和管理水平也大大地提高了。这样导致的结果就是麦当劳公司的运营效率和公司的生产有了翻天覆地的变化，业绩较以前增加了不少，经营状况大为改观，没多长时间，在大家的努力之下，麦当劳便"扭亏转盈"。

我们可以从克劳克将公司经理们的椅子靠背锯掉之后，麦当劳就转亏为盈这样的案例中得知，作为一名公司的管理者既要敢于向干部、主管们开刀，又要有向基层、普通员工发令的魄力。因为一般员工对组织所造成的影响要远远小于干部的负面影响，所以对于那些不负责任的中层管理者就要有这种魄力，只要这些干部都老实了，普通员工就会努力工作了。所以，作为一名高层管理者，首先要做的第一件事情，就是要将自己公司的干部先管好，只要将他们管好了，公司以后的发展相对就顺利了。

与员工分享快乐

作为一名公司的管理者，应该让你的员工分享到你成功的果实，还要懂得让公司员工体会晋升的喜悦。管理者对员工最大的激励，就是要与员工一起分享。

任何一个人都喜欢晋级加薪，不仅是员工，就连上司也是如此。当一位管理者在得到晋升和加薪时，要记得那些帮助你晋升时的员工们，伴随着你的晋升，要记得帮助那些曾经的员工也得到一定的晋升或加薪，使他们可以得到更高一些的待遇，这样就是对员工最好的回报。自己希望得到的东西，相信也是别人想要得到的东西。

有些管理者一遇到高兴的事，总是喜欢找个角落单独享受。其实，不妨将这件事情与你的团队一起分享，除非那件事情是需要保密的，这种分享会更激起员工的工作热情，这其实也是管好员工的一个好手段。

美国以生产酱菜而著称的亨氏公司的董事长海因茨，他被人们称为是“酱菜大王”。亨氏公司年销售额高达60亿美元，是美国颇有名气的大公司之一。亨氏公司被誉为“员工们的乐园”，这是因为海因茨拥有与员工非常融洽的关系，亨氏公司的劳资关系被公认为是“全美工业的楷模”。曾经有这样一段时间，由于海因茨的身体欠佳，医生们建议他到佛罗里达去度假。员工得知后对他说：“是应该好好休息一下了，应该好好玩一玩，一年当中你太累了，难得可以休息一次。”海因茨听了员工的话，便到佛罗里达去度假，可是没过几天就提前回来了。公司的员工都很惊讶，纷纷问他这是为什么。海因茨说：“我一个人也没有多大意思呀！”

但员工很快发现，一个大玻璃箱出现在了厂区中央，好奇的员工走过去一看，原来里面有一只短吻鳄，重达800磅。

海因茨胸有成竹地问：“这个家伙看起来怎么样？”有员工说：“从来就没有看到过这么大的短吻鳄。”还有员工说：“只要有一片真心的话是不在乎东西大小的。”海因茨笑呵呵地说：“令我兴奋，这大家伙给我这次佛罗里达之行留下了最难忘的记忆。它令我感到很兴奋，那么请大家工作之余一起与我分享快乐吧！”

原来，海因茨特意为员工从佛罗里达买回来这只短吻鳄。“与员工一起分享快乐”，这不仅是他管理员工的一个绝招，也是海因茨深受员工欢迎的缘由。

有些人往往是一有了快乐、荣耀就“忘记我是谁”而自我膨胀，管理者更是如此。这种心情是可以理解的，伴随着管理者这种心理膨胀，遭殃的是底下的员工，这种嚣张气焰使他们不得不忍受却又无法声张，因为你是他们的顶头上司；可是慢慢地，他们会在工作上有意无意地抵制你，进行一种不合作抵抗，使你的工作无法顺利进行。因此，管理者有了快乐和荣耀，要更谦卑。要做到不卑不亢是十分困难的，要做到不亢比做到不卑更加困难，但“卑”绝对胜过“亢”，就算“卑”得肉麻也没关系，只要员工可以看到你的谦卑，慢慢地，员工就会接受你的谦卑，自然就不会找你麻烦，和你作对了。谦卑的要领很多，但做到以下两点就差不多可以了：对员工要更客气，地位越高越要将身段放低；在和员工进行一起分享快乐和荣誉的时候，不要将你自己的快乐和荣誉再拿出来，不然的话就成为炫耀吹嘘了。事实上，你的荣誉大家早已知道，何必再提呢？

别独享快乐和荣耀，换句话说，就是不要侵占员工的生存空间，不要威胁到员工的地位和利益。因为你的荣耀会让员工的心情变得黯淡，产生一种不安全感；而你的感谢、分享、谦卑，就是让他们安心，这就是人性当中的奇妙之处，没有什么可说的。

如果人习惯独享快乐的荣耀，那么，总有一天你会独吞苦果。因此，作为管理者要尽量做到：

首先，在对待员工的时候要切记谦虚谨慎，不要张扬。一旦有成绩便居功自傲，必然会被员工讨厌，不愿再为你拼命效力。分享是对员工的最大激励，管理者一定要牢记此话，把成果与快乐与员工共享，争取更好的业绩。

其次，当得到上级的表扬时，不要忘记在上级面前赞扬你手下的得力助手，并将他们推荐给你的上司。这句对你助手的赞扬，不仅让上司看到了比比皆是的杰出人才，也会看出你不是一个会居功自傲的人，会体贴员工，对你的印象更是好上加好，对你以后的工作会更加注意，同时你手下的员工也会对你心存感激，在以后的工作当中一定会更加努力地帮助你完成任务。

有福同享，当你加官晋级或有其他一些工作上的快乐时，要记得把你的成果与手下的员工分享，可以想象一下，这样做你将会得到员工怎样的忠诚和拥护，随之得到的结果，就是你所在的这个集体将是最为团结的一个团体，这个团体必然是上下一心、齐心合力、谋求更大进步的组织。

到生产一线去探望你的员工

有些这样的管理者，他们总是习惯于搞遥控指挥工作，躺在老板椅里发号施令，很少甚至从不到生产基地或生产一线中去了解体验实际情况。当生产前线中发生意想不到不好的事情时，就会显得手足无措、无以应对，因为他们对生产一线一无所知，所以才会下达错误的指令，造成决策上的失误，为公司带来难以挽回的损失。

所以作为一名管理者，一定要养成这样的良好习惯，那就是时常亲自到生产一线去考察、调研，了解实际情况，包括生产情况及基层员工的生活情况。有一句话叫做“没有调查就没有发言权”，只有这样做了，才能使管理者掌握最真实的情况，只有对正在发展的事物拥有一个最真实的判断，做出的决策才是最正确的。

假如一位管理者经常到生产基层中去和基层的员工多多沟通交流，在这个过程中，及时了解他们的需求，倾听他们的心声，不仅可以加强和基层员工之间的感情，还可以有助于增加员工对管理者的信赖和拥戴，管理者的威望也会因此而大大提高，同时还会使员工工作的热情和积极性大大提高，从而提高工作效率。接下来我们将会看到这样一个例子，那就是贝尔电话公司的总裁——伯奇·福勒克，看他是如何深入生产一线研究员工的工作的。

一位纽约电话公司的职员，有一次站在第42街和百老汇路的拐角处发呆。

这时候，他看到从街中心的一个地洞里钻出来一个衣装整洁的人，而这个人就是伯奇·福勒克。

正月里的夜晚十分寒冷，这条路正是他要回家的路，他忙完公司的事务正在从剧院回家的路上。伯奇·福勒克遇到了什么危急的事情？还是他被什么严重的难题所困扰？他为什么钻进了这个地洞？原来事实并不是大家想象的那样，他没有遇到任何事情，他只是在回家的路上，想起了他正在那个地洞里紧张工作着的两个接线工人。心血来潮下，突然决定对他们进行一次非正式的访问，了解一下他们最近的工作与生活。

他是美国电话事业的杰出前辈——密歇根·贝尔电话公司的总经理。这个衣着整洁的人钻进地洞的故事是和伯奇·福勒克有关的许多故事中的一个。后来，福勒克常常被人们称为“10万人的好朋友”，他有一种这样的癖好，那就是采取心血来潮式的意外举动。他对员工表示重视他们的工作方式，就是在突然的情况下带着非常友善的神情，去看望那些在他手下工作的人员。

这几乎是所有具有杰出管理能力的人都会采用的一种方式，只是所用到的具体方式存在一定的差异。只要充分照顾到他们的尊严，而且不要给员工身边亲近的人造成不方便，这些对下属显露出真诚关切的行为都是十分提倡的。

扬·雅各和伯奇·福勒克一样，就在他担任汤普森公司的名誉副总经理的时候，他也总是在各种情况下对员工进行关怀，用那种友好的态度对他的下属进行一些非正式性的探望，他总是会时不时地进入员工的办公室中，说几句毫无目的的话，就某些生活上的小事提出一些有益的建议或者问一些轻松的问题。他的这种行为，使公司很多员工对他的印象很好，这种行为还使公司的环境始终保持着一种热诚和新鲜的气息。

对他们置之不理、忽视他们，是一名管理者管理员工最糟糕的一种方式。不管是谁，如果经常被忽视的话，就会感到自己所做的工作不是被重视的，相对应的就是自己所做的工作是不太重要的。久而久之，他们的自尊心会受到严重的伤害，如果在之后的时间里即使给他们别的工作，他们的工作热情也会锐减。我们所有人都希望能够得到别人的重视，只有在被人重视，被人赞扬的时候，才能够做出傲人的成绩。

我们应该始终记住的一点就是，这样的行为如果是用在普通员工身上时，会使人得到一种被人重视的感觉，但是相同的行为如果是用在你的高级主管身上的话，那将会得到完全相反的结果。因为管理者的这种行为对于他们来说是一种极度不信任的行为，会让他们产生一定的抵触心理，进而影响到工作。将这种关怀利用好，根据不同的人实施不一样的关怀，就可以避免这样的事情发生。这种友善的关怀要建立在别人的快乐之上，才会得到管理者想得到的效果。

PART

招数八

8

请将不如激将

人在一个环境中连续一段时间从事某一工作后，即使是再喜欢的工作也会有惰性,时间久了激情淡了,只是维持一种惯性。这时,有些企业就会抱着“外来的和尚好念经”的想法，向外面寻找人才，希望为企业注入活力。这样的企业往往忽略了激励的作用，他们不懂得“过度的压力可以让天才变白痴，适当的激励却能让白痴变天才”。没有适当的激励措施，即使找来了人才，时间久了人也会没有激情。因此，管理者要学会运用激励的手段来调动自己的人才。激励的方法有很多种，只要运用得当，有效唤起员工的激情与危机感，就可以将企业激活。管理者们应该知道，让企业有自己的造血功能要强过定期输血。

榜样的激励作用不可忽视

在管理企业的过程中不能忽视榜样的力量，要想在管理的过程中顺利将员工的潜力激励出来，就必须要树立一个榜样。一个榜样可以起到的作用是很明显的，他们的存在可以产生感染、激励、号召、启迪、警醒等功能，榜样将成为一件管理者手中极具说服力的激励利器。与管理政策和空洞的说教存在着很明显区别的地方，那就是榜样的力量在于行动。

员工与榜样之间的距离是员工是否学习榜样行为的关键所在，学习榜样的行为存在一定的超越性和突破性，要想得到他们想要得到的，就要比较和榜样之间的距离，如果这个距离可以超越，就会激起模仿和追赶的愿望，最终使自己的行为与榜样保持一致或超越榜样，成为新的榜样。

如果管理者在树立榜样时没有掌握其原则和方法，那么榜样的这种激励功能将会大打折扣，想要得到预期的效果是不容易的。如果运用不得当，不仅不能达到预期的效果，还很可能使员工感到厌烦，使员工的积极性受到很大打击。

那么，管理者如果想要用榜样达到想要得到的效果时，应该怎样做呢？

第一，选择的榜样与学习者要有共性。管理者首先应该注意选择与学习者的经历基本相似，并与学习者有一定共性的人物作为榜样。榜样的形象要尽量贴近，他的行为要与学习者比较接近并且易于学习。同时，管理者要将榜样设到公司的各个部门，设立不同的先进典型，进一步使公司不同行业的人都有要超越的对象。

第二，要树立真实的榜样。榜样是真实存在的，不是那种僵死的“样板”，也不是完美的圣贤。他要在现实生活中甚至是在员工中产生，他需要是一个被大众认可的思想进步、品格高尚、工作出色的真实的人。这位榜样的事迹不可以虚构和任意夸大，不能是没有缺点的。只有真实的榜样才会激起普通员工学习的欲望，才有权威性，能受到群众的敬佩、信服。如果对这位榜样的事迹进行了夸大或虚构，将会得到比没有榜样更坏的影响。

第三，衡量榜样要有科学的标准。如何衡量这样一个人是不是榜样，衡量榜样的标准应该放在对企业和社会的贡献上，企业作为赢利性组织，衡量的标准应根据公司的具体情况而不仅仅是勤俭刻苦或其他什么的。

第四，要适当保护榜样。管理者要对榜样进行持续性关注，要使他不断进步，对于那些由于不平衡心理而产生中伤打击榜样的错误言行，要进行及时的批评教育，杜绝这种行为的产生。

第五，引导下属正确对待榜样。古人有云 :“金无足赤，人无完人”，管理者要正确对待榜样，既要防止员工机械的、形式主义的模仿，同时还要员工在学习榜样优点的同时，还要正视榜样的缺点，正确对待，争取使全体员工都可以得到整体的提高。

榜样的激励能起到一种潜移默化的影响，这是因为行动比说教更能影响人。榜样就是一面引导员工进行更好工作的旗帜。管理者要学会利用榜样的力量，在企业里形成向心力、凝聚力，从而促进企业的发展。如果这种凝聚力形成了，将是不可摧毁的。

有效引入竞争机制

管理者要善于将竞争引入公司内，为员工的成长设立竞争对象。当他们知道这个对象时，就会激起他们想要超过竞争对象的强烈欲望，并将自己的潜能发挥到极致。

有的员工可能拥有十分旺盛的精力，但没有竞争的话，他们就会失去努力的方向，进而就会满足现状，不思进取，成绩平平，这样就会使他们的精力慢慢被消磨光，进而对公司的效率也会有所影响。管理者在对待这样的员工时，就要给他们一定的压力和竞争，激发出他们的潜能，这样不仅会将他们的潜能激发出来，同时还为公司创造了良好的业绩，两全其美。

本田宗一郎在管理上可谓独树一帜，他在组织中引入的良性竞争方法堪称企业管理的典范。接下来就让我们看一下他是如何做到的。

本田宗一郎发现，销售部经理的观念离公司的精神相距太远，还有就是他的想法一点也不超前，对下属的工作已经造成了很大影响。所以本田宗一郎觉得，必须尽早打破销售部只会维持现状的沉闷气氛，否则公司的发展将会受到严重影响。本田宗一郎在经过周密的计划和努力后，将一位在知名公司的销售部做副经理的武太郎给挖了过来。

武太郎接任本田公司销售部经理后，首先制定了本田公司的行销法则，对原有市场进行分类研究，调整了销售部的组织结构，使其更加符合市场的要求，并且制定了开拓新市场的计划和明确的奖惩办法。

上任一段时间后，武太郎凭着自己丰富的市场行销经验和过人的学识，以及惊人的毅力和工作热情，不仅受到了销售部全体员工的一致好评，同时也将销售部所有员工的工作热情激发了出来，使员工的活力大为增强。公司的销售也因此出现了转机，销售额直线上升，公司在欧美及亚洲市场的知名度不断提高。

所以，每年本田公司都会从外部将一些能干、思维敏捷的三十岁左右的生力军聘请过来，有时甚至聘请常务董事一级的举足轻重的人物。这样一来，公司上上下下都有了触电似的感觉，使每一个人都能感受到这样的工作压力，那就是“不进则退”。

强有力的竞争可以促使员工发挥更高的效能。所以，要将竞争机制引入公司的管理当中，只有拥有了竞争机制，并且只有让每一位员工投身到竞争之中，组织的活力才永远不会衰竭。

以下是几种有效引入竞争机制的方法。

第一，有效利用工作日志。想要给员工足够的压力，就要及时检查、对比员工的工作日志，这种方法要比单纯激励员工要更为有效。促使他们每天都能按时、按质完成自己的工作，并在此基础上每天都能有所提高。除此之外，当员工要进行多项工作时，要及时提醒员工不要忽略即将要做的事情，使他们完成工作的效率更高。

张瑞敏说："坚持每天提高1%，70天工作水平就可以提升一倍。每个人都这样做，企业就会产生很大的威力。"对于任何一位员工来说，工作日志就是他们最大的竞争的压力，因为那是别人已经完成的工作，而且很明显地摆在那里，这样就能促使员工每天都必须有所提高，经过日积月累的效应，任何企业和个人都会获得成功。

第二，引进外来优秀人才，激发内部活力。不要使一个团队中的人员保持长时间的固定不变，这样的话就会使这个团队失去新鲜感和竞争的活力，缺乏竞争力。很多员工正是抱着"做一天和尚撞一天钟"的想法来享受安逸的生活，以至于不思进取。如今的社会是一个高速发展的社会，不管是个人还是团队，在这样的社会当中就像是逆水行舟，不进则退。

如果企业经营者想时刻让团队成员保持充足的活力，时刻以百倍的热情投入工作，就应该学会利用激励手段，积极为企业引进人才。这是一种向团队注入新鲜血液的行为，对于一个团体的竞争来说是十分有效的，可以使团队重新焕发活力。因此作为管理者来说，要想让企业充满活力，就需要随时引进一定数量的外来优秀人才。

第三，不妨偶尔使用淘汰机制。杰克·韦尔奇是通用电气公司的前CEO，他曾经说过："行动能力是淘汰出来的，你最重要的工作不是把最差的员工变为表现不错的员工，而是要把表现不错的员工变成最好的。"

事实证明，要想将公司的活力实现整体上的提高，就要在公司的用人机制上使用适者生存、优胜劣汰的原则，将那些不能顺利完成任务或是严重影响公司进展的员工及时裁掉。通过这样的一系列行动，不仅可以使公司的负担减轻，同时对公司内的员工也是一种刺激，给他们的工作带来一种危机感，使他们可以将全部精力都用到事业当中来。

当然，每一个公司在实行这种政策时，都要考虑实际情况，即使是实行淘汰机制，也要结合自己的实际情况和管理者的实际需求来贯彻这一经营理念。

立下军令状

不管是在国内还是国外，我们都可以经常看到这样的画面，那就是当一位将领想要请缨出战，但是主帅不同意的情况下，这位将军可以通过一种立军令状的形式来实现自己的想法。只要将这个军令状立了，一般情况下得到的结果都是令人十分满意的，多半会凯旋。事实上，主帅之所以不让他们出战，并不是要打击他们，只是要使他们拥有更加渴望胜利的愿望，只有这样，在战争中他们才会将实力发挥到极致，并最终取得胜利。

1999年当联想想要进行ERP改造时，由于业务部门的不积极执行，流程设计的优化根本无法深入。在这样的情况下，柳传志不得不召集会议，在联想所有的高层职员、各子公司的总经理面前，柳传志十分生气地说："ERP必须做好！如果不能将这件事情做好的话，虽然我会受很大影响，但我首先会把李勤（副总裁）给干掉！"接着李勤立即站起来说："做不好工作就下台，但是在这之前我会将杨元庆和郭为干掉！"这个会议结束之后，杨元庆、郭为就成为公司推进ERP的将领，他们在各子公司都成立了ERP领导小组。ERP由此进入了快速通道，这样就使之后的工作和难关都可以顺利克服和进行。联想终于在2000年初顺利完成了ERP改革。

柳传志和李勤的这种行为就是军令状的性质，他们要使员工能够感到足够的压力，将员工的潜能激发到最大，最终保证顺利完成工作。作为一个管理者，要懂得给有能力的员工施压，让其不仅有紧迫感，更要有责任感和使命感，而立下军令状就是一种不错的方式。

唤起下属的危机感

将员工的危机感充分唤起，就能将员工生命的潜能和主动性充分唤起，使员工在激烈的市场竞争中发挥出最大作用，从而出现奇迹。

莱曼兄弟公司又一次想要研制一种8毫米的电眼摄像机，原本预计花费3年的时间，但是负责销售的副总裁希望能够提前完成，并实现早日占领市场。然后那位副总裁来到工程师这里，对工程师说："我刚刚得到这样一个消息，我们的竞争对手已经试验成功了，他们已经将8毫米的电眼摄像机研制成功了。"工程师们听到这样的话感到十分吃惊，顿时感到了很强的危机感，于是像被充足了电的马达一样，立刻快速行动起来，最后只用了3个月时间就将产品研制出来。就这样，莱曼兄弟公司抢占了市场先机，狠赚了一笔。事后工程师对副总裁笑说："你谎报军情，却给我们打了一针兴奋剂，这一仗打得过瘾啊！"

在公司里面除了要用制度管理员工外，还要进行一定的角色扮演，领导要学会演"红脸"。但是这个"红脸"并不是要一味赞扬下属。如果只是一味赞扬，让下属泡在称赞的蜜糖当中，就会养成一种目空一切、自高自大的习惯，这样，就很容易使员工失去工作时的动力，也将丢失对生活的目标。所以，"红脸"领导应该施展手段，让员工感受到无形的压力。

有这样一个故事：伯乐在集市上选了一匹青鬃马。他说："这匹马只要经过训练就一定会成为千里马。"可是，随着时间的不断推移，不管伯乐怎样训练这匹马，青鬃马每日的奔跑距离总是在900里左右，这样的成绩并不理想，这使伯乐感到很受打击。伯乐对青鬃马说："伙计，你得用功啊！再这样下去，你会被淘汰的！"青鬃马愁眉苦脸地说："没法子啊，我已经尽最大的努力了。"伯乐不相信它所说的，但是青鬃马认为自己已经拼尽全力了。一天，青鬃马刚起跑，突然背后响起一声惊雷般的吼叫。回过头的青鬃马看到一只雄狮正在后面追赶，青鬃马一惊，撒开四蹄，疯狂地奔跑起来。

当青鬃马晚上气喘吁吁地回来时说："好险！今天差点喂了狮子！"伯乐笑道："虽然如此，但是你今天的成绩是1050里！""什么？我今天跑了1050里？"青鬃马望着伯乐，伯乐脸上挂着神秘的笑容。青鬃马心中豁然一亮。

自从那件事情之后，这匹青鬃马在进行训练的时候总是想象着自己的身后有一只雄狮在追赶着自己，这样得到的成绩使它终于成为一匹千里马。

危机感不仅是刺激人们奔向成功的兴奋剂，也是防止生活僵化的防腐剂，更是帮助人们走向辉煌的助推器。这则寓言告诉我们，如果没有危机与压力是不能体现出自己的真实本领的，甚至会认为自己就这些能力，但是在一定的危机感当中，在感到有很大的压力时，例如当狮子在这匹青鬃马身后追赶的时候，这种有可能会失去生命的危机感，使青鬃马发挥出了就连自己都不相信的潜力。所以作为一名管理者，要想使你的员工将最大的潜力发挥出来，不妨去做那一只会使青鬃马失去生命的雄狮。这种方法将会收到比"利诱"更加立竿见影的效果。

情感激励的巨大力量

人是感性动物，就如我们常会听到一句"人心都是肉长的"。这样就决定了每个人都需要精神营养，情感关怀，因为我们是感性动物。如今，当有人还在思考经营资本时，已经有企业家开始经营人心了。

经营人心，其中重要的一项就是情感激励。从员工的感情需求出发，通过情感上的关心、尊重、信任等手段来满足员工精神上的需求，从而激发员工的工作热情，达到激励的效果，这就是情感激励。实际上传统的单一物质激励的管理方式所存在的弊端，需要用另外一种强调利用情感的激励方式来补充。只有这样，才能使激励手段更加完善，得到更加明显的效果。

用感情去激励员工的积极性，比单纯用物质激励员工积极性的方法更加完善，这两种激励方式的全面配合，可以发挥出令人意想不到的效果。在很多情况下，人们都有一种维持现状或想再增加收入的情绪和欲望，一旦奖励消失，就会使人产生受挫折的心理，进而影响工作积极性。从这里可看出，物质奖励并不是完全令人感到满意的，物质上的奖励更多的是一种商业上的交易，不能在员工的内心产生长远的影响。而且，只是单纯地强调物质激励，也会削弱员工对工作的意义和兴趣的追求。甚至会发生更加严重的事情，那就是物质奖励还会使人的基本道德受到损害，因此很难想象企业在面对困境时员工还会对工作有一种责任感。

物质激励在被剖析出更多的不足时，就显示出了情感激励的弥补性作用。一般来说，人的情感决定了人的价值取向和心理强度。

李明亮是天津海河塑料厂的厂长，当他刚刚上任的时候，工厂里面的基础设施很差劲，没有食堂，连厕所也只有一个，男女轮流使用。工人没有奖金，医药费没钱报销，厂长办公室连个椅子都没有。就是在这样的简陋条件下，李明亮上任了，他在就职的演讲中既没有讲自己的困难，也没有给工厂描绘任何前景，而是讲职工的苦，并向全体职工深深地鞠了一躬。在之后的工作当中他始终本着这样一条原则，那就是：多做有助于增进和职工感情的事情。就是依靠与职工的这份感情，他很快把生产搞了上去。从这个例子当中我们可以看到的就是，工作的效率可以依靠感情这个酵母进而产生叠加效应，通过感情的力量去鼓舞、激励员工。

在我们中国有这样一句古话，那就是“受人滴水之恩，定当涌泉相报”。投桃报李对于绝大多数人来说都是很平常的。但是如果上级或是领导对你表现出这样一种重视感情的举动，那么对于群众以及员工来说，就会用更强烈、更深沉、更长久的感情来回报领导的这种感情。

由此可见，感情激励可以调动的不只是人的认知方向和人们的行为，当感情更加深厚或是人们有了共同的心理体验和表达方式时，这时候就会形成一种不可抗拒的精神力量。这种精神力量使每一位员工养成了这样一种立场，那就是极力维护集体的利益。从这里就可以看出情感激励对于一个公司的管理起着多么重要的作用。

诱导比强迫好

相信生活中很少有人会愿意被强迫着去做一件事，那么工作中也一样。如果管理者懂得这个道理，就应该尝试在工作中多运用诱导，让员工自发动起来，而非强迫。不论如何，我们都要知道诱导的作用要比强迫有用很多。

管理者在进行管理的时候，要积极利用诱导的方式，这样比强制进行某种工作得到的效果要好很多。诱导能使事情得到比强迫更好的效果。

有一个工作绩效很差的纺织厂，虽然计算薪酬的方式是以数量来结算，但是产量就是无法提升。这个工厂的管理者尝试过各种强迫、威胁的方式来激励员工，但是效果仍然不明显。

对于这样的问题，该厂的管理者专门请了一个这样的专家来提供帮助。专家将这里的员工分为两组，对第一组说的是必须要达到产量，不然就会被开除；对第二组说的是要求他们将工作中的问题提出来，并要求这一组的所有员工找出问题的所在。

最后导致的结果就是第一组员工的产量不断下降，当管理者继续施压时，很多员工因为承受不了甚至自己辞职。但是第二组的员工却在一种全新的管理中士气高涨，他们按照自己的方式去做工作，并且承担起了相关的责任。由于共同努力，并且共同努力创新，仅仅用了一个月就增加了20%的产量。这就是通过诱导而产生的效果。

无论何时，不管采用什么管理策略，强迫都不能当做是管理的方式，只有通过诱导，才能使员工的潜能得到激发。

只有通过发自内心的爱、仁慈、谦恭、说服、温柔等方式进行管理，才能得到长久的效益，那些试图通过影响力来领导企业的管理者将注定不会长久。

实施内部创业

什么是内部创业呢？就是指那些由具有创业思想与信念的员工发起，在企业的支持与允许下，由员工与企业共同承担创业风险，并分享创业成果的活动。

很多领导者认为那些内部创业就是单纯的“替他人做嫁衣”，会使很多优秀的员工脱离出公司集体，他们认为只有通过高薪和比较完善的福利才能将员工留住。但是实际情况是，很多员工即使是在拥有高薪高福利的情况下依然会离开。这就可以充分说明那些管理者的想法是错误的，那些所谓的高薪高福利并不是所有员工都要求的。那么还要给他们什么东西呢？根据心理学家马斯洛的需求理论，应该只有“成就感”了。换言之，优秀员工们也想当老板。

任何一个企业的内部都是可以出现两个或两个以上的老板的，而这些就是内部创业的结果。从表面上看，好像是企业拿自己的资源来成全了他人的美事，但实际上，内部创业不仅可以满足企业的优秀员工想当老板的心态，更重要的一点是能够使公司的结构更加完整，同时还可以借由制度化的授权，减轻企业负责人的负担，这是一种可以让领导者和员工双赢的管理制度。

华为是国内的通信巨头，它坐落于中国的深圳，这家公司就是一家可以实行内部创业机制的公司。华为公司为了解决机构庞大和人员冗余问题，积极鼓励内部创业，将华为非核心业务与服务业务以内部创业方式社会化。通过一定的相关政策，公司为那些相对优秀的员工提供一些资源，帮助他们进行内部创业。作为通信业巨头的华为，除了研发之外，每年都有很多工程实施外包，虽然这样比起自己来实施更节约成本，但是考虑到市场中的竞争因素或其他不可控制的因素可能会对公司的进度有影响，这样对华为的影响将是十分严重的。而且现实中已经出现了这样的情况，因而华为对此的解决之道就是催生出内部创业机制，把自己的非核心业务交给那些自己的内部创业公司来承担。这样无论从工作连续性、成本控制，还是管理沟通上都可以省去很多担心。

华为内部创业的公司当中有这样一家，是广州某通信技术有限公司，它将华为公司在湖南、江西、广东市场近1/3的工程安装调试工作承担了起来。这种公司的存在为华为解决了很多后顾之忧，减少了华为的市场运作成本，双方获利。用友软件公司也是通过这种内部创业的制度开设分公司，使全国各地都有自己总部的优秀人才。他们在那里配备相关资源并建立起了分公司，这样做就可以使那些优秀的员工可以施展自己的能力空间和市场潜力，将那些优秀员工更好地留下来。

因此，实行内部创业机制，不仅可以解决那些优秀员工的创业梦想，还可以使公司在那些内部企业当中找到自己的不足之处，反思自己，并进一步将这些毛病改掉，从而能在有效的时间内探索出一条切实可行的变革之路。只有在进行内部创业的制度下不断发现问题，不断调整自己的发展方向，才是一个企业长期的生存之道。

给精明强干的员工压担子

这种现象在我们的生活中可以经常看到，那就是那些越是看起来精明能干的员工，就越受到老板的重用，老板越是重用某个人，就越要往他们身上加担子。这是为什么呢？其实这就是所谓的“鞭打快牛”现象。之所以会出现这样的情况是因为，任何一名员工对于自己身上存在多大的潜力并不是很清楚，需要老板来发掘。当老板将一件事情交给员工时，虽然这位员工并没有多大把握，但是完成的结果还是十分满意的。久而久之，老板就会不断发掘你身上的潜力，你也就会越来越得到老板的重视。

人的潜能包括体力潜能与智力潜能两大类型。人类平均寿命的提高、体育纪录的刷新、科研上的重大突破与发明创造……之所以得到这样的结果就是因为潜能被充分开发。潜能这个词语含有众多要素，它是一个综合概念。我们这里所指的开发潜能，是说开发人潜能的总和，包括人在生活中的各种表现。可以说，造物主对每一个人都赋予了才华，只要通过一定的条件将每个人的潜能开发出来，即使不是天才遍地，也可让每一个人在自己的行业中有所作为。

每个人身上都蕴藏着巨大的潜能，但并不是人人都了解这一点。一位学者曾经这样说过：“虽然不是每个人都知道我们对周围世界感性的和理性的印象是怎样形成的，各种行为动机是怎样产生和相互交替的，心理发展过程又是怎样产生的。我们中有谁测量过自己视觉的速度、注意力的范围、反应的时间、记忆力的好坏、联想的强弱、感情的稳定程度等？因此就不能真实地反映一个人的心理行为，就不能客观地评价一个人的潜能。”

那么，人类的潜能可以发挥到何种程度呢？下面一些事实值得我们关注。

远古时代，文字发明以前，人们采用结绳的方法记事。随着人类智慧的不断增加，人类的潜力也在不断被开发出来。如1877年爱迪生发明了留声机，1883年爱迪生发现了热电子发射现象，这种现象被命名为“爱迪生效应”。20世纪初，在一些新发现的基础上，著名物理学家爱因斯坦于1905年创立了狭义相对论，接着又在1916年将狭义相对论推广为广义相对论。此外，他还提出了光的量子概念，并用量子理论解释了光电效应、辐射过程和固体的比热。爱因斯坦的理论，特别是相对论，将时空的辩证关系给揭示出来，加深了人们对物质和运动的认识，无论在科学上，还是在哲学上，都具有重要意义。

如今的人们已经进入了一个新的时代，这是一个电子信息时代，这个时代不仅让人类登上了月球，而且还开始对太空进行一定的研究。或许在不久的将来，人类可以到太阳系以外的其他星系遨游。这些数之不尽的科研成果，不正是人类开发潜能的结果吗？这也说明了人的潜能是取之不尽、用之不竭的。《从幻想到发展》这本书中这样讲道：“人的大脑皮层所包含思维的能量，可与原子核包含的物理能量相当。”这就告诉那些管理者，要想尽一切办法将员工的潜能开发出来，当然也可以使用“鞭打快牛”这一招。

关键人物更需要“紧箍咒”

众所周知的《西游记》中，唐僧师徒四人的关系是十分耐人寻味的，征服许多人的是孙悟空的机智勇敢和神通广大，他被称作是难得一遇的人才，但是为什么他却被戴上了一个紧箍咒？这是因为他不仅不服管教，野性难驯，还总是自行其是，不听从唐僧的命令。就算唐僧一直是以慈悲为怀，却还是要通过紧箍咒来管他。想一下，如果没有被戴上紧箍咒的孙悟空帮忙，就凭唐僧的力量，无论如何也是到不了西天的，更何况还要取得真经。

孙悟空就是这个取经团队的关键人物，老板之所以要将那些关键人物制约住，就是想要他们为公司服务，产生更大的效益。哪些手段可以将关键人物制约住呢？要想将关键人物制约住，就要有良好的管理机制，这是比薪水更为重要的东西。那些虽然已经身价百亿的老板之所以还在拼命工作，其实就是为了实现自我。这一点是任何人都在追求的东西，这种自我实现不仅是对金钱的需求，更多的还包括一个人对名誉、身份、权力、地位、成就感等方面的追求。所以，企业如果能将实现自我当成是对员工的长效激励机制,就要用制度来保证员工可以通过努力来实现这个梦想。在这样的制度下，每一位员工都会为了实现自我而奋斗，更不用担心那些重要员工因为这样那样的问题而流失。这种可以使员工实现自我的管理机制就是留住人才的“紧箍咒”。

第一，双轨晋升制。员工流动的主要因素就是晋升无望。有的人虽然很优秀，所在的岗位也很关键，但是如果将他提升为主管的话，就会发现他缺少一定的管理能力，但是如果不对他进行提拔的话又意味着将要失去这位员工，令老板感到很为难。想要将这样的问题解决，就要将单一的晋升制度改变成双轨晋升制。

那么，什么是双轨晋升制呢？就是说晋升的制度要有专业职务晋升制与专业技术职称晋升制两条线。根据不同员工所具有的能力提供不一样的晋升方向，有的人可以通过专业职务晋升给予提升，有的人可以通过专业技术职称晋升给予提升。例如，可以根据一名销售员的能力高低，将销售员的晋升道路分为初级销售代表、中级销售代表、资深销售代表。

要想将“双轨晋升制”科学灵活地运用好，就要将绩效考核、薪酬制度、升迁制度等进行有机结合，并且要进行公平的绩效考核，同时要注意考核制度是以业绩为基础。这样就可以尽可能多地使员工实现自我，进而减少员工的流失率。

第二,一岗多人。“能干的不听话，听话的不能干”，很多公司都会遇到这样的问题，这就需要管理者从制度上找到原因。那些相对有能力的人在工作岗位待了一段时间，熟悉了工作之后，就会出现一种自我膨胀的现象，认为自己已经重要到不可替代的地步，愿望稍有不满，就想要离开。管理者要想杜绝这种现象的发生，就要在同一个岗位上同时安排不止一个人，进行人才储备，以备不时之需。

“一岗多人”的概念就是指某个岗位目前除专人负责外，还要有储备人才，让其他人也有能力从事这个岗位的工作。要是这样的岗位离开一个人就还有另外一个人可以代替,不会为企业的进度造成影响。同时这种“一岗多人”的现象不仅可以储备人才，还可以实现岗位上的竞争机制，这种机制还可以使员工的潜能得到更大开发，同时使员工不会产生自我膨胀的心理，也就是为员工戴上了“紧箍咒”。

从某种角度讲，实行这种方式，也是一种有效的未雨绸缪的方法。要想不让自己的工作和企业管理陷入被动，管理者就要学会给员工戴“紧箍咒”。

PART

招数九

9

用好绩效这把尺

员工的工作质量与效率需要有一个标准来考量，因为员工的能力有高有低，只有公平公正地考核，才能人尽其才，而这个考核标准就是绩效管理。绩效作为一个有效的管理工具，它不仅能准确反映出员工的工作成绩，也能提供一种奖罚措施。更重要的是，它能为企业提供一种信号，一种促进工作改进与业绩提高的信号。企业不仅要严格按照标准进行绩效考核，也要公平公正地执行相应的奖与罚，只有如此，相关制度与标准才会有力度。

揭开绩效考核的面纱

员工们通过绩效管理，可以知道管理者希望他们做些什么，什么样的决策是他们可以做到的，要将工作做到一个什么样的程度，什么时候是管理者需要介入的。

什么是绩效管理？它是一个持续的交流过程，该过程是由员工和他们的直接主管之间达成协议以保证工作的完成，协议中对下面出现的问题会提出明确的规定和要求：员工的工作对公司目标实现的影响，员工完成的实质性的工作职责，工作绩效如何衡量，指明影响绩效的障碍并排除，以明确的条款说明“工作完成得好”是什么意思,员工和主管之间应如何共同努力以维持、完善和提高员工的绩效。

那么绩效管理将会达到哪些目标呢？那就是：通过赋予员工必要的知识来帮助他们进行合理的自我决策，从而节省你的时间；使你不必介入所有正在进行的各种事务中；减少员工之间因职责不明而产生的误解；通过帮助员工找到工作失误的原因以及效率较低的原因，提高或是减少差错和错误。

总结起来，一种让你的员工提前完成他们工作的投资就是绩效管理。这种管理可以使你去完成那种只有你才可能完成的工作，从而减少你很多不必要的时间。

这些问题可以通过绩效管理来解决，它可以通过定期举行的座谈会提高工作质量，进而使员工知道自己的工作质量和工作当中的反馈。绩效管理需要定期进行交流，这样到了年底的时候，就不会因为绩效而吃惊。因为绩效管理的作用就是要让员工知道自己所做的是什么，并知道这份工作要如何进行，让员工对自己的权利有更为清晰的认识，提高员工日常决策的能力。

总而言之，员工对于自己的工作及工作范围理解得越是透彻，对工作更好地进行越有利。他们将会在自己的工作职责范围之内尽情发挥自己的才能。

但是为什么会有那么多人要回避绩效管理呢？回避的原因是什么？难道是因为没有时间吗？第一个问题拿来回答时一定会是没有时间，虽然绩效管理需要一定的时间，但是作为一名绩效管理人员以没有时间来应付，作为没有进行绩效管理的原因时，那么他们一定是没有了解绩效管理是什么。一个普遍的误解就是认为绩效管理进行讨论的内容，目的是抓住那些绩效低下的问题和犯过的错误。但是这些都不是绩效管理的核心内容，它不是为了寻找不足而存在的，它存在的目的是为了防止不好的事情发生，将成功道路上的障碍找到进而解决掉，避免为日后埋下隐患。

这就说明进行绩效管理是一件节省时间的事情。如果没有绩效管理的话，当员工不知道要如何顺利进行自己的工作或者是何时进行工作时，他们就会将经理带到那种原本他们自己就可以解决的事情当中，给经理造成时间上的浪费。也有可能是当员工认为自己可以将某一件事情顺利解决但实际上他们并不知道时，就会产生失误。当员工的决策失误时，就会将经理也拖进这场失误当中，而经理却要花费时间对这样的失误进行补救，实际上如果绩效管理得好的话，这些事情是不会发生的。

绩效管理是一种时间短投资，这种投资可以预防问题的发生。它会保证你所做的事情是你应该做的。一些经理害怕员工会利用绩效管理对他们进行反击，害怕在管理的过程中出现尴尬状况，所以这些经理说这种管理制度有很大困难。当然，这也是一种会出现的情况，但是并不常见。这是因为有关绩效的讨论不应仅仅局限于经理评判员工，应该鼓励员工自我评价以及相互交流双方对绩效的看法。当员工认识到绩效管理是一种帮助而不是责备的过程时，他们会更加合作和坦诚相处。如果经理认为绩效管理仅仅是他们对员工要做的事，那么冲突将不可避免，但是如果管理者将这种关系当做是双方的一种合作关系，那么冲突就会减少很多。绩效管理是讨论成就、成功和进步的问题，绩效管理的重点并不是讨论绩效低下的问题，而是将其放在发展上面，从而有效减少冲突，因为不管是员工还是领导，发展才是共同的话题。之所以会发生尴尬和冲突，就是因为经理们没有及时处理发现的问题，问题发现解决得越早，越有利于公司的发展。

一些经理因为不能及时监视员工，或每天盯着他们干活而抱怨不能及时给予员工反馈。但是经理们需要知道的是，在一些特殊的情况下要对员工进行一定的观察。你花费更多的时间帮助他们评价自己的工作，而忽略了去评价他们的工作。对于他们你不用掌握所有的答案，也不需要监视他们，对于答案你可以和他们一起来寻找。

绩效管理过程的起点就是员工和经理开始制订绩效计划。你们在一起讨论工作的所有内容，包括在计划期内员工应该做什么工作，做到什么地步，为什么要做这项工作，何时应做完以及其他的具体内容，如员工权力大小和决策级别等。一般情况下绩效计划是以一年为单位的，当然如果有特殊事件可以及时修订。

当结束了一年的绩效计划，在回答下面的问题时，员工和经理们的答案将会实现一致。

经理们如何判别员工是否取得了成功？如果一切顺利的话，员工应该何时完成这些职责（例如，对某一个特定的项目而言）？员工完成任务时有哪些权利？员工本年度的主要职责是什么？员工工作的好坏对部门和公司有什么影响？员工为什么要从事他做的那份工作？经理如何才能帮助员工完成他的工作？经理和员工应如何克服障碍？哪些工作职责是最重要的及哪些是次要的？员工是否需要学习新技能以确保完成任务？

绩效管理就是一个过程，一个双方追踪进展情况，找到影响绩效的障碍，以及得到使双方成功所需信息的过程。由于它的存在可以使经理和员工共同努力，进而避免出现不该出现的问题，或者将工作中出现的事情及时解决，及时将工作职责进行修订。这些都是会在工作当中出现的事情。

绩效管理经常用到的办法就是定期召开小组会，让每位员工汇报他完成的任务和工作的情况；每月或每周同每名员工进行一次简短的情况通气会；每位员工定期进行简短的书面报告；当出现问题时，根据员工的要求进行专门的沟通；经常性的非正式沟通（例如，经理到处走动并同每位员工聊天）。

对于绩效评价来说，如果是没有做计划，没有持续的沟通，没有收集数据和分析问题，那么所做的绩效就相当于浪费时间。绩效评价的功能在于既可以评估工作，同时它也是一个解决问题的方法。

如果在工作中出现了问题或是失误，最重要的就是找到事情发生的原因以及解决问题的方法，不管是某一位员工没有达到议定的目标，还是一个部门没有完成任务，只有找到原因，才能阻止它再一次发生。那么我们应该如何做呢？比如，员工没有完成应该完成的工作，是什么原因造成了这样的结果呢？有时也许同员工本人没有任何关系。会不会是组织内部有人不提供必需的资源？会不会是缺少原材料？会不会经理本人都不清楚应该做什么？还是技术水平不够，工作不够努力，还是没有组织好？所以要将问题分析清楚，应该渗透到绩效管理整个过程的每个环节中，这是十分重要的事情。

企业人力资源管理的重要内容就是绩效考核，它是企业管理强有力的手段。之所以进行绩效考核，就是为了提高每一位员工的效率，并最终实现企业的目标。

考核员工要实事求是

我们说，做人要讲信用，做生意更要以诚信为本。当然，每个企业都希望员工在工作中能够实事求是。那么，这就需要企业在考核员工时，先做到实事求是。换言之，不管是任何人或任何事情，实事求是都是十分重要的原则。

尾芳郎是日本西铁百货公司的社长，他因为名古屋商工会议所急需一名管理分部的主任，而将一位他认为是人才的朋友介绍给了他们。

结果名古屋商工会议所主席土川元夫告诉尾芳郎说他介绍来的并不是什么人才，所以他并不准备将尾芳郎的朋友留下来。

得到这个消息之后尾芳郎很是吃惊，接着就感到很生气，他认为通过短短 20 分钟的时间是无法将一个人的能力了解清楚的，他认为这样的行为太过草率和武断了。

土川元夫解释说："首先，你的这个朋友刚和我见面，自己就滔滔不绝地说个没完，根本就不让我插嘴。但是对于我将要说的话，他的态度极其不认真，总是一副满不在乎的样子，这是他的第一个缺点。其次，他很喜欢炫耀自己的人事背景，总是在夸夸其谈，向我表白炫耀说某某达官贵人是他要好的朋友，另一个名人是他的酒友等，想让我知道他不是一个一般的人。第三，对于工作业务他根本什么有用的东西也说不出来，只是在说一些无关紧要的东西，你说，这种人怎么能共事呢？"尾芳郎听完土川的话后，深深地折服了，认为土川的分析是很有道理的。

土川元夫就是这样没有顾及老朋友的情面，拒绝了他的推荐。后来，经过努力寻找，终于找到了一个真正有才能的人。

事情总是会有惊人的巧合，同样是在日本，本着实事求是态度的同样还有索尼公司的总裁盛田昭夫，他就是用这样的态度发现了大贺典雄这个人才。

第二次世界大战结束以后，井深大与盛田昭夫共同成立了东方通讯实验室，后来又将这个实验室的名字改名为索尼公司（SONY 取自美式英语中的"sonny boy"，意思是"可爱的小家伙"）。一开始，索尼公司还是生产以电饭锅、加热垫为主的生活小家电，但是此后不久，他们决心向新技术产品进军，并很快生产出了日本第一台卷盘式磁带录音机。

音乐系一个"吵吵嚷嚷"的二年级学生，由于索尼公司在东京大学校园内演示磁带录音机时，并且在人们的一片喝彩声中，提出了许多关于磁带录音机的实用性和缺点等各种技术问题，于是被发现，这个学生就是大贺典雄。

事后，大贺典雄竟“无礼”地给盛田昭夫写了一封信，直言不讳地告诉盛田昭夫：“从一个歌唱家的观点看，你的录音机只是一堆破烂货。”

盛田昭夫不仅没有记恨他，还因为他敢于批评索尼公司弊端的行为喜欢上了这个直言不讳的年轻人。1953年，他聘用了大贺典雄做公司的特别顾问。

后来，索尼公司成了大贺典雄事业的始终，他最终成为索尼录音机商业部的部长，为公司的发展做出了重大的贡献。

在这两个例子当中，为我们做出榜样的是土川元夫和盛田昭夫，他们用他们的实际行动告诉我们对员工进行考核时，一定要实事求是：行就是行，不行就是不行，绝不能存有任何的私心偏念。否则，只会给企业带来损失。

在解放战争的过程中，刘邓大军有一次要渡过一条河，但是由于上游突然涨水使河面的水流变得浪高水急，导致本来可以徒步而过的河面不能徒涉，渡口上的船只也被敌人破坏得差不多了，只剩下十来只小木船。这是一个十分危急的时刻，敌人离淮河渡口只有30余里。

这样的情况被刘伯承将军了解到之后，说：“这几只小木船对于我们十几万的大军来说就是杯水车薪，是起不了大作用的。如果拂晓前部队不能按时渡过淮河，势必要和敌军背水一战。拖过了时间，千里跃进大别山的种种努力都将毁于一旦。”

于是他问先头旅的旅长：“河水到处都一样深吗？”

“能不能架桥？”

“你们实地侦察过吗？是不是找过当地向导调查过了？”

对于刘伯承的提问，旅长做了十分详细的回答，实际上这位旅长对于将实话告诉刘伯承感到心里很是没底，但是他还是将不能架桥的事实告诉了刘伯承。但刘伯承仍感到担心，心里总是不踏实，喃喃自语道：“淮河水到底有多深，究竟能不能架桥，能不能徒涉？”他迎着萧瑟的秋风，急匆匆地向渡口走去。

只有一弯下弦月的晚上，在河堤上有一盏马灯在摇曳着，闪烁着。刘伯承手中拄着一根很长很长的竹竿，向一只小船走去。船在江面上缓缓行驶，刘伯承用长长的竹竿不停地往江底戳着，站起又蹲下，蹲下又站起，他让警卫员将那些河水不太深的地方标记出来。

“能架桥呀！赶快报告参谋长，可以架桥！”这时从河中传来警卫员一声惊喜的喊声。他担心岸上不能将通知听清楚，就又派人送去亲笔书写的命令：“河水不深，流速甚缓，速告李参谋长可以架桥！”

发出这一消息之后，那位汇报消息的旅长受到了刘伯承的严肃批评，他还对身边的同志们说：“粗枝大叶真害死人，害死人！”而后才又缓和下来，语重心长地说：“同志们，越是到紧要关头，越要对事情进行详细真实的考察，一定要实事求是，一定要进行实地侦查，不管是对别人还是对别的任何事情，汇报的事情一定要是真实的才好办事啊！”

要想做到实事求是，就要认真对待客观事实，说的话，办的事，不能有一丝的虚假成分。对于员工出现以及提出的问题，作为一名管理者，要将事情调查清楚，正确的、对公司有益的情况要给予充分的表扬，但是对于那些错误的、虚假的事情，就要及时指出来，并根据具体的事情实施不同的惩罚，并要求其及时改正。不要将可以糊弄过去的错误糊弄过去，更不能将那些说成是正确的，更不能在背后做一些小动作。要想得到员工的信服，就必须要实事求是，这是考核员工的基本原则。

发扬“绩效精神”

之所以存在组织，就是希望在组织中可以使平凡的人变得不再平凡，天才十分稀少，所以不要将希望寄托于天才。一个组织是否优秀，考察的标准是要看在这样的组织当中是否使那些看起来十分普通的人，做出了令人感到对于这样一个人来说已经是十分不平凡的事情，能否将员工的潜力最大程度地发挥出来，组织中的各成员是否愿意帮助别人取得成绩，组织是否将成员的缺点逐渐改善。

要求每个人都充分发挥他的长处，这就是绩效精神。重点必须放在一个人的长处上——放在他能做什么上，而不是他不能做什么上。“人们在一起相处得是否好”并不意味着就是组织的“士气”，只有绩效可以验证这个组织的士气如何。如果人际关系不以达成出色绩效为目标，那么实际上就是不良的人际关系，如果互相迁就，会导致士气萎靡。

只有经过以下几个方面的实践之后，企业才能培养出企业想要的绩效精神。这些实践就是：

第一，组织的重点必须放在绩效上。对企业和每个人来说，组织精神的第一要求就是绩效的高标准。绩效要求的是一种平均的成功率，并不是要求每次都要成功，在这其中允许有而且必须允许有错误甚至失败。绩效所不能允许的是自满与低标准。

第二，不要将组织的重点放在问题上，只有将组织放在机会上面，才会有长足的进步。

第三，有关人的各项决定，如工作岗位、工资报酬、提升、降职和离职等，都必须表明组织的价值观和信念。因为这些行为都是组织中管理成员不可缺少的手段。

第四，在有关人的各项决定中，管理层必须表明，正直是一个经理人所应具备的唯一的绝对条件，与此同时，管理者还要表明的就是对于这些决定也同样地提出公正这个要求。

健康组织的第一项要求就是对绩效提出高标准。事实上，促使经理人为他们自己设定绩效的高标准就是推行目标管理和把重点放在任务的客观要求上的主要动机之一。

这就要求正确地理解绩效。绩效的功能并不是每一次都要一击即中，那种一击即中是马戏团的一种表演，而那种表演只能坚持几分钟。绩效要求能长时期在各种不同的工作安排中持续地产生成果。绩效的记录中必须包括错误和失败。它必须既表明一个人的长处，又表明其短处。

有一种这样的人，他们将工作进行得很好，工作都是很有水准的，但是令人感到奇怪的是，他们也很少有突出优异的表现。另外一些人在正常情况下表现一般，而在发生危机或遇到大的挑战时，就能像英雄一样接受挑战并取得十分不俗的成绩，这两种人的绩效都应该给予肯定，他们的绩效却显得极不相同。另外还有一种人，从来不犯错误，从来没有过失，他所做的从未失败过。这种人是不可以信任的，因为这种行为的背后可能是一个善于弄虚作假，只做稳妥、可靠的琐事的没有能力的人。

每一个组织都经常会受到“但求无过”的引诱。如果管理层不把绩效看成是一种平均成功率，错误地把迁就当做绩效，拥有长处就是没有短处，结果只能让组织感到失望，使士气得到败坏。一个人犯的错误越多，往往越有好处——因为他尝试的创新也越多。因为对员工负责，所以要将那些成绩一直不好或绩效平平的员工调换工作。如果一个人不能胜任这一份工作，在工作的过程当中，就会感到烦恼、困惑和焦急。把一个人安排在他不能胜任的职位上，对他并没有好处。如果不正视一个人不能胜任工作，那是怯懦而不是同情。

作为一名组织的管理者既要对成员负责，同时还要有一定的绩效。下属有权要求能干的、有献身精神的、有绩效的人来当领导，下属有权要求领导有绩效，否则，他们自己也难以取得绩效。

第五，一个组织当中的管理者之所以必须要有绩效，就是因为要对所有的组织成员负责。如果一个经理人或专业人士绩效不好，整个组织都会受到影响；如果一个人取得优异绩效，对整个组织都有利。一个组织如果想要拥有一种高涨的取得绩效的精神，就要将目光多放在机会上面少放在那些问题上面。如果一个组织把力量放在能出成果的地方即放在机会上，就会有兴奋、挑战的感觉，并有取得成绩的满足。

虽然不能忽视问题的存在，但是如果一个组织将重点放在问题上，那这样的组织就是一个采取守势的组织。那是一个总在想着过去黄金时代的组织，那种组织总是认为，如果没有出差错，他们就会干得更好一些。

因此，一个将重点放在机会上的组织，这样的管理层一定是具有创造性和能维持绩效精神的。同时，它还要求把机会转化为成果。

管理层如果将重点放在了机会上，那么放在最主要地位的就是要求每一位管理人员和专业人员都要把握住任何一个机会。每一位经理人和专业人士在拟订其绩效和工作计划时，首先应该对自己提出这样的问题："有些什么机会，如果抓住了，将会对公司和我这个部门的绩效产生重大的影响？"

只有将有关"人"的各项决定看成是一个组织真正的"控制手段"，这种各项决定包括岗位安排、工资报酬、提升、降级和解雇等，才可以建立起一种高度的绩效精神。因为，有关人的各项决定将向组织中的每一个成员表明，管理层真正需要的、重视的、奖励的是什么。"我们期望第一线的主管注意人际关系"，如果一家公司的管理层这样对一线的主管们，到了要提拔某位一线主管的时候选择的却是那些把报表填写得很整洁的主管。那么，他们在人际关系方面不会有什么收获。即使最迟钝的主管也会很快地了解到，只有那些将报表填写很正确的主管才有机会得到提升。

人事安排和提升是最关键的人员决定，需要仔细考虑并有明确的政策和程序，只有符合公正和平等的高标准，这些政策和程序才可以实施下去。主观看法和一个人的"潜能"是不可以成为这些决定的依据的，而必须以明确的目标相对照的实际成绩记录为依据。

最难解决的问题是，有些已经不能再做出贡献的员工是长期在公司中忠诚服务的人。例如，有一位在公司初创时就任簿记员的人，随着公司的成长而得到提升，当他在50岁时升到了主计长的职位时，并不是通过努力而得到提升的，只是因为公司的扩大而提升的。他一直忠诚服务，既然人家忠诚服务了，就应该受到忠诚的对待。可是即使是这样，主计长的职位也不应该由他来担任，因为他缺乏取得绩效的能力，这最终会为公司带来损害。而且由于他的不称职会影响整个管理团队的士气和信誉。

在这种情况下，应该从公司的利益出发，做出客观的决定，将此人调离这个岗位,看他是否可以胜任其他工作。但这个决定又是一个涉及人事的决定，因而要深思熟虑。

亨利·福特二世之所以能在第二次世界大战以后使濒临倒闭的福特汽车公司复兴，主要是因为他将企业“良心”问题的重要性理解得十分透彻。那时,在一个关键部门中有 9 个管理人员,却没有一个人能胜任改组后的新职务。结果，他们都没有被安排在这个新职务上，而是被安排在了那些他们比较能够胜任的工作岗位上，或是让他们从事他们擅长的工作。要解雇他们是容易的，他们缺乏做管理人员的能力是大家公认的。但是，他们在公司困难时期一直在忠诚地工作，所以不能轻易解雇他们。有一条这样的原则是亨利·福特二世始终坚持的,那就是:一个人如果不能取得优异成绩就不能留在职位上。同时他又确定了另一条原则：不应该有谁要接受过去错误制度的惩罚。福特公司之所以能够很快复兴，在很大程度上就是由于严格遵守了这两条原则。

“他在这里干了那么久，我们不能调走他或解雇他。”对于那些未能胜任的员工，公司总是本着这样的借口在使用。这是一种很坏的逻辑，而且是一种软弱的托词。它对管理人员的绩效、精神以及他们对公司的尊重都有损害。可是将这样的员工解雇同样也是不合适的，因为它违背了公正和合理的组织观念。如果将这样的员工解雇的话，就会动摇那些还在公司工作的员工对公司的信心。因此，一个关心组织精神的管理层，处理这类问题时既要坚持原则又要非常慎重，因为这将向组织表明，管理层是否严肃地对待其职务安排和对待人。

坚决强调诚实正直的品格，这是一个健康组织的管理层应该表现出来的正确态度。同某个人在一起工作的人，特别是他的下属，在几个星期内就可以知道这个人是否正直。除了不能原谅他的不正直外，他的其他任何缺点都是可以原谅的。他们也不会原谅更高的领导提升不正直的人。

正直是很难被定义的，不正直的人却可以很容易被看出来，他们并不适合担任管理的职务。一个人如果总是看别人的缺点而不看其优点，总是看别人不能做什么而从来没有看到别人能够做什么，那他就会将公司组织的精神破坏掉，这项管理工作他是绝对不能胜任的。管理人员要清楚，有几种人是绝对不能委以重任的。

1. 决不应该委任那种对人不对事的人。他们老是问“谁正确？”而不问“什么是正确的？”腐蚀和破坏就是由这种人造成的。造成的结果就是员工的心态发生很大变化，他们不求有功，但求无过，甚至玩弄权术。尤其严重的是，它会促使下属在发现错误后掩盖错误，而不是改正错误。

2. 决不应该提拔那种担心下属能干的人。对自己的工作不是要求高标准的员工是不可以将管理的职责交给他的。因为那会使得人们轻视工作和管理层的能力。

3. 管理层决不应该委任那种重才不重德的人。如果公司重用了这样的一位员工，将会为公司带来不可想象的后果。一个人可能所知不多，绩效不大，能力不强，但作为一个经理人，不一定会造成太大的损失。那种很有才华和能力，又有绩效的员工如果没有良好的正直的品德，即使重用了也会为公司带来严重的损失，因为他们将公司最重要的资源给破坏了，影响了组织的精神和工作绩效。

很多管理者都会步入一个误区，就是希望打造一个完美的团队。然而，我们都知道，这个世界并不存在什么真正的完美。因此，管理者要牢记，如果一个团队能将每个成员的特长发挥到最大，使彼此之间形成互补与促进，那么，这个团队就堪称完美了。让你的团队具有竞争意识，不妨从绩效开始。

奖与罚都应以业绩考评为依据

在遵守公司规定的同时还要进行考评，考评的准则要以客观事实为主，尽量避免主观性和感情倾向，根据业绩考评实施奖罚制度，尽量做到相对公平。

管理者常用的管理手段就是考评，但是有时候我们会发现这样的情况，那就是不同的单位集体，类似的考评对象、考评内容和考评形式相同的时候，有些集体形成的局面是大家努力工作、有序竞争、争取最佳的考评结论；还有一些集体则不关心考评过程与结果，或者弄虚作假、欺骗上级，工作业绩依然如故。

为什么会出现这样一种情况呢，在此有必要对业绩考评的过程做一下综述。

编制考评的第一步就是制定考评内容，将以下两个方面的内容着重体现出来：第一要根据该岗位的工作要项；第二要根据公司的管理原则，即公司鼓励什么，反对什么。考评内容要抓重点，不能面面俱到。另外，对于难于考评的项目也要谨慎处理。

员工个人的生活习惯、行为举止、个人癖好等与绩效考评无关的内容尽量不要出现在绩效考评的内容上。绩效考评是考评员工的工作水平，如果出现这些内容自然会影响到相关工作的考评成绩。考评项目要根据被考评岗位的具体情况来处理，是用主观考评还是客观考评。如对项目组开发人员的考评，由于开发人员每个任务不可能一样，所以宜使用主观考评，如任务紧迫度、协作精神、任务难度、努力程度等；具体工作宜使用客观考评，就像对办公室文员的考评，应使用具体内容和抽象内容相结合的形式，因为文员有常规性事务处理，如订车票、采购办公用品、打字、维护固定资产等。但是对待文员也要有主观评价的方面，那就是其工作态度和作风是否热情、是否公正等。

考评内容的初稿由人事部门首先制定出来，然后还要与被考评人和考评人深入地进行讨论，经双方认可后才可以最终定稿。

制定完成考评内容之后，还要将相应的考评实施程序制定出来。考评实施程序一般分为自评、互评、上级考评、考评沟通4个步骤。

第一，自评。这是考评人的自我考评，虽然这个步骤是不计入成绩的，但也很重要。自评是被考评人对自己的主观认识，它往往与客观的考评结果有所差别。自评的结果可以将自评人的真实想法表现出来，便于管理者了解，为考评沟通作准备。另外，通过自评，考评人还有可能将自己以前忽视的东西找出来，这有利于更客观地进行考评（被考评人往往是考评人的直接下级）。

第二，互评。这是内部员工之间进行的评价，别的部门也可以参与。如在一个人数较多的部门中，部门内部员工之间适合进行互评；人数比较少的部门就适合两个部门进行互相评价，如财务部、行政部等。有两个问题是在互评中要特别注意的，那就是：一是互评要不记名，并相互保密，这样才能保证互评的客观性和真实性；二是互评的项目只应是互评人有考评条件的项目，如协作精神、努力程度等，某项工作的完成度则不宜考评（应由直接上级考评）。

第三，上级考评。考评中必不可少的环节就是上级考评，之所以要进行这一步骤是因为最了解被考评人工作状况的人就是员工的上级。上级考评要考评所有项目。该考评一般由直接上级进行。

第四，考评沟通。考评成绩统计结束后，考评人要与被考评人进行一次沟通，主要是通报考评成绩，并指出被考评人的优缺点和努力方向，指导被考评人改善自己的工作。如果被考评人不认可自己的某些缺点，就容易在考评沟通中发生争执。这要求考评人应事前根据自评结果找出可能产生争执的项目，并对相关内容进行客观的广泛的调查，在有理有据的情况下，才能顺利将这些争执解决，并最终使考评成绩被考评人接受。

许多人事专家认为，在对员工进行考评的时候，应确立以下原则：

第一，反馈的原则。考评的结果一定要反馈给被考评者，否则，就不能达到考评的主要目的，应向被考评者进行解释并提出指导。

第二，差别的原则。考评的等级之间应有明显的差别界限，针对不同考评结果的员工，应在工资、使用、晋升等方面体现差别，使考评带有激励性。

第三，单头考评原则。对员工的考评，都应由被考评者的直接上级进行，因为直接上级最了解被考评人的实际工作表现，更高层的领导不应随便对考评的评语进行修改（除非确实有修正的必要）。

第四，明确化、公开化的原则。企业的考评标准、考评程序和考评责任都应当有明确的规定，而且在考评中严格遵守这些规定。同时，这些规定在企业内应该对员工公开，这样才能令员工对考评产生信任感并接受考评的结果。

其实，只要是积极工作的员工，在工作的过程中，通常都希望自己的工作被企业承认并得到应有的待遇和事业上的进步，同时也希望被指导。也就是说员工是希望被考评的。因此，企业要掌握好考评的标准与方法，对员工进行公正公平的考核，以这样的考核结果为依据，不管是奖励还是惩罚，都会让员工心服口服。

绩效考核“三级跳”

通过系统的方法、原理来评定和测量员工在职务上的工作行为和工作效果，是企业管理者与员工之间进行有效沟通的一项重要活动，这就需要奖励绩效考核制度。

在学校，老师们为了了解学生的学习效果往往是通过考试，学校经常会采取月考、期中、期末考试等形式来了解学生的学习成绩。如果在一个企业当中要想了解一位员工在工作中的表现如何，应该怎样做呢？要如何进行考试呢？能担当这一重任的就只有绩效考核了。

一级跳：考核标准标准化，做到有的放矢

进行绩效考核，首先当然要确定一个标准，作为分析和考察员工的尺度。这个标准一般可分为绝对标准、相对标准和客观标准。绝对标准是不以考核者或被考核者的个人意志为转移的标准，是以如出勤率、废品率、文化程度等客观现实为依据。相对标准是采取相互比较的方法，此时每个人既是比较的尺度，又是被比较的对象，所以不同的团体之间会有一定的差异。比如规定每个部门有两个先进名额，那么工作优秀者将会在这种比较过程中评选出来。客观标准则有一定的标准，就是评估者在判断员工工作绩效时，用这个标准进行定位，以帮助评估者做评价。

要根据不同岗位的实际情况制定相应的绩效考核标准，并且制定相应的考核参数，而且尽量将考核标准量化、细化，多使用绝对标准和客观标准，使考核内容更加明晰，这样将会得到更为公正的结果。同时，将考核标准公布并使之得到员工认可，避免暗箱操作。这不仅是对于员工而言，对于管理者来说考核奖惩制度同样适用。当然，对管理者的考核标准与一般员工的考核标准是完全不同的两个概念。

二级跳：你“考”我“考”大家“考”

当所有的人听到“考”字时，首先想到的是纪律严明的考场，在考场上考官高高在上，考生埋头答题。但是，如果绩效考核也只是成为老板“考”员工的工具，就毫无意义可言了。绩效考核最重要的一点就是让每一位员工参与进来，所有的员工在接受考评时，不仅可以进行同事和上级的考评，同时还可以对自己过去的工作进行考评。做到考核面前人人平等，每个人都有评定和说话的权利。由于绩效考核与薪酬、奖金、晋升机会等员工切身的利益息息相关，所以这种事情是所有员工都很关注的问题。但是如果考核制度不公平，员工的实际付出得不到相应的回报，就会产生不良影响，不能让员工心悦诚服，往往最容易引起内部矛盾，甚至引发劳务纠纷，而要做到公正客观，最重要的就是让员工积极参与进来。

根据绩效考核的形式，可以将绩效考核分为上级评议、同级同事评议、自我鉴定等，管理人员还要通过下级评议，而客服等特殊岗位还可以增设外部客户评议等形式。这样的绩效考核就会使因为某一个人而存在的分歧进行讨论、沟通，特别是上级与下属之间，通过沟通交流最后达成共识，不仅是对以往工作的总结，也有利于统一思想与步伐，便于以后更好地合作，为公司效力。

三级跳：让绩效考核真正产生绩效

企业进行绩效考核的目的，一方面是通过企业层面上的绩效考核和员工与团队层面上的绩效考核来帮助员工、团队和整个组织的能力发展；而另一方面是鼓励员工继续发挥和提高工作能力，丰富知识和技能，并实现优胜劣汰。要实现企业和员工个人之间、团队与个人之间，以及团队与企业之间的“双赢”关系，加强考核后的反馈与沟通势在必行。

通过考核，全面评价员工的各项工作表现，使员工了解自己的工作表现与取得报酬、待遇的关系，获得努力向上改善工作的动力，并且根据考核的结果好坏进行奖金、薪酬等的计算。但最重要的是，让员工有机会参与公司管理程序，发表自己的意见，并在此次考核的基础上改进工作中的不足，绩效水平和工作表现中不尽如人意也会在绩效考核当中表现出来，要找出其中的原因，是能力有限还是工作态度不佳，或是其他客观条件导致了工作绩效不尽如人意。为了掌握这些情况，必须根据考核结果与员工进行一对一的交流，给予建议的同时，也要倾听员工的想法。管理层要根据这些进行相应的培训。要是那些经过培训后的员工依然认为自己还是达不到期望目标，就要思考是否可以换一份工作，或者寻找职业的改变或者是重新选择职业。

之所以进行绩效考核，是因为它可以为组织发展提供重要支持，为员工提供一面有益的“镜子”，为决策提供重要的参考依据，为员工潜能的评价以及相关人事调整提供依据，为确定员工的工作报酬提供依据。

不做变色龙，一碗水端平

“无私谓之公，不公为私。”这是《新书道术》讲到的极为重要的一句话。大文学家韩愈曾经说过：“物不得其平则鸣。”可以看出公平从很早之前就已经是十分重要的东西。在史籍典册中公平之人，公平之事，更是数不胜数。不论是政府的官员，还是企业中的管理者，都应该明白这样一个道理，要做到为官公正，办事公平，因为这是一个领导者所必须具备的基本素质和修养。

戴胄曾担任过唐代的大理寺少卿，他就是办事颇为公平的一个人。其中有一次长孙皇后之兄、唐太宗李世民的大舅子长孙无忌带刀进入皇宫，在宫门口站岗的监门校尉未发现，按照唐律，长孙无忌和监门校尉都违反了法律。当朝宰相封德却说这是因为长孙无忌的一时疏忽，算不得违法，校尉麻痹大意，应该杀头。唐太宗居然点头同意这么办。就在这个时候戴胄站出来表示，这样的决定是不公平的。他说，无忌带刀入宫，校尉没有发现，两方面都是由于一时疏忽，不应该只惩罚校尉，应该一视同仁。戴胄说得理直气壮，有根有据，唐太宗只好答应重新商议。再次商议时，宰相还是想要维护长孙无忌，重判那两位校尉，但是戴胄据理力争，寸步不让。他始终指出：无忌和校尉，论其过误，情况相同，而校尉是由无忌带刀入宫的缘故而致罪的，原本应该是轻罪的，现在轻罪反而重判，重罪反而轻判，这种“生死顿殊”的情况是不合常理的，坚决要求据法重新判决。最后戴胄终于说服了唐太宗，使唐太宗接受了戴胄的建议，把无忌和校尉都免罪了。

这里的几个人物，长孙无忌是国舅，又是拥有卓著功劳的开国元勋；封德是当朝宰相，大权在握，更有皇帝偏袒；那两个监门校尉只不过是站在宫门口站岗放哨的小官；戴胄自己的官位放到现在社会当中也只是一位最高法院院长。可是他居然秉公处理，坚持公平断案，这是很不容易的。然而，唯其公平合理，才得到了李世民的首肯。戴胄是这样的一个人，历史中除了这一位，之后还有很多，例如包拯、海瑞等，他们都是有名的清官，都是为了伸张世间的不平而名留千古，人们口碑流传，同样说明了公平之可贵。

对待下属一定要公平，不可厚此薄彼、存私心，下属最忌领导者偏心。不管是因为怎样的原因，只要是不能公平地对待每个人的成绩，或不能公平地处理每个人的错误，都将起到一种离间感情的作用，孤立了被你偏袒的那一部分下属。因此会导致下属之间相互猜忌，矛盾重重，大大地降低了群体的凝聚力，这将会使你在未来的工作当中出现很多难以想象的障碍。

“一碗水端平”有时很难做到，如诸葛亮要以公平服众，就必须挥泪斩马谡，才不会在以后出现类似事情时有人说三道四。尽管马谡熟读兵书，与诸葛亮有交情。又如曹操，由于曾经严格要求过，无论何人之马，只要进入老百姓的田地破坏庄稼就格杀勿论，即使是自己的坐骑踩踏了农人的庄稼，曹操也不放过自己，对自己实行了“割发代首”的惩罚。虽然这种行为带有一定的统治者的虚伪性，但是从另一方面也体现出了曹操对待事情的公平性。这种行为就为他笼络了很多人，为他的事业打下了坚实的基础。从古到今关于公平的事迹数不胜数，这不仅是处事的必需，做人的起码道德，更是一个领导者搞好上下级关系、做好工作的一个起码的前提条件。只有做到处事公平公正，才会得到民心，工作中才不会出现大的偏差。

不能令出多门和朝令夕改

上级在发布命令的时候，要做到命令统一的准则。因为无论是什么样的任务，一名员工只能接受一名上司的命令，这个命令具有普遍性和永久的必要性。如果违背了命令统一的准则，那么就会发生很多不利，包括权力将受到损害，纪律将受到危害，秩序将受到扰乱，稳定将受到威胁。如果一个人或是一个部门中有两个主管，那将会令员工感到十分不适，甚至会出现混乱，时间一久，只会让矛盾更为加剧。结果就是这两个主管当中必然会撤掉一个或者是重新安排一位能够将这个局面解决掉的主管上来，使组织重新焕发活力。“一仆二主”是永远不可能完成工作的，也没有任何一个人或组织能适应两个上司、多重命令的。

小李是一位公司的采购员，他的工作就是负责采购公司的日常用品。小李就碰到了这样的问题，第一天的时候客户服务部的经理抱怨说近来用的笔质量太差，经常写不出字来，要小李买一些质量好的笔来，小李答应了。第二天，财务部经理说：“最近公司的文具用品开支较大，采购时需要控制一下！”这下子小李可犯了难，是要节约呢，还是买好的呢？小李陷入两难境地。为此，他不得不去请示公司老总。老总听了笑着说：“一切以实际为准，你自己下去调查一下，不要受他们的命令束缚。”小李调查之后心里有了底，这才办好了这件事。

双重命令在很多公司都很常见，它们的存在不仅不会使公司获得生机，相反还会出现很多矛盾。产生多重命令的原因很多，具体有以下几种：

第一，各部门界限不清，这种情况会导致双重命令。两个部门的领导人对自己的管辖范围不明确，他们都认为这些事情是属于自己管辖范围之内的，这就形成了双重命令。上述所说的小李遇到的问题就是这方面的原因。客户部是使用办公用品的，认为自己有权管理这件事；而财务部是批钱的，认为自己也应该过问这件事。正当的工作程序应该是客户部向上级反映，上级批准后下达预拨款项目给财务部，财务部再给小李款项，具体事务由小李去办即可。

第二，由于部门之间会有职能或是其他方面的联系和交集，就会有很多不明确的职责产生，就会产生很多矛盾。如果没有一名有见识的管理者进行整顿，那么就会在以后的事务处理中出现混乱，是工作遭到损害的病根，搞不好还会在各个部门之间形成冲突。

第三，公司之所以不想将权力划分得很清楚，就是想要避免因权力划分不均衡而引起的冲突。因此，导致从一开始就在企业的上层权力中产生双重命令。这样就必然会出现那种一个人同时接受两位领导的指示，不仅会造成下属的为难，还会使公司的进展受到很大影响。新的同事们希望他们的互相关心、相同利益和良好的印象可以使他们防止任何冲突和严重分歧，除了极少数例外，这种情况必会导致冲突。员工对于这样的命令总是会感到很棘手，进而会发展成为恼怒憎恨，没有任何一位员工能够接受这样的双重命令。合理分配职责可以减少这种危险，但不能使之完全消失，因为在两个同等地位的管理者之间，总可能存在某些难以确定的问题。当一个企业组织在建立时，就要明确权力的划分，这样不仅员工会感到轻松，同时有利于公司的发展。

第四，当某一部门的主管希望被理解得更充分，希望争取时间，或者希望立刻制止一种不合适的行为时，该主管没有通知下一级主管就直接向员工发出命令。这样的命令下达之后，也会造成双重命令的后果。这就让员工不知道到底哪一个才是真实的，犹豫不决，主管也因此感到很不满和恼怒，影响工作的顺利进行。

在一切组织中，令出多门是产生冲突的一个永久性根源，这些冲突有时非常严重，应该引起各级管理者的特别注意。

除了上述令出多门的情况之外，主管们还经常喜欢朝令夕改。当他们下达了一条命令之后受到更高级的管理者稍加干涉或外界条件稍有变化，就会将自己之前所做的决定立即取消，这样必定会造成一定的损失。

请看下边的例子：

“因为总公司的反对，所以我将你之前的提案撤销了，希望可以得到你的谅解。”

“本来预定在下星期做的调查，现在因为有的部门有异议，暂时取消，请你和有关部门联络一下。”

这位管理者如此轻易就将别人精心提出的建议给撤销了，并暗示这位提出提案的工作人员，并不是他愿意将其撤销的，企图引起员工对他的同情和谅解。这样做是不对的，与其这样出尔反尔，倒不如不做决定。若是因为有人干涉，就却步不前，则未免过于软弱无能；也可以说是不具有责任心，同时又缺乏主见。

对于那种由自己提出的正确决策，要有足够的勇气和决心来将这个决策执行到底，无论中间遭遇到了怎样的反对，也要坚持自己的立场，即使是失去自己已经拥有的也是值得的。但是有一种情况如果被否决，也是可以接受的，那就是这位下决策的人在制定这样一个决策的时候，并不是很详尽，也没有收集足够的资料，这样一个不详尽的决策即使被否决，也应该接受。

因此，在做一项决定之前一定要进行详细的调查和研究，只有这样才能做出完美的决策，这样的决策是不容许改变的，即使是要改变，也要有足够的理由，并取得所有员工的谅解。

让下属明确自己的任务与角色

要想使员工对自己的任务和角色有清楚的了解，就要让他们了解以下几点：

1. 告知下属应做的工作。

2. 让下属了解工作流程。

3. 让下属了解自己的角色。

要想让员工了解企业是用来盈利的企业法人，是社会中的一员（或一组织），既非慈善团体，亦非国家机关。这就需要具备以下几项条件：

1. 满足社会需求。

2. 获取必要的最小限度的利润、不破产。

3. 业态、业种不违法。

构成企业的三要素主要是：

1. 金钱——资本、周转资金、固定资产。

2. 人——股东、经营者附属、管理者附属、一般从业者附属。

3. 物——产品、商品、资产。

除此之外，情报与时间也是重要因素。

企业为了发展其事业，当然要雇用员工，绝对不会考虑支付薪水给不工作的人。所以管理者对于那种有利于自己公司的员工是有义务进行培训的。

为了促使下属完成工作，除了告知工作内容以及企业生存条件之外，同时必须教授其整个工作的流程。

让下属详细了解采购、制造、库存、销售、收款以及计划、实施、统制的工作流程。

企业的组织情况——该下属在组织中处于何种地位。

让下属了解利润是在哪一个阶段产生以及消化、运用的过程。

员工单打独斗的状况在企业中已经成了过去式，除了规模相当小的公司外，凡是有组织的企业，全体员工团结一致乃是势在必行的主流。不管是在管理什么，不管是公司还是一个集体，必然会有一定的不合理之处和缺点，这是自然存在的，无论如何都难以避免。

下属也是组织的一员，在日常工作中就必须经常灌输唇亡齿寒的道理。尽管如此，公司在培训员工的时候，要让员工知道自己将来的职责是什么，工作应该做到何种程度，发挥其创造力与工作热忱，而不是要求其言听计从。

因此，在日常工作中就必须不厌其烦地告知下属其各自的立场、地位、角色、任务，尤其是在交付工作时，更应具体、明确。如果下属没有将自己所担任的角色认清楚，那么对于他将要担负的任务，就无法产生责任感，只会频频发生怠慢、疏忽错误、越权行为、不平、不满等情形。

全体成员齐心努力合作的成果才能使公司或者企业获得想要拥有的业绩，每一个人如果都站在自己的岗位上，全力以赴达成所肩负的任务，必然会获得最好的效果。

例如在电影的制作过程当中，只有通过各项专业人员的齐心合力之后才能将电影作品制作出来，如果灯光师玩忽职守，就会影响到整个电影的品质。一个人的不注意、不履行任务，就会影响大局，给他人带来困扰。

要想让员工了解自己的工作,不仅仅要做口头说明,还要发挥组织的力量,从而使效果更加明显。

对于经验不足的下属，如果让其分析过于复杂的内容，或同时说明若干事例，则会造成混乱。因此，在对下属说明其任务时，宜单纯明快。

管理者总是会对新进员工说这样的话,那就是“你应该做的事就是这些”。所谓“就是这些”具体是指：

1. 交付的工作；

2. 给予适当的工作条件；

3. 达成目的；

4. 获得预期或更好的效果。

如果这些条件都没有交代清楚的话，那么下属对于自己的工作就不是很清晰，结果就会影响公司的发展。

“这个月要接受500万元以上的订货。总经费预算是20万元，这是你的目标。”

“这份报表小李你必须要赶在本周之内完成。”

“B商店的车子即使今天要加班也要给修理好。”

只有对下属做出明确的指示，下属对于自己的工作才能有一个详细的了解，这是很重要的事情。如果想要下属工作完成得好，还要将这件工作的缘由告诉下属。

“只有顺利完成这件工作，你才能顺利加薪。”

“这份报表你一定要在这周末之前交上来。”

“这辆车子 B 商店的老板说明天一定要用到。”

如果只是下达命令而不将这件工作的理由交代给员工，有时候不仅员工不会合作，就是在培训下属的时候也会有不好的影响。

让下属自己建立目标与计划

近年来“等待指示族”在年轻人中不断扩大。他们之所以被称为“等待指示族”，是因为他们不能自主采取行动，未经上司或他人指示即不敢行动。这样的性格是由于这些年轻人从幼儿开始一切听从父母的指使，已经完全失去了独立性。

任何一个企业都拥有自己的发展目标。这种目标与公司规模的大小、从事的行业无关。每年他们都会有一定的销售额、生产量等目标，尽全力获得想要获得的利益。

“本季度销售目标是 300 万。”这是我们经常会听到的。

“开到 ×× 家店是我们今年的目标。”

将企业整体目标予以细分，对分店、部、课等下层组织给予一定标准，最后决定各个员工的目标。

员工的工作目标不可以强迫制定，以整体目标为依据进行制定的目标才是最科学的，然后在这样的目标下，在一定范围内再让员工自行选择。

因此，管理者首先必须对下属详细说明整体目标的前瞻性与妥当性，以此为基础，再促使下属根据自己的能力与意愿建立个人目标。但是此项目标必须有明确的根据。

只有将事实等列入考虑，才能制定出切实可行的目标，如果不这样做的话，得到的结果一定是不理想的。必须将过去的实力与未来的展望等做全盘性的考虑，再制定一个力所能及的目标。

具体的内容与数量是每一个目标中都必须要有的东西，亦即“谁——在多少时间——达成何种目标——总额多少”等。

管理者不仅要制定期限目标（长、中、短），还要制定阶段目标（大、中、小）。以上是管理者应该给予下属的指导事项。

在确立了适当的目标之后，下一步的行动就是要建立完成任务的计划。计划能使业务活动更有效率地推动，因此要预先决定其做法。

所以，一些事项要在建立计划时明确，就是要将各种元素包括时期、场所、理由、方法、费用等详尽列出。如果这些要素不是很完备，那么得到的结果就是不论多少计划都无法使目标达成。要想使未来的业务活动得以达成，就必须要有计划，凭空臆测或是感情用事只会使事情难以完成。只有建立在客观、值得信任的资料的基础上以理论性且合理的手法建立的计划、目标才能顺利达成。想要达成目标需要有以下几方面的要求：

1. 业界的动向与发展。

2. 过去的业绩（包括企业整体、组织、个人的业绩）。

3. 企业、组织的各项计划与方针。

4. 未来社会与企业的变动预测。

因此，要想让员工能自动自发工作，管理者就要努力使员工明确其工作目标并制订相应的工作计划。只有如此，才能让你的员工从“等待指示族”中走出来。

大张旗鼓重赏有功者

管理者应及时地给那些做出令你感到高兴事的人喝彩，因为只有这样，才能将业务骨干的积极性调动起来，进而使他们更加努力地干好每件工作。

如果那些业务员通过不懈的努力之后取得的成绩，却得不到管理者的一丝赞美，这样的话他们就会失去继续工作下去的信心，更不可能会有好成绩，这时候作为管理者的你又会怎样想呢？

美国有这样一家公司，这家公司发展迅速、生意兴隆，《喝彩·喝彩》这份刊物深受该公司业务骨干的欢迎，因为这份刊物每个月都要以提名和刊登照片的形式表扬公司里那些工作出色的员工。

这个公司每年的庆功会更是新颖别致：受表彰的业务骨干于每年8月来到科罗拉多州的维尔，100名受表彰的业务骨干在热烈的气氛中坐着一架空滑车来到山顶，在山顶接受公司举行的颁奖仪式，庆功会简直就是一次狂欢庆典。然后，整个公司都在播放摄影师从头到尾摄下的庆功会全过程。这种欢快、开心和热闹场面中的中心人物是那些工作出色的业务骨干，他们受到大家的喝彩，从而也激励和鼓舞全体业务骨干奋发向上。

美国还有一家这样的纺织厂，他们激励业务骨干的方式也很独特。这家工厂原来买了些价钱较贵的椅子放在工作台旁准备给女工休息用。后来，这家公司的老板想出一个别致的方式来奖励员工：规定如果有人超过了每小时的生产定额，则在这个月里赢得椅子。奖励椅子的方式也很别致：那些椅子被老板搬到了办公室，将那些赢得奖励的员工请到办公室，请赢得椅子的女工进来坐在椅子上，然后，在大家的掌声中，老板将她推回车间。

这些美国公司的老板激发业务骨干的积极性和创造精神，就是通过多种形式的表扬和丰富多彩的庆祝活动实现的。

这两家公司都能注重运用荣誉激励的方式，进一步激发业务骨干的工作热情、创造性和革新精神，从而大大提高了工作的绩效。所有的公司管理者都很善于运用这种手段激发其下属的工作热情和斗志，为实现特定的目标而做出自己的贡献。

公司的业务蒸蒸日上离不开业务骨干工作的勤恳卖力，他们为你的事业做出了突出贡献，那么作为管理者也要大方一点儿，不可以小气，要不失时机地给他们以金钱奖励，大奖明奖，小奖暗奖，使他们觉得所有的努力都是值得的，多付出一滴汗水就会多一分收获。

奖励可以分为好多种，很多公司大多实行明奖、大家评奖、当众评奖。

明奖可以激发大多数人的上进心，是作为榜样存在的，但是它并不是完美的，它也有缺点，由于大家评奖，面子上过不去，于是最后容易轮流得奖，奖金也成了“大锅饭”。

由于明奖是在所有员工面前发放的，容易让那些没有得奖的人嫉妒，得奖者为了平息嫉妒，就要按照惯例请客，有时不但没有多得，反而倒贴，最后使奖金失去了吸引力。

明奖存在这么多的弊端，所以在国外的好多公司都是实行暗奖，只要是那些工作积极的人被管理者认可，那些管理者就会在他们的工资袋里加钱或另给“红包”，并将奖励的理由用一张纸条说明。

暗奖对其他人不会产生刺激，但可以对受奖人产生刺激。没有受奖的人也不会嫉妒，因为谁也不知道谁得了奖励，得了多少。

有时候管理者为了提高全体员工的士气，会在每位员工的工资袋里都加了同样的钱，每一位员工都认为只有自己受了特殊的奖励，这样在接下来的工作中大家都会很努力，争取在接下来的工作中取得更好的成绩。

明奖和暗奖两种奖励方式都有各自的优点和缺点，管理者不应偏执一方，应该综合两种奖励的优点，争取利益最大化。

大奖用明奖，小奖用暗奖这是一个不错的奖励方式，例如年终奖金、发明建议奖等用明奖方式。因为这些奖励既有据可查，也不会有轮流得奖的情况发生，无法吃“大锅饭”。暗奖适宜用在月奖、季奖的发放上面，可以起到很好的激励作用。

你管好手下这帮人的标准就是每个员工都想成为业务骨干的时候。

PART

招数十

10

管好员工奖罚要分明

管理者应该对企业中有重要贡献或工作突出的人进行一定的奖赏，同时，也要对落后者进行相应的惩罚，这样既能鼓励先进，又能鞭策后进。而企业中的奖励与惩罚，不仅仅体现在物质上，也包括精神上的表扬与批评。很多时候，物质上的奖励没有精神上的认可与表扬有用，肯定与赞美才是最有力的激励方式。

有功即赏，有过即罚

在古代，赏与罚被称为管理人的两把利剑，是上级统御部属、使用人才的重要手段。孙武判明胜负的两个重要条件就是“法令孰行”“赏罚分明”。一代枭雄曹操也曾说过：“明君不赏无功之臣，不赏不战之士。”赏罚得当，是古今中外用人者的基本原则。

可口可乐公司是美国一家著名企业，这家公司生产出的产品深受广大客户的欢迎。该公司总裁韦恩·卡洛奇下面有550名管理人员，他用自己40%的时间研究人的问题，因此，他对下属的情况大多了如指掌。

韦恩·卡洛奇的用人原则是优胜劣汰，他根据各类人的能力亲自制定了标准，每年都会进行至少一次与下属的座谈会。如果一位下属的能力有欠缺，韦恩·卡洛奇就会给他一段时间让他学习，以观后效；如果达到了标准，来年会让他继续习惯性地提高。经过评估，公司管理人员分为以下几种：最优秀者将得到晋升；可以晋升，但目前还不能得到安排；需要在现有的职位上多磨炼一段时间，或者接受专门的培训；最差者将被淘汰。

可口可乐公司全球饮料部主管罗杰·昂利克，没有事先请示上司，就与超级歌星迈克尔·杰克逊签订了费用为500万美元的广告合同，事后，他只是打了个电话告知韦恩·卡洛奇这件事。这正是韦恩·卡洛奇鼓励管理人员快速、独立地自己做出决定的结果。

领导者实行赏罚时一定要是非分明，切忌随心所欲、无原则地赏罚。那么，领导者应如何做呢？

第一，领导者一定要做到：不赏私劳，不罚私怨。意思是说：对私人利益有功的人不奖赏，对自己有成见或隔阂的人不处罚。然而，现实生活中，有些当权者在这个问题上处理得往往不够好。

第二,要做到有功即赏,有过即罚。掌权者要用好人,调动起部下的积极性,就要做到唯功是奖、唯过是罚。这样做的好处是：①为下属提供一个公平公正的竞争环境。既然功过是非是决定任何一个人的升降荣辱的唯一准则，那么下属一定会更加努力地工作,以争取奖赏,避免惩罚。②避免不必要的矛盾。如果功奖过罚不明确，那么部下就会有亲疏嫡旁之感，一旦部下产生了这样的感觉，那么各种矛盾也会随之而来。因此，只有按功行赏，论过处罚，部下才会认为领导一视同仁，矛盾也会逐渐消失。③能够调动部下的积极性。

无论赏还是罚，只要方法得当，就会起到激励的作用。但如果失度，会使部下产生负面情绪，不利于工作的开展。因此，在赏罚制度上，不能搞平均主义，不能让每位属下有种吃“大锅饭”的感觉，必须坚持功过分明。无功受禄，罚不当罪，是管理人员的大忌。

要制定明确的奖惩规则

作为企业掌权人,对优秀员工进行奖励的同时,对后进员工也要实行惩罚,要做到“有赏有罚，赏罚分明”。

在某些企业，有些掌权人很难做到“奖优罚劣，赏罚分明”，他们对奖励目标、奖励对象、奖励标准、奖励方式，以及惩罚目标、惩罚对象、惩罚方式、惩罚标准没有详细、清晰、具体、可操作的方案。对什么样的员工赏些什么、惩罚什么模棱两可，含糊不清。

还有些掌权者深知“有赏有罚，赏罚分明”的道理，但是在实施和执行的过程中，出现偏差，没能达到预期效果。

如何才能让“有赏有罚，赏罚分明”得以有效执行和实施呢？应有这样的意识：我为什么要对员工进行奖励和惩罚？我进行奖励和惩罚的规则和标准是什么？我进行奖励和惩罚的目标和对象是谁？我将如何实施和执行这些奖励和惩罚的计划？

这些问题提出后，接下来作为掌权者的你要做的事就是思考这些问题的答案了。

以下几种答案可供参考，有助于领导者修正和完善心中真正的答案。

关于“我为什么要对员工进行奖励和惩罚？”专家认为，企业针对员工开展奖赏制度，其主要目的就是为了鼓励先进，使先进的员工长期、稳定地保持先进的状态，并不断地向更先进的方向发展；而对于后进者进行惩罚，主要目的是激励其不断改进自身，不断提升自己，从一个落后者变成一个先进者，从而改变落后的状态。通过对先进者的鼓励和对落后者的惩罚，达到激进全体员工的目的，促进所有员工不断进步和发展，进而提高员工的整体绩效，以此来达到对员工进行奖励和惩罚的目的。

关于“我进行奖励和惩罚的规则和标准是什么”这个问题，专家认为，没有规矩不成方圆。掌权者应该根据企业自身的实际情况，制定相应的奖励和惩罚规则、标准，使得奖励和惩罚有据可依，不能依据和凭借管理者自身的主观判断或自身的喜爱偏好来对员工进行奖励或惩罚，而是要依据刚性的规则和标准。

关于“我进行奖励和惩罚的目标和对象是谁”，专家认为，根据对组织产生了积极的、正面的影响来确定奖励的目标和对象，有利于增进组织绩效和促进组织持续发展。反之，则是惩罚的目标和对象。

关于“我将如何实施和执行这些奖励和惩罚的计划”，专家认为，在确定了奖惩的目标、对象、规则、标准之后，为了不使其形同虚设，还要制定一系列具体实施和执行的细则。曹操在其《孙子注》中明确提出：“军无财，士不来；军无赏，士不往。”

公元207年，曹操一举消灭了势力强大的袁绍集团。随后，曹操对部下进行了封赏，以此来激励将士继续为统一战争贡献力量。为了使“赏罚分明”

起到更有效的作用，使部队的组织纪律性更强，他颁布了《败军抵罪令》，内容大抵是说，如果打了败仗就会按法律治罪，而因为败仗造成损失的官员会受到降职或者免去官职的惩罚。这一措施强化了将士们的责任感。

从曹操的做法中，我们可以看出，严格的落实和遵行才能使奖罚制度得以实施和执行，管理者要为此成立专门的机构，指派专门的人员来具体负责制定和推行这些具体的执行细则和办法。

表扬员工的原则

赞美是一门艺术。然而很多领导者并不会赞美，他们要么板着脸，一脸严肃的样子，不愿意和员工打成一片，更不会对别人说出赞美之词，而是摆出一副领导架子，动不动就批评员工、教训员工、惩罚员工，他们以为这样做，就能树立起自己在员工中的权威；有些领导知道赞美的作用，但是方法把握不好，没有遵循公正公平的原则，厚此薄彼，往往会对员工造成消极的负面影响；也有些领导在赞美员工时，感觉很空洞，让员工听了反而有种假假的感觉，有如隔靴搔痒毫无反应。因此说，表扬是一门学问，领导在赞美人时，一定要把握好度，使表扬恰到好处，这样才能取得激励效果。

表扬，不是只在嘴上说说就行了，而是要讲究一定的原则。那么，领导在表扬下属时，应遵循哪些原则呢？

第一，表扬要具体。领导在表扬下属时，要根据事实进行表扬。指出其工作上做出的成就，或者表扬其为克服种种困难而做的努力和付出的心血。表扬只有言之有物、有血有肉、道出了被表扬者的心血和精力之所在，不可过于空洞，如此才能让被表扬者感到表扬者观察得细致入微，从而激发被表扬者的心理共鸣，有种遇到知音的感觉，进而产生“士为知己者死”的精神动力。

在现实生活中，经常会出现这种情况，领导者在进行表扬时，空乏而没有内容。比如，“某某人这个月工作不错，值得大家学习。”但是怎么个好法，好在哪儿，员工根本无从得知，只感到调子很高，却无实际内容，十分空洞。这种表扬很容易让人感到领导者言不由衷、故作姿态、敷衍客套，因而起不到积极的作用。

如果领导者能将表扬具体化，那么效果就会好很多。比如，表扬某一员工很能干，不如针对他所做的事进行表扬；对某个有才的员工，要说他的建议主张对解决问题起了什么关键作用，要比空洞地说他经验丰富、德高望重之类效果好得多。社会心理学家海伦曾用大量实验证明，表扬用语越具体，其有效性才越高。所以，表扬越具体，越说明你真的用心去了解他了，你对他的长处和成绩越敬重。这样，对方就会感到你的表扬是发自内心的，不是在吹捧，这样的表扬才能产生好的效果。

第二，表扬要真诚。表扬要真诚，指的是领导在表扬时的态度，一定要诚恳热情，表扬要发自内心，不要表现出一副冷漠的态度，应付了事。喜真恶伪是每个人的天性。真诚的东西，很容易被人接受，表扬也是如此，领导在表扬时态度真诚，就会让员工产生真挚感、亲切感、温暖感、信任感和友谊感，并且很愉快地接受表扬。因此，表扬时，领导要对员工取得的成就发自内心认同，充满热情地表示赞扬，并热切地希望他能够把这些成绩优点发扬光大。只有表扬者在感情上很热切，被表扬者才会受到感染，这样员工被表扬后，就不会感到很窝心。但如果领导只是空洞地说些“年轻有为”“前途无量”“干得不错”这样公式化的语言，就会觉得领导很敷衍，就很难达到激励的效果。很多人希望得到对方的表扬，认为这些表扬是对他们价值的认同。领导只有公正公平地对员工的成绩作出评价时，员工才会愉快地接受。

第三，表扬要及时。当一个员工工作上有突出的表现时，或者做出突出的成绩，领导要及时地给予其肯定。因为一个人在做出成绩后，最想知道的就是别人对自己做出成绩后的反应。如果得到及时肯定，会给他带来快乐，使他的行为得到保持和再现。许多管理者都懂得及时表扬的作用和效果，提倡“一分钟表扬”，因为这种及时表扬能够产生良好的效果。如果领导者对好人好事漫不经心、漠不关心、视而不见，认为员工做出这样的成绩是理所当然的，不作任何表示，那么员工就很难将这种好的行为继续下去，甚至会让员工感到，自己做好做坏都是一个样，从而产生“干好干坏一个样”的想法，负面因素就会由此产生。

第四，表扬要如实。领导人对员工的表扬要如实，不夸大，恰如其分，掌握好表扬用语的分寸。在评价时，领导者不能将情节夸大，使评价失实，随意拔高。表扬不是搞文学创作，不可随意虚构、夸张，应根据实情加以表扬。领导者要想使表扬起到鼓励他人前进的作用，就应该对那些确实值得表扬的员工和事给予恰如其分的表扬。如果领导者随意将表扬夸大，把七分成绩说成十分，评价失实，很容易让员工感到领导者“假”，进而产生消极作用。这是因为：一，被表扬者容易产生自满情绪，误以为自己真的有领导者夸耀得那样好，然后陷入自我欣赏、不求进取的泥坑；二，会造成人们的逆反心理。真楷模会让人发自内心地崇敬，那些人为地、刻意地夸大而成的人并不能成为人们的典范。对于那些名不副实的楷模，眼清心明的人会由不服气产生反感和生厌的情绪，有些单位的先进典型不吃香就与此有关；三，容易助长人们不务实、图虚名的不良风气。所以说，表扬一定要恰当求实，切忌随意拔高。

第五，表扬方法要多样。据心理学家调查，每个人的需求都是不一样的，而人的个性也千差万别。对不同的人都采用一种表扬方法，会产生不一样的效果，有些人也许会感到备受鼓舞，而有些人可能会无动于衷。表扬所起作用的程度，取决于它是否满足了人们的心理需要，是否符合人的个性特征。因此说，表扬要因地制宜，方法要灵活多样，不能千篇一律。比如，对先进者奖励一次旅游机会，这对于对旅游有特殊爱好的人，会感到很开心，但是对那些不喜欢旅游的人来说，他们就会无动于衷；对先进每人发500元奖金，会让家庭经济条件不是很好的人开心不已，但是对生活富裕的员工来说则无所谓。这两个例子告诉我们，表扬方法要灵活多样，最好根据员工的需求来进行表扬。同时，不同的人有不同的思想性格特点，这点领导者在表扬时也要注意。比如，表扬的对象如果是年轻人，在语气上应稍带夸奖的意味，还可以提出勉励性希望；如果是德高望重的长者，那么在表扬的时候在语气上应当带有尊重的意味；对思维机敏的人进行表扬时，要抓住要点，三言两语就已足够，有时稍加暗示也能让其领会；而对疑虑心重的人表扬时，表扬应当明显，把话说清楚，否则很容易让对方产生误解。

第六，表扬要适度。表扬的人数、次数要恰当，表扬的标准要适中。

1. 实践告诉我们，领导者在一次表扬时要控制好人数，人数过多或过少，都会很难鼓励先进，调动积极性。数量过少，很容易让被表扬的员工产生离群感、孤立感，让其他人产生与己无关的心理；而如果表扬的人数过多，就会让人感到“干好干坏一个样”,这样就很容易产生“你好我好大家好”的局面，也就很难达到激励的作用了。

2. 领导者表扬的标准要得当，不可太高或太低。领导者表扬的标准过高，容易使员工感到高不可攀，望而生畏，从而失去争取表扬的动力；表扬的标准过低，容易使员工感到成绩唾手可得、易如反掌，同样会失去调动积极性的作用。表扬的标准，要根据当时当地的具体情况而定。

3. 领导者在特定的时间内，表扬他人的次数要得当。事实表明，领导者在特定时间内表扬同一个人的次数越频繁，表扬的效果也会随之降低。那么，如何使表扬的次数得当？这要依这个员工进步的快慢而定。员工进步快，表现较突出，对其表扬的频率可以高一些；反之，则应低一些。

第七，着眼于员工的长处。俗话说：“金无足赤，人无完人。”任何人都有缺点和优点。只不过有的人优点比较突出，而有的人缺点比较突出。领导者在表扬员工的时候，应当多看员工的长处、优点，不要求全，不能等到一个员工各方面都做得很好了，甚至达到“标兵”“模范”的程度才给予表扬。

这样做，会让大多数员工的成绩、优点和贡献得不到及时的肯定和尊重。特别是缺点较多、但愿意改正并有所转变的人，如果这类人得不到及时的帮助，那么就很难调动其积极性。所以说，领导者表扬时应当把着眼点放在员工的长处上，做到既“诚于嘉许”，又“宽于称道”。

思想工作的任务并非是刻意挑员工的缺点和毛病，以此来震慑对方，而是激励、带动员工前进，在发挥员工的长处中克服短处，通过正确引导，让员工的价值得到更大发挥，这是领导者做人、工作的着眼点。有些领导者极少表扬人，这与他的着眼点不对有关系。他看人的着眼点是挑剔别人的毛病，他们总能找出员工的毛病，好像这样才能显示领导者对工作负责任一样。领导者从这个角度看人，自然会觉得员工不顺眼，更不要说积极表扬了。领导者应当转变看人的角度，多看人的长处，这样才能使表扬更有效。

表扬与批评六四开

激发属下的工作动机是管理者应做的首要工作，要想成功地激发属下的积极性，不仅要及时进行适当的表扬，更要及时地指出批评对方的缺点错误。

尽管这样的工作是每个领导者应该做的，但是现实中有很多领导并不能做到这一点。对属下犯下的错误或缺点不及时提出批评，并不是就意味着属下的所作所为没有可指责之处，要知道，这是在纵容属下滋长蔓延各种不良作为和想法，如果长时间发展下去，势必会使你领导的部门形成管理秩序的混乱。这样下去的后果，不仅会害了某些有小毛病的属下，也会让那些忠诚老实、踏实工作的人感到很不公平，长此以往，属下就会渐渐丧失了对领导的信任，就会向那些害群之马看齐。如果事情真的发展到了那个地步，就会给领导人员带来很多问题。

为什么我们不能旗帜鲜明地对不良行为和作风进行批评呢？答案还要从领导人身上找。也许有些领导会有所顾虑，觉得有些事说不出口，觉得一旦指责员工的不是，就会失去属下的信赖和支持，担心批评会招致属下的误解或反感。

为什么会出现这种问题呢？可能在和员工接触时，没有充分认识到他们的长处，也没对他们表扬过。事实上，先前没有做，并不代表现在就没有机会挽回，尽管多少有点儿晚了，但从现在做起也还来得及。如果你在过去与属下的接触只停留在工作交往上，表面看起来好像漠不关心，那么不妨找个时间重新与其进行深入的交谈，把对方深思熟虑拟订出来的工作计划作为你近期工作的重点予以安排。那么你很快就会有不小的收获。

要知道，一个领导发现了某个员工的优点或者缺点而不指出，很容易阻碍工作。然而要想切实履行作为领导者应尽的职责，也并不是件容易的事。一直以来，我们似乎认定了一个表扬与批评的准则：做出了好的成绩就表扬，不好就批评；对自知有过失，心理上压力很大的人，要考虑他的感受，不能再责备他从而增加他的心理负担。其实，正确的做法是要对后者有的放矢地给予安慰，鼓励他重整旗鼓；而对那些做出很好的工作成绩，又没有充分认识为什么取得成功、忘乎所以、耀武扬威、过分强调个人作用的属下，也要针对他们的这种思想给予认真的批评和引导。

作为领导者，在这方面要做的事情并不多：该表扬不要吝啬，要当面亲口表扬；该批评的，要明确给予批评。这样做不仅表明了一个你对属下行为的评价尺度，同时也是一个团队价值观的体现。假若属下干得出色，而领导无动于衷，干得不好领导也毫无反应，那么，这种麻木不仁的领导是无法带领属下奔向成功之路的。只有当领导者对属下的所作所为做出明确反应时，才能打造一个很好的团队，而公司才能够有一个生机蓬勃、进退有序的局面。

至于表扬与批评的比例问题，专家认为，还是表扬稍多点儿为好。因为，如果批评分量过大，很可能导致消极气氛蔓延，但是如果只是一味地表扬，又很容易让属下产生骄傲自满的情绪，有时甚至会产生误解，认为领导是在用戴高帽、吹气球的方式来满足大家的虚荣心，长此以往，很容易产生许多不良反应。

采取六分表扬，四分批评的方式，效果会好很多。当然，这并不是绝对的，还要看一个公司的工作成效、员工的成熟度如何而有所不同。但是，总的来说，表扬多于批评仍不失为一条较理想的原则。

总之，如果想在属下心中提高自己的威望，使自己成为属下心目中理想的领导者，你就必须是一个对事物敏感而又能公正、公平、公开、及时做出反应的人。“赋予属下以积极工作的动机”，是一项说起来简单，做起来复杂的工作。想要做好这一工作，还需要你能对属下的行为及时做出明确反应，做到有表扬有批评。

巧用批评的艺术

批评要讲究技巧，它也是一种管理艺术。通过批评来达到管理的目的，是一个比较费脑筋的问题。如果采用简单粗暴的方式，只会徒增部属的嫉恨，不利于工作的改善。人都是有感情的，有些没有技巧的批评让人很难接受，易引起各种不满情绪，难免会造成反作用或阳奉阴违的情形。批评得当，不但降低了伤害对方自尊心的系数，还会有激励效果。员工们会自觉地自我反省，在工作中会更加尽心尽力，避免再犯错误，期待下一次的表现能得到上司的欣赏。因为他们知道，领导对他们的批评是对事不对人，而绝非侮辱他们的人格。

批评的目的在于促使人认识和改正错误并且发生转变。管理者只有解决了目的性问题才能从爱护人、提高人的愿望出发，才能有真诚的友爱，如火的热情，诚挚的精神；才会有诲人的诚意，容人的雅量，帮人的耐心。

周恩来总理深受国民爱戴。他在批评人时很有技巧，大多数情况下是和颜悦色的。但是在遇到严重问题时，他也会态度严肃、语言尖锐、疾言厉色、切中要害，给人留下深刻的印象。并且，不管是谁，担任什么样的职务，只要他给党和人民的利益带来危害和影响，周恩来总理就会毫不留情地进行批评。

在重庆谈判期间，“第三方面”不遵守规定，违背同我党达成的有关协议，擅自提出不利于我党的和谈方案。得此情况，周恩来总理很气愤地对民盟领袖梁漱溟说：“国民党压我们，想不到‘第三方面’也来压我们。我们几十年关系今天算完结了。过去有人骂你是伪君子，今天我要说你是真小人！”说时声泪俱下，震撼了整个会场。

晏子是我国古代著名的政治家、思想家、外交家。他批评人也很有一套。

齐景公爱打猎养鹰，有一次仆人弄丢了一只猎鹰，这下惹怒了景公，想要杀掉这个仆人泄愤。这时晏子请求等他公布完仆人的罪状后再杀，景公表示同意。于是，晏子当面责骂仆人说：“为大王养鹰却养丢一只这是第一罪，你使大王为一只鹰而杀人是第二罪，杀了你使天下人知道大王重鹰轻人是第三罪。大王，我的话说完了，你现在将他杀了吧。”这种含蓄的批评不但使景公认识到自己重鸟轻人的错误行为，也挽救了仆人的一条性命，可以说是一种成功的批评。

不管在什么时候，当员工犯下了错误，作为掌权者都应该对其加以斥责。但是，有时候呵斥次数过多，很可能起到反作用，且极容易使员工认为上司性情暴戾、动辄发怒，进而对上司产生反感。因此，身为领导者，只有在必要的时候才采取痛斥员工的手段。值得注意的是，真正善于管理的领导者，在痛斥员工之后，一定不忘立即补上一句安慰或鼓励的话语。因为很多人在受到批评时，心里难免会有些难过，必然会垂头丧气，并丧失自己的信心，心中不免会想：也许我在这家单位很难再有更好的发展了！如此造成的结果必然使他更加自暴自弃。此时，管理者若能“打一巴掌揉三揉”，适时地利用一两句温馨的话语来鼓励他，或在事后私下里对其他部属表示：我认为他很有发展前景，有能力，才会对他进行批评指导，使他更加完善自己。如此，当受斥责的部属听了这话后，必会深深体会到“爱之深，责之切”的道理，从而更加发奋努力。

在痛斥部属之后，当天晚上领导者应打电话给该部属，给予一番鼓励与安慰。这样，遭斥责的部属会心存感激地认为，虽然受到了领导者的严厉批评，但是他是为了自己好，自己决不能辜负了领导的用心良苦。如此一来，员工对于责骂的内容会更加牢记在心，大大地提高了工作的自觉性。作为一个聪明的管理者，应该在员工出现失误时依旧相信他。用不着在这个时候献上多少殷勤，只要你是真心实意帮助他改正错误，那么他一定能明白并接受你的批评，在他改错后仍然像以前那样信任他就行了。

批评是一把双刃剑，用好了这把双刃剑，它就会成为一把利器，因此，作为一名管理者就必须做到：

第一，委婉地向员工传递你的不满。要注意对待员工的方式。如果你看不惯某位员工的某种表现，那么就要让他知道。但在表达该信息时要注意不可伤害他人的感情，不要故意地、恶意地去批评他人。无论是从眼前利益还是从长远利益来看，这都是有益无害的。

第二，不要让员工丢面子。对于一位真正的管理者来说，在他的员工犯了错误时，他会选择合适的、适当的方式来处理这件事，如私下里面对面地对员工提出批评。

这样，员工会感激万分，因为他心中清楚，管理者不仅给了他面子，而且还给了他机会，他会更加努力，做出好成绩来报答上司。

第三，家丑不可外扬。管理者指责员工是公司内部的事，不必宣传得满世界都知道。在客人面前指责员工，大概是想让客人知道不是管理者的错，而是员工办事不力。然而，这样的做法不但使员工觉得难堪，也绝对收不到指责的效果。

第四，批评不要翻旧账。指责员工时，要针对当天的某件事，而不要引用过去的事例。否则，会让员工感到更难过。

批评是一门艺术，管理者要巧妙地利用批评的手段激励员工，这点做好了，员工才能从批评中吸取教训，取得成功。

批评员工要抓实质

作为员工，经常会受到某些领导者的批评，这种现象很普遍。理论上来说，一个组织中的优秀成员，在其成长过程中，都能够以良好心态来正确理解批评的实质。但是，他们的成长效率，正是与他们在受到管理者批评时的认错、纠错能力成正比的。领导者在开展批评工作之前，让员工明白批评的实质，效果就会好很多。

上海一家单位有位来自山区的民工，这位民工的主要工作是打扫办公大楼厕所的卫生。这位民工工作做得并不细致，打扫不干净，办公室主任多次对他进行了严厉批评。但是民工受到批评之后，工作并没有改善，厕所仍旧被弄得很脏。于是，民工又遭到办公室主任更加严厉的批评。尽管这位民工不敢当面顶撞办公室主任，但是背后没少发牢骚。他觉得这个办公室主任就是针对他，认为这个办公室主任是“欺负农村人，鸡蛋里头挑骨头”。这位民工既然满腹委屈，厕所自然打扫得很不干净，办公室主任也搞不清这位民工为什么有这么大的抵触情绪。

后来，这位办公室主任改变了策略，带着这位民工到上海参观了几家大楼，很快就让这位民工意识到，自己的问题出现在哪里，原来上海的厕所都是很干净的，而他也懂得了什么才是“卫生、干净”。从此以后，该民工打扫厕所就干净多了。

这件事说明了这样一个问题：批评是否能被理解。员工受到批评，要让他理解自己为何被批评了，问题出在哪儿。因此，领导在批评员工时，不仅要指出“如何错，错在哪儿”，还要说明标准等问题。

其实，这位办公室主任在告诉民工“如何错”及“为何错”后，没有及时地改变这位民工对卫生的判断标准或价值观念。因此这位民工扫厕所扫得不干净，他用老家农村茅坑的卫生标准来衡量上海抽水马桶的卫生标准。这位民工按照自己判断的标准，对厕所略作打扫以后，认为已经很干净了，在遭到批评时，当然会满怀怨气，到处发牢骚了。

那么，什么是批评的实质呢?

第一，批评是获得管理者表扬与肯定的前提。员工在犯了错误时，只有迅速地接受批评，领会管理者的意图，并真心实意地承认错误，才能立即纠正偏差，改进工作，准确地完成管理者赋予的使命。是人都会犯错，很多成功的人也受到过其管理者的批评、帮助、指正。因此说，批评是表扬的前提。如果组织的环境氛围、人际关系的恶化，堵塞了批评的道路，管理者不敢批评被管理者，被管理者不理解管理者的批评实质，那么，管理者的意图永远无法准确地加以贯彻，员工就不可能以优异的业绩得到管理者的真心表扬。

第二，员工受到管理者的批评，也说明了其责任大，是受重用的表现。一般来说，员工做的事越多，犯下的错误也会越多。上司管事也必然是管得越多、越宽、越复杂，产生过失的概率也越大。员工受到上司批评越多，不能绝对说就是好现象；但是，经过辩证分析发现：遭受批评多的员工，他往往从事的工作也是至关重要的。他之所以能够从事该项工作，也往往体现了被上级的重用。如果公司对某一个员工不管不问，那绝不是什么好现象。

第三，直截了当的批评是上下级关系密切的表现。有些时候，上下级之间的心理距离越近，批评就越直截了当。如同家长对子女、兄长对兄弟的批评，不会拐弯抹角，这也是“忠言逆耳利于行”的一种现象。越是直言不讳、严于辞令的批评，越说明管理者对员工的重视，反之，那些含蓄、温和的批评需要谨慎对待。

第四，观点直接、态度明了的批评是高效率的批评，是推动组织发展的前提。现代企业管理是一种迅速适应环境的变化，迅速达到既定目标的节奏，本身要求具备程序简单、条理清晰的做事风格。管理者在批评错误的人或事物时，观点和态度含糊不清、似是而非，就会降低组织的纠错能力，降低应变效率。所以说，直接明了的批评，是一个管理者管理水平的直接体现。

说到底，批评也是一种关心，有关心才有批评，不然的话，管理者没必要费尽心思去批评某一个人，如果不是因为出于关心，大可直接将这个人辞退。所以，管理者应该让员工明白，批评绝不是看不起他或是有意和他作对，而是希望员工能够尽快成长起来，改正错误。明白了这一点，管理者与员工之间的关系就会融洽多了，工作开展也会顺利很多。

批评要对事不对人

玛丽·凯说过这样一段话："批评应对事不对人。在批评前，先设法表扬一番，在批评后，再设法表扬一番，力争用一种友好的氛围结束谈话。如果你能用这种方式处理问题，那你就不会把对方臭骂一顿，就不会把对方激怒。"她的主要意思就是：批评要对事不对人。员工做错了这件事，管理者在批评时要针对这件事进行批评，而不是针对员工本身。工作没有做好，并不是员工人格有问题，而是员工能力有欠缺或者其他的问题导致这件事没能顺利完成，因此不能针对员工本身进行批评。一旦批评员工时从事牵涉到人，就把问题扩大化了，不但会招致员工的反驳，甚至会当场和上司吵起来。

管理者批评员工时，虽然是针对员工的能力，但是稍不留意就牵扯到了员工的基本素质。要知道,人的基本素质是难以被改变的。批评人的基本素质,就会传递给员工这样一个信息：你已经无法变好了。批评人的基本素质，会使员工失去改正的希望，使其深陷迷茫状态。

管理者在进行批评时，可以这样说："你这次展览会没有搞好。"但是绝不能这样说："你怎么这么笨，这么迟钝。"

我们可以批评说："小赵，你这篇报告不应该这样写。"但是不能说："小赵，你的文化程度要提高啊！"

我们可以这样说:"贺主任，你这个计划要修改。"但是不可以这样说:"贺主任，你的领导水平太差了。"

"笨""迟钝""文化程度低""领导水平差"，这些都是难以改变的基本素质，是对人的某一侧面的全盘否定。这样的批评是在告诉员工：不是你这件事情处理得不好，而是说你的能力不行。所以，一般不宜采用。

但是如果上述类似的这些素质问题确实存在，并且很严重，必须要指出，以使其达到弥补效果，也不能在批评当中指出其基本素质与工作岗位职责的不对应之处。

有些管理者对员工有偏见，于是就把批评指向了员工无法改变的一些因素上。事实上，这些因素已经与员工密不可分，对这些因素的指责只会使员工认为你是在指责他这个人。如："你的工作太不主动了，这主要是因为你在北京郊区长大的缘故，那里的生活方式就是比较懒散的。"

这样的批评无法产生好的效果。因为，该员工在北京郊区长大，这是无法改变的事实。从这个原因上讲，他难道只能是一个懒散的人？同时，这样的批评侮辱了整个北京郊区的人，自然也包括了该员工在内。

管理者在开展工作时，当然不能完全赞美员工。通常来说，员工一旦感受到管理者正因自己的过失而感到愤怒时，心中难免误认为自己不仅工作能力差，且做人方面也要受到指责，于是挫折感油然而生，甚至怀疑自己究竟是否一无是处。作为管理者，如果能够只是指出对方的错误，而不对员工作过多指责，相信员工将不至于产生诸如上面的想法，也会认为，领导批评自己针对的是自己在工作上的过失,而不是针对自己的为人。于是便会虚心接受，努力谋求改进。愿意更进一步地接受上司的批评与指导，从而使上级的统御力大大地增强。

管理者在指责员工时，一定要让员工明白，处罚决定的做出，不是针对他个人的，而是对事而言的，一定不要让他产生误会，请他不要过于激动。许多员工会认为，他们受到了处罚，他们的人格同时也受到了侮辱。你需要通过交换思想让他们明白：所有的处罚都是为了部门的利益和发展，不是故意去损害某人的感情。管理者批评员工时也要多加注意，以免造成不良反应。

关键是批评后说什么

大多数人都有这样的经历：某天，你吃到一顿很可口的饭菜，但是快吃完了，你突然吃到了一粒花椒，顿时满嘴麻感代替了之前所有的饭香，这种现象被称为近因效应，也叫做“新颖效应”，意思是说，当人们识记一系列事物时对末尾部分的记忆效果优于中间部分的现象。随着前后信息间的间隔时间的增加，新颖效应越来越明显。原因在于前面的信息在记忆中逐渐模糊，从而使近期信息在短时记忆中更为突出。

由于“近因效应”，会产生一种说完话后“余音绕梁”的感觉，这样就很容易加深人的印象。与人交往，近期的表现会给对方留下更加深刻的印象。管理者在管理中应善于利用“近因效应”。

作为一名管理者，有时工作开展不顺利，难免会出现坏情绪，以至于发怒，而发怒足以显示管理者的威严与权势，在下属心目中形成一种令人敬畏的形象。应该说，对那种“吃硬不吃软”的员工，适时发火施威，有时也会产生好的效果，胜于苦口婆心和“温情脉脉”的劝导。

经历多日的阴雨连绵，当雨过天晴的刹那，会感到心情突然开朗。暑后乘凉，备觉其爽；渴后得泉，方知其甘。此中包含着深刻的辩证哲理。有经验的管理者在对待“问题员工”时，既敢于发火震怒，又有善后的本领；既能狂风暴雨，又能和风细雨。

当然，尽管发火施威有缘由，但是冲人发火很难让当事人接受，甚至会坏事，管理者对此还是谨慎对待为好。发完火一定不要忘了善后。发火伤人之后，需要做及时的善后处理，即进行感情补偿。因为，人与人之间是平等的，不论地位尊卑，人格是平等的。

正确的善后，要视情况而定：有人性格豪爽，领导发火他也不会放在心上，故善后只需三言两语，就能解决问题；有的人心细明理，领导发火他也能谅解，对这样的人无需下大功夫去善后；但是对于那种将面子看得至关重要的人，会对领导向他发火耿耿于怀，对这样的人则要好言安抚，并在以后寻机通过表扬等方式予以弥补；而对于量小气盛的人，这时可将善后工作适当延迟，以“日久见人心”的方式去逐渐感化他。

善后还应做到明暗相济。所谓“明”，指的是管理者亲自登门谈心、解释甚至“道歉”，这样会让对方觉得有面子，一般都会顺势和解。所谓“暗”，则是对器量小的员工发火过了头，单纯面谈也不易挽回时，便采用“拐弯抹角”或“借东风”的方法，例如在一些场合，故意对第三者讲被批评者的好话，并适当说些自责之言，使这种“善后语言”间接传入被批评者的耳中。这种方式比较容易打动、感化被批评者。另外，还可以在被批评者困难时暗中帮忙。这些暗中善后，会使被批评者对领导由衷地感激。

然而，如果能在批评时艺术一点儿，那么管理者就不需要在批评后下这么大的功夫去善后了。说白了就是巧用语句的先后顺序，产生较好的近因效应。

例如：

“……也许，我的话讲得重了一点儿，但愿你能理解我的一番苦心。”

"……刚才我太激动了，希望你能好好加油！"

也可以在批评员工后，私下里再和他聊聊："你看我这样做也是出于管理工作的需要，我只能如此，并不只是针对你个人啊。"

领导者这样做，员工就会有受勉励之感，认为这一番批评虽然严厉了一点儿，但都是为了自己好。这种"打一巴掌揉三揉"的做法，很容易让员工忘记那"一巴掌"之痛，他会因为你的器重而感恩不尽，努力达到你对他的要求。这就是管理中的"近因效应"原理。

给灰心者以鼓励

竞争，有成功就会有失败。竞争的目的就是为了激励所有的员工努力工作，但是，失败的滋味并不好受，因此，如何对待失败者也是一门学问。作为领导者，保证竞争中的失败者仍然能充满激情是一件积极而关键的工作。同样，企业在与外部竞争时，既有成功也有失败，所以，在失败的时候让企业仍然士气高昂，显得至关重要。

对待竞争后的失败者，领导者首先要做的是肯定他们在团队中的作用，让他们明白团队的成功也有他们的付出，不让他们丧失掉信心。其次，在肯定他们的付出后，要委婉地、热心地帮助他们分析不足之处，并告诉他们："只要注意一下，就会做得更好。"总之，对于竞争中失败的员工，管理者应注意别让他们失去信心，要多给他们温情与鼓励，让他们保持积极性，参与到竞争中。

对待团队竞争的失败，优秀的领导者要激励员工从失败中奋起，鼓励他们不要被失败打倒。要让他们知道，"胜败乃兵家常事"，只要从失败中吸取教训，从失败中站起来，相信一定会成功。在面对失败的时候，坦然地承认失败和承担责任是第一步，失败会让每个人心里难受，而勇于承认则是重新迈进的第一步。然后提出他们值得肯定的地方，别让失败抹杀了其中的成绩，这也是保证员工信心不失的重要手段。

小李是一家礼品公司的经理，接到一笔订单。顾客对礼品的样品很满意，但在生产中，小李发现这种礼品出现了一些问题，马上交接日期就快到了，就没有对产品进行改进。结果这种礼品上市以后，由于其内在的缺点，销售情况很不好，导致客户不再从他这里进货。经过这次失败，小李吸取了教训，对产品进行了几次改进，新产品面市后大受欢迎，成了公司的拳头产品。

这个例子说明，失败固然不好，但是失败是成功之母，在失败中可以发现成功的诀窍，如果能掌握这一诀窍，就可以弥补失败所产生的不利影响，甚至获得更多的好处。

许多企业会针对发生了的失败制定许多条条框框，以此来“隐藏它、掩盖它或不让他人知道，因为那样会使他们在心灵上陷入困境”。事实上，在建立一个企业文化，推动员工取得最好成绩的同时，应该让他们尝试一下失败。在遭到失败后，就会使员工想创新而不敢试验，有改进生产的方法却不能实施，有为顾客服务的战略计划也不敢提出。

不能因为提倡自由而宁愿犯一些错误，应该有个界限，绝对不能让一名员工造成的错误危及企业的生存。但是，任何不至于造成组织上不可弥补的损失或个人伤害的事物，都应该看成是有积极意义的事情并应予以试验。

失败后，很容易让员工灰心，但是这并不代表这个员工没有能力，而是因为心灰意冷没有斗志，改变他的办法就是给他打气，设法唤起他的斗志和对工作的满腔热情。工作场合中若有存有放弃心理的部属，不但他本人在工作中毫无干劲儿，还会影响其他人员的士气。

领导者对于“放弃型”的部属一定要谨慎，不能让其一蹶不振。应该继续给他机会，帮助他从挫折中再度站起来。

对于“放弃型”的部属，领导采取高压态度来推动他前进，不如试图让他自觉自身所处的紧要关头，意识到自己非奋发图强不可。设法恢复“放弃型”部属的信心，让他明白自己还是很有能力的，仍然深具前途。

有人曾经对各行业人员做过一个访问调查，发现有很多人有这样的想法：“现在，我正在为自己做打算。有时想想，这实在是最糟的时候。到底要不要离开公司呢？但是，一旦辞了职，又无处可去。我真怀疑人生还有什么值得努力的事。”

上面这段话是许多20来岁的年轻人表露的心态，委实令人感到惊讶。更糟糕的是，这是许多行业普遍存在的问题，而不是一两个特例。

对于抱持这种心态的人，领导者在用人时一定要慎重，在确定他已经建立起些许的自信后，再委以重任。

总之，在设法恢复其自信的同时，也要尽量避免向他表示具有批评性的言词。只要灰心的部属恢复了自信，其能力一定会让领导大吃一惊。

坚决抛弃法不责众的思维定式

有的管理者认为，多数人提出了相同的意见，不如就“随大流儿”，这样不但避免了事情闹大，更使局面容易得以控制。事实并非如此，不讲原则，迁就多数，势必后患无穷。

当今社会提倡民主，因此，少数服从多数是一种再自然不过的现象。如果这个多数是由知识水准很高的人组成的，当然没有问题。但是，如果这个“多数”的组成分子都是些见识不高的人，那么，即使是多数人的意见，也未必准确。

因此，应该坚持真理，哪边儿有真理，哪边儿就是对的。

这个社会难免有些居心叵测之人，会以“多数”作后盾而提出无理要求，这样的“多数”就无需服从。在这种情况下，管理者可能会显得孤立，但这并不可怕，这种孤立必定是暂时的。

某个木材厂的工人盗窃了厂里的一些木材，虽然数量并不大，但性质恶劣。因为这人是木工，厂子里与他接触的人很多，都与他有点儿交情，因此，碍于面子，为他求情，但是厂长坚持要依法处理。

有人就说："少数服从多数嘛！干嘛这样不通情理！"厂长理直气壮地说："家有家规，厂有厂规，厂规是厂里大多数人通过的，所以要说服从，那么就服从这个多数。"

一时间，厂长似乎有点儿孤立，但是随着时间的流逝，越来越多的人对他表示了理解和赞同，而偷盗厂内财物的情况也从此大为减少了。

就像这个事例，如果厂长听从了大多数人的意见，没有按照厂规对偷盗者进行处理，不加处理或者从轻处理，不仅厂里的偷盗之风会愈演愈烈，厂规厂纪也将成为一纸空文。届时，厂长威信扫地，这才是真正的孤立呢。

处理问题是如此，实施新规定也是如此。

新的意见和想法一经提出，需要一段时间才能让所有人都接受。其中有对新意见不甚了解的人，也有为反对而反对的人。在一片反对声中，管理者犹如鹤立鸡群。这种时候，也要学会不怕孤立。

对于不了解的人，不要灰心，要怀着热忱，耐心地向他说明道理。对于那些反对强烈的人来说，也许你说破了嘴皮子，对方也不想接受，那么就干脆不要寄希望于他的赞同了。

真理在握，反对者越多，自信心就要越强，就要越发坚决地贯彻执行。

PART

招数十一

11

独有的企业文化不能缺

一个民族拥有自己独特的民族精神与文化，才能让子子孙孙有归属感、安全感和自豪感，才能延绵不绝传承下去；同样，一个企业若要做得久远，就需要有自己独特的企业文化来支撑。企业文化是一个公司从无到有、从小到大的发展过程中，凝练、沉淀出的独有的气质与担当。它有着巨大的同化和激励作用，它能激发员工的工作动力与潜能，其激励作用具有持久性、整体性和全员性等特点。因此，想让企业久远发展的管理者，就应重视企业文化的建设，使企业内部形成一股合力，推动企业不断前行。

树立一个共同的目标

团队精神是一种文化问题吗？恐怕在很多人的习惯意识中，都会将团队精神作为一个文化问题看待。事实上，这是不对的。团队精神首先是一个组织问题，然后才是一个组织文化问题。这是因为，团队精神其实是一个组织共同的价值观问题。举个例子来说：我们要干什么样的事情，以什么态度去干，干到什么程度，我们必须在推进这项事业的时候明确遵循什么准则等。

联想集团总裁柳传志在一次描述自己的企业时说道：联想是一个长跑选手，或者说立志做一个长跑选手。事实上，联想集团发展的实际情况正是如此。20 世纪 90 年代前，联想在北京的中关村还是一个不起眼的小企业。虽然它在 1984 年就创立了，但是比联想集团发展速度更快的企业还有五六家之多。但是，十年之后，联想脱颖而出了。长跑选手和短跑选手的差别在哪儿呢？短跑选手的优势在于爆发力，而长跑选手除了耐力之外，还有一种差别就是长跑选手可以把目标放在心里，而短跑选手则必须把目标放在眼前。

彼得·圣吉是美国著名的管理学家，他曾经写过一本书，名为《第五项修炼》，在书中，他提出企业"共同的愿景"，意思是说一个企业必须有一个共同的目标。这个共同的目标能够引导大家共同去追求、去努力。这种提法显然是合理的，因为，它明确了企业目标是企业形成团队精神的核心动力，企业是一个人群组织。我们可以作一个设想：维系一个人群组织正常而高效运动的必要条件会有哪些？所谓必要条件，是说，如果有哪一条不具备，这个组织就会出现问题甚至土崩瓦解。那么，企业这个人群组织它所需要的缺一不可的必要条件都有哪些呢？

首先是利益。就人性而言，人类彼此存在共同的需求是人类任何一个组织的诞生基础，他们有共同的需求，形成一个利益共同体，相同的利益要求是一个组织产生的首要前提，没有这一点，任何组织都不可能产生。

于是，企业就会思考如何来确定大家认同的利益关系。加入企业的每一个人能够得到什么，我们无法具体说明，因为这里面有几个问题要解决：

1. 企业要干什么。只有当企业的参与者都了解企业要干什么和要干到什么程度以后，大家才能够针对某件事来判断这件事成功的可能性，自己是否能够得到好处，这是首要解决的问题。

2. 企业在不断发展过程中，它的事业方向可以是不变的，譬如IBM是做计算机产业的，它可以50年甚至100年不变地从事计算机产业，但它的事业目标也就是要“干到什么程度”这个问题却总是不断提升和变化的。组织和人一样，欲望永远都难以满足，这样大家才不会失去动力。

所以说，组织和企业都是一个利益共同体。脱离了共同的利益，组织将不复存在。而企业目标是利益的提示，因此它绝不是文化问题而应该是组织问题。

其次是目标。托尔斯泰曾经说过：“幸福的家庭是相同的。”我们不妨来看一下当今世界上各大企业，它们都有很多共同之处，其中一条就是它们都具有明确的企业目标。相反，那些没有明确目标、目标多变或目标虚幻空泛的企业往往遭受重创。这是为什么呢？

对于企业来说，目标的作用至少有两层。第一层是决策前提作用。企业每时每刻都在运作，无论成长与衰败，企业都处在运动状态中，这就需要企业经营者们不断进行决策。没有目标的企业，很容易处于被动状态，只能“走一步看一步”，通常会使企业处于投机和侥幸的状态中，风险概率会大大提高。在商场普遍进入战略竞争年代的时候，一个没有目标只有赚钱欲望的企业就好比一艘无舵的航船，在随波逐流之中难免触礁。因此说，企业目标对企业来说至关重要。

企业目标是企业形成团队精神的核心动力，这是企业目标的第二层作用。既然我们承认企业是一个组织，既然我们承认企业是一个利益共同体，既然我们承认目标是一个企业对它的全体成员的利益承诺，那么它自然也就成为鼓舞大家斗志、协调大家行为的核心力量。

总之，确立企业目标不能单纯地看成是文化问题，也不是空洞的说教。它是企业团队精神的核心内涵。

落实力源于良好的文化理念

企业文化理念产生企业的落实力，这种落实力也是反作用于企业文化的，因此，将落实力、落实意识融入企业文化理念中，是一个成功的企业首先要做的。

企业不落实文化理念，就很难有自觉的落实力，即使有，也是一种被强制的落实。例如，老板要求 8 点上班就 8 点上班，说周六加班那就周六加班，在形式上落实了，但是并不一定能让员工认同。这是因为企业没有落实文化理念，被强制的落实是没有力量、没有效果的。只有将落实力融入企业的文化理念中，才能收到良好的效果。

要塑造强大的落实力文化，就要有求实的作风。求实是落实的一项最基本的原则。再者，将工作落到实处，也是赢得客户的信赖的关键。一个具有浮夸之风的企业无论如何都不可能成功，任何取得巨大成就的优秀企业无一不保持着工作的求实之风。我们来看一下下面的例子。

某公司生产电扇，一日，该公司一位员工向单位领导提出改变电扇颜色的建议。在当时，所有的电扇都是黑色的，东芝公司生产的电扇也是如此。这个小职员建议把黑色改为浅颜色，这一建议引起了公司领导人的重视，经过研究，公司采纳了这个建议。第二年，东芝公司推出了一批浅蓝色电扇，受到客户的欢迎，甚至在市场上掀起了一阵抢购热潮，短短几个月，就卖出了几十万台。这以后，在日本以及在全世界，电扇的颜色就不再是单一的黑色了。

所谓变通，并非是朝令夕改，也不是为了显示与众不同，它能让你更好地实现目标，得到更大的效益、更好的结果。

不管是企业管理人员，还是员工，都应善于用变通的思维去解决工作中的问题和困难，这也是一个人获得胜利的根本。懂得了变通，再顽固的荆棘，也会被我们用变通的方法除掉。

让企业中充满人情味

企业的成功，离不开全体员工的努力，它的成功是全体员工共同勤奋努力的结果。作为企业的管理者，一定要重视员工的价值，因为他们才是企业得以发展的支柱，为他们提供广阔的成长空间，会聚员工的能量，从而促进企业的发展。

员工都喜欢比较有人情味的企业，因为他们除了对薪酬等硬性物质条件有所要求外，更看重企业带给他们精神上的满足，而这正是员工孜孜以求的。按照马斯洛需求层次理论，在人们基本生理需求和安全需要得到保证后，就会向更高层次的受尊重和自我实现的需要发展。相比薪酬，人情味对员工的感召力、吸引力是有过之而无不及的。

员工不是工作的机器，不是原材料，他们需要心灵的关怀和慰藉。如果企业只靠着提高薪酬标准来满足员工，而没有相应的人情追加，那么员工就会认为，这是自己应得的回报，与公司对待机器和原材料没有什么本质的差别。但是如果追加人情因素，就会让员工将自己当成企业的主人一样，尽心尽力为公司效力，将自己看作公司的“合作伙伴”。员工心目中的好公司无一不是把对员工的管理定位于人本管理上，鲜明地认识到人是企业中最活跃的、最具能动作用的因素，企业的发展取决于人的积极性、主动性和创造性的充分发挥，而不单是几个高层决策者所谓的“高明”决策。企业并非只是几位领导人的企业，而是所有员工的企业，是一个凝聚为整体的团体的企业。

具有人情味的企业，会让员工有种归属感，并能营造出一种宽松的发展环境，使员工的潜能充分发挥，这样也会让企业显得更加有生机和活力。管理员工，制度当然重要，但绝不是唯一的，也不是最主要的，因为制度“铁面无私”“冷冰冰”，压抑员工的情感。这些严谨有序但死气沉沉的制度，也许会对员工的行为起到规范作用，但不利于激发他们的创造潜能。轻松的环境和舒畅的心情才有利于潜能的发挥。

由此可见，员工喜欢有人情味的公司并不是没有道理的，这对企业自身来说，也是件好事儿，营造人情味其实也是增强企业的向心力、活力和竞争力，是促进员工与公司“双赢”的人本管理的重要手段。

有些管理者认为，平时多与员工座谈或是一般聚餐就是最好的感情交流方式了，其实这还远远不够！

一位大企业集团的经理，为了增加与员工之间的情感，提议每隔几个月在各个分公司搞一次“会餐”，准备一些普通的自助餐或份饭，邀请员工及员工家属自由参加。会餐在工厂的食堂内举行，在那里，大家都觉得很放松，品尝着自己喜欢的食物，畅所欲言。当厂领导与员工及其家属们一起举杯为他们所创造的业绩相互祝贺时，场面更是融洽。

看到那些被邀请参加活动的职工家属们，那位经理会一脸的热情与惊叹：“真令人惊叹，对员工来说，这里是他们工作了多年的地方，但是家属们第一次跨进公司，也是第一次看见他们的丈夫或妻子、儿女是在什么样的地方工作。”

家属在享受美餐的同时，还会领到一些公司发放的纪念品，这是公司对他们的谢意。当无数个小家庭融入了组织这个大家庭后，员工们从他们小家庭成员的笑脸上得到了身为组织一员的荣耀，同时，潜意识里还会想到，只有组织这个大家庭的发展才有他们小家庭的美满幸福。这种方式取得的效果，似乎比起那种所谓的“座谈会”的效力要强得多！

重视人和人情文化自古以来都是中国传统文化的重要特征。在家庭中，每个人的家庭文化也是很浓厚的，并渗透到社会交往的各个领域。现代企业管理的大家庭式文化与我国传统文化在本质上是一致的。

让大家在精神上有依靠

如今，跳槽之风颇为盛行，很多人都是为寻求高薪和更好的待遇而跳。在中国加入 WTO 之后，外国公司长驱直入，以高薪招聘中国的人才，这就造成了中国企业人才的大量流失。大兵压境，直面人才竞争，国内企业如何才能吸引人才、留住人才、稳定人才呢？我们来参考一下浪潮软件公司的用人之道。

浪潮软件公司总裁丁兆迎说：“良好的企业文化是增强激励效果、提高员工满意度的重要保证，因为企业文化能为公司科学合理的薪酬体系的顺利实施提供‘人尽其才’的软件环境。”浪潮软件公司本着“以人为本”的理念，倡导在尊重人、理解人、关心人的过程中实现造就人才的目的。企业领导应充分发掘个人的能力与潜力，尊重个人的发展和提高，给人才提供最好的发展机会和实现个人自我价值最大化的平台，以事业吸引人才，以企业美好的发展前景凝聚人才。

为了使每个员工都能得到更好的发展，领导帮助员工规划个人职业生涯。公司提倡创新精神和竞争意识，建设激励新人、鼓励冒险、容忍失败的宽松的文化环境，确实用好人才。同时，浪潮软件根据每个员工的特长和兴趣，设置了许多具有挑战性和发展潜力的岗位，其中包括地区经理、产品经理、研发经理、售前经理等各类管理和非管理岗位，实行竞争上岗制，并设立专家席，对每个员工进行能力评价、绩效评估，然后结合个人爱好和特长来规划每个人的发展道路；积极推进竞争上岗机制，让合适的人在合适的岗位上得到最大的发挥。竞争上岗的实施给每一位员工提供了展现自我、发展自我、完善自我的机会，搭建了一个人才竞争的舞台，为员工创造了更大的发展空间，使一大批人才崭露头角。

在现实生活中，有不少企业患上了“人才投资恐惧症”，当企业花费了大量金钱培养出一名人才时，没想到这个好不容易培养出来的人才却另攀高枝，这着实让企业叫苦不迭。“拒绝培训”是许多企业为防止人才频繁跳槽而提出的一个策略，但这无异于饮鸩止渴。丁兆迎说道，与其他许多软件企业把过多的精力放在如何招聘人才上不同，浪潮软件把人力资源管理的重点放在怎样留住人才上。丁兆迎强调：“培养人才要比使用人才更重要，参与国际竞争，人才是第一重要的因素。但是很多中国软件企业对人才的培养不够重视。”他认为，要是每个企业都能重视人才的培养，那么跳槽的成本在各企业间也就扯平了。为此，就需要在人才教育和使用机制上做出新的探索，譬如兴办软件学院便是有效途径之一。软件学院着重培养软件工程人才，与大学计算机系的培养思路不同，软件学院的培养主要强调软件开发规范和工程实践能力，这就把学生的适应期从企业转移到了学校。丁兆迎说，这几年，浪潮软件不但积极引进留学归国人员，也加强对软件人才的培养。浪潮软件与高等院校合作，成立了浪潮软件学院，对程序人员进行专门培训。现在，浪潮的成员几乎都接受过培训或者正在接受培训，浪潮软件 1800 多位员工中，从事培训工作的就多达 140 多人。

由此可见，浪潮软件公司在培养人才方面做得很成功。“浪潮情结”中的“情”，主要体现在人性化的管理上，而“结”则为扁平化管理，有了“结”，才能让“情”凝聚。“人性化”和“扁平化”双“管”齐下，使得浪潮软件公司得以蓬勃发展，从而实现了人尽其才，并使浪潮软件麾下汇聚了大批软件人才。正是这种被誉为企业命脉的“浪潮情结”，成为维系浪潮软件员工以及推动企业发展的原动力，而企业的良好发展，也进一步回报了员工，达到了双赢的局面。

让员工认同企业文化

中华上下五千年，辉煌灿烂的文化是每个中国人的自豪。然而，在许多企业和组织，它们的文化都发源于西方，中国的企业或组织讲究文化是最近一些年的事情。当然，制定和执行制度只是管理员工的一种方式，管理者还可以采用营造一种文化来塑造企业的整体环境和塑造“符合企业利益的人”的方式，将员工团结在一起。因此，对于一个优秀的掌权者来说，不应完全实行刚性的制度，也需要实行一些有柔性的文化作为完善。弗雷德·戴维说过：“从深层次看，管理也是通过管理者利用、设计和培植一种文化，形成一种环境，去规范、协调和激励人的行为，从而达到组织目标的过程。”其实，制度也包括很多方面，比如非正式制度的文化、习俗等。这样做的原因是，制度是刚性的、有棱角的，规范不同内容的制度拼接在一起，但是并不代表制度就是完善的，总是存在着空白和死角，这时，用柔性的文化来进一步完善，可以使效果增加不少。成熟管理者的最迷人的风度，就是硬性的制度之外是深沉厚重的文化，制度与文化相得益彰。

企业文化不能像空中楼阁那样华而不实，不能赶时髦，为文化而文化。制定企业文化不是走走形式就可以，而是需要精心设计和管理，文化必须要融入企业的经营、管理中去，必要时，要以一定的手段来引导。最核心的意义是提出一个精神文化理念，要有可操作的东西，要与人力资源管理相结合，强势推动，起到引导企业向前发展的作用。还需要培养每一个人自觉维护的意识，要能让外人一眼就感受到这是一个非成功不可的团体。

第一，要选择适合企业的价值标准。企业价值观是整个企业文化的核心所在，因此，选择正确的价值观是塑造企业文化的首要战略问题。企业需要立足于自身的具体特点，根据目的、环境、习惯和组成方式选择适合自身发展的文化模式，同时，还要把握这个价值体系与其他文化要素之间的协调性，即企业核心价值观要体现企业的宗旨、管理战略和发展方向，是否反映员工的心态、被员工认可接纳等。

第二，要提炼定格，强化员工的认同。一个完善的企业文化需要经过一定的时间过程，其中需要不断地进行分析、归纳，进一步提炼定格。通常来说，企业文化通过组织、群体、个体的行为和语言表现出来，但企业文化需要管理者设计并创建，管理者要靠管理来创建企业文化。企业核心价值观和文化模式一旦确立，就应该把基本认可的方案通过一定的强化灌输方式使其深入人心。譬如，充分利用宣传手段营造文化环境，或树立典型人物感召企业成员，规范他们的行为；更直接有效的方式是组织员工进行培训，来强化企业精神和企业文化的价值准则。TCL是国内知名企业，这家企业为打造成国际知名企业，他们经过认真诊断和梳理后，制定了这样一个目标：创建具有国际竞争力的世界级企业。实现这个目标任务很艰巨，他们将“敬业、诚信、团队、创新”定为其企业精神，这些进而赋予了企业文化新的内涵，新的企业文化激起了广大员工的工作热情。

企业领导人不但要认识目前的环境状态，还要清楚地知道其发展方向，并能够有意识地加以调整。选择合适的企业文化，以适应挑战。当内外条件发生变化时，企业文化也应相应不断地进行调整、更新、丰富与发展。联想集团的企业文化就是随着企业的发展不断调整变化，他们提出这样的一个企业文化，从企业的初创文化——严格文化——亲情文化——服务文化，其“服务客户、诚信共享、精准求实、创业创新”的核心价值观是不变的，其核心理念是让员工的利益融入企业的长远发展之中。为了让这一核心文化理念得以有效实施，做出了股权的分享、股份制的改造的决策，这便是为了这样一个理念的真正贯彻而创造制度基础。

第三，各级管理者要身体力行。企业文化的建立者、传播者和实践者通常都是各级管理者。管理者的率先垂范对文化的培育也起到决定性的作用。因此，目前管理学界有一种观点认为，企业文化建设是自上而下的，要从教育干部开始。

有人说，企业文化就是企业的灵魂，没有灵魂的企业很容易变得死气沉沉，没有活力，自然也无法期待它会对员工产生强大的凝聚力。因此，营造真实的企业文化正是企业启动凝聚力的核心要素。企业必须先拥有一个可以和员工共同分享的目标，也就是建立企业理念，如同一个人生存于世就一定会有他的人生信条和做人原则一样，理念就是企业员工共同信守的企业哲学。同时，对于这个目标，企业可以通过培训机制教育的方式得到员工的理解和认同。再者，企业通过建立文化发挥凝聚力的地方可以表现在很多方面，如，企业能够让员工理性感知的企业发展空间、一个可以让员工满意的工作环境和团队协作的工作氛围，及相对较简单的人际环境，那么这个企业必定会发展得很迅速。

企业文化的建立，还能培养员工对企业产生一致的认同感，超强的敬业精神，诚实、守信、娴熟的处事及沟通技巧，和他人协作的态度，员工们会自觉地学习职业知识。如果没有一个好的企业文化，员工就很难真正融入企业中去，企业将会产生内耗。即使每个人都有能力，但方向不一致，就会大大减小企业合力，在市场竞争中将会显得很脆弱。

如果将一个员工比作一颗星星，尽管一颗星星的亮度不如月亮耀眼，但是当许许多多的星星都聚集在一起时，天空就会明亮很多。企业文化的作用就是将“星星”团结起来，让其散发出比月亮耀眼得多的光芒。

优秀的企业文化也是一种待遇

作为一个企业，如何才能留住和吸引人才？优秀的人才总是跳槽，留在企业的多是平庸的人。这样，企业就会面临这样一个问题：怎样解决员工欲望的不断膨胀和薪酬的相对稳定。企业不断成长，而员工的薪酬不可能紧紧相随，因为没有人会嫌自己的薪水多。但是如果个人的薪水过多，激励过度，就很容易让人不思进取。在当今社会，面对企业员工欲望与薪酬的永恒矛盾，我们该如何做呢？

人的欲望是无穷尽的，有限物质激励永远无法满足人的无限的需要。毋庸置疑，企业成员都想得到而又不可能都得到最大化的企业所拥有的分配资源，将这些资源优先分配给成绩优异的员工是必然的选择。另一方面，并不是所有的人都追求最大的工资、福利的回报。有的企业虽然给骨干员工以极其丰厚的工资待遇，但是他们并不满意，反而愿意到别的工资、福利相对低的单位去，只是因为后者有良好的文化氛围，协调的人际关系，良好的企业形象和有思想、有魅力的企业家。

可见，优秀的企业文化也是一种待遇，是吸引人才的一个重要因素。

第一，享受企业提供的良好的学习和培训条件。好的企业为员工提供学习和发展机会，这是一种隐形收入或待遇。

第二，企业的经营管理经验或技术技能待遇。这种经验或技能无法用金钱的尺度去衡量，却能使人终身受益。

一个成功企业的管理经验是非常宝贵的，有些经验甚至是无法用语言表达的，你只有深入其境，才能真正地体会到，这种经验的获得，远远无法用金钱的尺度去衡量，将使你终身受益。

第三，企业的品牌、企业形象待遇。好的企业品牌、企业形象，会给该企业的员工带来很多益处，会使员工产生自豪感，增强自信心，使员工在社会上获得一种“附加值”，具有品牌效应。

一个好的企业品牌必然产生良好的社会美誉度，这会给每个员工带来许多无形的益处。比如招聘门槛高，外界印象是非常难进入的，而你一旦进入成为其中一员，首先你会觉得在这样的企业工作有一种自豪感，自信心很强，工作愉快而充实，同时社会也对你另眼相看。当你选择流动，其工作背景又是一个非常有竞争力的砝码，有的企业招聘，只需要看其工作背景就可以直接进入。

第四，享受企业提供的良好的人际关系。在一种良好的氛围内工作，使人心情愉快，对身心健康产生积极作用。

一个企业如果建立一个良好的企业文化，那么它内部的环境就比较和谐，而员工之间、员工与领导之间的关系也会融洽很多。员工身处其中受到感染，具有执着的事业追求和高尚的道德情操，就能将自身的发展与企业的发展紧紧联系在一起，进而以良好的心态进行工作。那种彼此之间互不服气，为权力、奖金、工资争斗的现象就比较少，工作绩效自然提高。

从某方面讲，优秀的企业文化也是一种待遇，它能够吸引更多的人才，留住更多的人才，甚至能够激发人才自豪感与责任心的无形力量。所以说，企业的管理者一定要下大力气打造出良好的企业文化，以此来促进企业快速发展。

企业文化的精髓

企业发展始终要靠企业文化来疏通，企业文化虽然是以一种无形的状态存在的，但是它又有着不可估测的力量，是“理念制胜”时代企业的核心。

英特尔的企业文化和企业精神是：“客户第一、自律、质量、创新、工作开心、看重结果”，认同这个精神、这个文化也是英特尔用人的首要条件。这是英特尔的核心凝聚力，是英特尔企业文化的精髓所在，英特尔之所以能够保持着雄厚的实力和竞争力，就是因为这种企业文化在发挥着巨大作用。

时下，企业文化建设已经引起各类公司企业的高度重视和普遍关注，尤其是那些快速成长型企业，但对企业文化的内涵理解尚不尽如人意。从广义上讲，企业文化是指企业在环境的作用下，在社会实践过程中所创造的物质文明和精神文明的总汇。它包括企业宗旨、环境选择、空间布置、建筑风格、色彩处理、产品设计、质量与服务、企业人员构成、企业管理方式、规章制度、管理者和职工的价值观、企业精神、企业职业道德、企业哲学、企业的英雄人物、企业的人际关系、福利状况、厂徽厂歌、产品标志、职工衣着和习俗礼仪等。从狭义上讲，是指企业在社会环境中，通过实践逐步形成共同的文化理念、价值观念、行为准则、道德规范、生活信念和发展目标等，它主要体现为企业在活动中所创造的精神财富。

企业文化的内涵具有明显的系统性。企业文化系统结构是由以精神文化为核心的三个层次构成。

第一，物质文化层。物质文化层是企业文化结构的外表部分，其包含企业的厂房、机器设备、厂容厂貌、产品、质量、品牌和职工衣着等。顾名思义，物质文化就是以物质形态为载体，以看得见、摸得着、体会得到的物质形态来反映出企业的精神面貌。物质文化的实质是企业精神的物化和外在表现。如金色拱门标志的麦当劳，以其标准化的生产作为其物质的核心内容。

快餐企业的标准化和自动化是麦当劳成功的关键，可以说麦当劳卖的不是商品，而是一个系统、标准化的模板。在麦当劳一切食品都有标准：汉堡包有精确的制作公式，每样食品有标准化的烹调时间、烹调步骤和保存时间。所有的原材料必须向经过核准的供应商购买，外部、内部的建筑遵循严格的设计，甚至对员工的个人卫生也有严格的标准。麦当劳的创始人雷蒙德·克罗克将这一系列规定总结为：Q(质量)、S(服务)、C(清洁)、V(价值)经营原则，并使之成为麦当劳立于不败之地的法宝。

第二，制度文化层。制度文化是企业文化结构的中间部分。它包括保证企业健康运行的各种规章制度、道德规范、责任权利的关系等，制度文化是企业物质精神文化的桥梁。企业的精神文化通过中介转化为物质文化。

第三，精神文化层。精神文化是企业文化的核心层，它主要包括组织的价值观念、管理理念、企业精神和组织道德及教育等。精神文化层是企业文化的最深层结构，是企业文化的核心和灵魂。

从1959年起，麦当劳便把圣诞节和麦当劳合二为一，以作为麦当劳公司的最初标准，在百万人的圣诞游行队伍中，前进着麦当劳"接待中心"的汽车，为游客免费提供食物，小丑罗纳德·麦当劳叔叔跳来跳去做着逗人的怪模样。几年后，96%的美国学童便毫无例外地认同小丑麦当劳叔叔。麦当劳在生产产品的同时还在宣扬自己的文化，将自己塑造成一种现代生活标准化和例行化的象征。麦当劳有许多自创的新词汇，如麦式思维、麦式工作、麦式精神、麦当劳化等。麦当劳制造了吃麦当劳长大的一代。对于这一代人来说，麦当劳代表着便利、乐趣、干净、现代、自在、放松，这一代人长大以后，他们对麦当劳由熟悉到习惯，并将影响自己的下一代人，有研究者把麦当劳作为社会组织的典范，并认为，当麦当劳席卷全球时，"麦当劳化"现象成为一种不可阻挡的过程。而现在，无论是孩子还是大人们，在考虑到如何方便、卫生、快捷并愉快地解决吃饭问题时，脑子里总是不由自主地想到麦当劳，而这正是麦当劳神奇和致命之处。

当麦当劳旋风在克罗克的引导下刮向美国、刮向全世界时，克罗克本人也成功地跻身"世界十大成功商人"之列，获得巨大名誉。1984年，当克罗克去世时，麦当劳已经发展成全世界最大的快餐连锁企业。

企业精神以价值观念为基础，以价值目标为动力，在整个企业文化中，企业精神占据主导地位。这种精神对企业经营哲学、管理制度、道德风尚、团体意识和企业形象起着决定性的作用。因此说，企业精神是企业的灵魂。

PART

招数十二

12

打造有战斗力的团队

团队是参与管理的最佳形式，它能将员工的创造力和凝聚力结合起来，不仅能激励员工，更能提高效率。因此，现代管理的基础是发挥团队的效应。很多企业管理者总希望打造一支完美的团队，但事实证明，“完美”并不存在，也不实用。自古战场上骁勇善战的将军与部队，很难找出各方面都完美的。能在战场上生存下来的也不是最完美的队伍，而是最有战斗力的。所以对于企业的管理者来说，打造一个有战斗力的团队，才是在商场上长久生存的根本。

增强团队的凝聚力

一些相关的资料表明，在对一万五千家企业进行调查后，得到了这样一个结论：一个团队的凝聚力不仅能够决定一家企业的发展前景，也会对企业员工的愿望产生一些影响。

人力资源是一个不确定因素，它对于整个企业的工作进度和工作质量都会产生影响。要组建一个高效率的团队并提高企业的竞争力，就必须注意到团队凝聚力这一决定性要素，并要想方设法让团队的凝聚力得到提高。管理者要和员工进行全方位、全身心的交流与沟通，和他们建立共同语言。管理者应该努力了解员工内心深处的想法，给他们创造学习和锻炼的机会，让他们了解企业文化和企业精神，只有这样，他们才会不断地努力工作，得到更好的业绩，同时使整个团队充满激情和活力。

增强凝聚力需要良好的内部环境，整个团队都要互相关爱、团结互助。在这一点上，仅仅有员工的付出和配合是不够的，企业的管理者更要做好整个团队的整合工作。

本田汽车公司是第一家在美国制造日本汽车的公司，也是第一个将在国外生产的汽车返销回日本的汽车制造商。本田在美国的制造公司 HAM 是怎么创造公司内部的环境的呢？

在 HAM，没有在其他国家的一些大型公司里都可以看到的私人停车场，也没有私人舞厅。公司里的所有员工，无论是经理还是普通工人，无论他们是什么职位，什么工种，都在同一个地方用餐。在大多数的时间里，公司的工程师和经理们都会和工人们在车间里一起工作，他们不但要将新的想法付诸实施，还要亲力亲为，投入具体的工作中去。在 HAM，想要拥有一间私人办公室也是不可能的，所有人都要在一个开放式的办公场所工作。

本田公司的种种做法，无疑为培养合作精神创造了一个良好的内部条件，大家平等地在同样的环境中工作，增进了员工之间的感情。让员工团结一致，而不是人为地将员工划分为几个不同的阵营。使每一个员工都觉得自己是属于集体的，无形之中就增强了团队的凝聚力。

我国著名的 TCL 集团股份有限公司就是一个特别注重团队凝聚力的公司。公司的管理者努力在公司内部营造温馨的气氛，想方设法让公司的每一个员工都能体会到家的温馨感觉，让每个人都为了这个大家共同的家而努力工作。形成了一种强大的凝聚力的同时，也使得公司的业务更好地发展起来。

TCL 集团股份有限公司主要通过以下几个方面增强整个团队的凝聚力：

第一，在工作方面，采用岗位工资制度。

TCL 集团股份有限公司采用的是“以岗定薪”的薪酬制度，根据每个人的工作岗位的不同，会有不尽相同的收入和待遇。与同行业的其他公司相比，TCL 集团股份有限公司的收入水平是有相当的吸引力的。

第二，在生活方面，解决员工的后顾之忧。

TCL 集团股份有限公司一直提倡人性化的管理方式，他们把解决员工的生活、学习等实际问题当做很重要的工作来抓，努力为员工解决他们的后顾之忧，使得员工们工作的时候踏实安心。

第三，在个人发展方面，为员工提供良好的平台。

TCL 集团股份有限公司一直在努力为员工创造各种施展自己才华的机会，他们希望给自己的员工提供展示自己的机会。在留住人才方面，TCL 集团股份有限公司在业界创造了一个不大不小的奇迹，那就是 20 多年来，它的高级管理人才几乎没有“跳槽”的。对于这种情况，TCL 集团股份有限公司总裁李东生先生说：“吸引人才的有力措施是为其创造一个施展才华和实现自我价值的环境，TCL 为人才提供的是超出金钱和福利的东西。”

第四，在管理方面，鼓励员工积极参与。

经过长时间的管理摸索之后，TCL 集团股份有限公司的管理人员意识到，想让企业更好地发展，仅仅依靠领导层的正确决策是不行的，所有的员工都应该参与其中，出谋划策。长年在第一线工作的员工更容易发现生产过程中出现的问题，也能提出更有效的解决实际问题的方法。因此，TCL 集团股份有限公司的管理层采取了一系列的奖励措施，根据员工提出的建议的重要程度等进行不同的奖励。

团队的凝聚力对于公司的发展是很重要的，公司领导都应该重视。至于要使其越来越强，则需要公司所有人的共同努力。

以团队精神引导竞争

一个企业内部没有竞争就没有动力与活力，因此，企业管理者应该设置适合自己企业情况的竞争机制。

暖阳制衣厂有很多生产车间，每个生产车间又分成数个生产小组，每个小组的生产量是相同的，所有小组的生产总和，就是车间的生产量。

一天早上，第三组的组员小王找到生产组长，想要和她探讨一下生产方面的问题。事实上，小王一直都是组长的好帮手，总能提出一些有益的见解，而组长对于小王的意见也很重视和尊重。

“组长，我觉得我们应该跟第一组和第二组来个竞争。我想我们组不需要花费多大力气，就能战胜第一组和第二组的，而且，这样能使整个车间的生产量得到很大的提高，我们就能轻而易举地拿到优秀车间的称号了。这对所有人都是有好处的。”

“我并不这样认为，”组长说，“我更希望我们的车间能像一个大家庭一样，彼此竞争会破坏这里的快乐气氛。”

“这对我们会有好处——会让我们车间的所有员工都充满活力，而且，我们在大多数的时间里都比第一组和第二组做得更好，我们需要一些事情给自己增加压力。”

“不，这样做不合适。小王，这里的每个人都知道自己应该做什么，我希望每个人都把自己的工作做到最好，进行竞争的话会分散大家的精力，反而做不好工作。但是，我还是很感谢你能将自己的想法说出来。”

小王想不通组长这次为什么会拒绝采纳这个意见。很显然，组长回避竞争的态度是不对的，适当的竞争会使整个群体的工作表现得到一定程度的改善，缺少了竞争，也就缺少了一个非常积极的激励因素。

第一，团队的成员之间并没有类似客户和供应商之间的那种上下游关系。这种情况下，无论第三组的团队在哪一边，都是一个统一工作流程的一部分。为了使工作高效地开展，团队间就一定要进行紧密的合作。假如两个团队之间是竞争的关系，那就可能会使其中一个团队采取不合作的态度，以使自己在竞争中领先一步。而在上面所述的情形下，三个单位的工作是相互独立的，并没有任何两个团队处于同一个工作流程中，对于他们来说，适度的竞争对他们团队是有很大的好处的。

第二，建议引入竞争机制的是代表大多数员工意愿的小王。在相当一部分团队中，出于各种各样的原因，队员们可能会害怕竞争。也许是他们对自己的能力没有信心，或许他们觉得和同一车间中的另外两个小组进行竞争是不对的，也可能会有组员觉得进行竞争仅仅是给他们增加了一桩他们不想要的麻烦事。如果大多数的员工不愿意竞争，那最好还是维持现状。但是如果大多数的员工愿意参与到竞争之中，那么这样的尝试就是很有价值的。

假如组长采用了小王的建议，决定同其他两组展开竞争，但还要注意要将竞争保持在“友谊第一，比赛第二”的良好氛围之中。一旦出现某些员工对于竞争结果耿耿于怀的情况，最好马上暂停或是减少竞争的力度。狂热的竞争可能会造成混乱，更糟的是，当有人偷工减料、伪造虚假的数据时，竞争就会将良好的生产秩序破坏。到目前为止，还没有一个合适的衡量体系，尤其是运用于激烈竞争的衡量体系，可以用它来判断何时员工和经理能得到充分的鼓励而又不会产生毁灭性的力量。

我们正处于一个竞争的时代，由竞争所引发的危机意识能激发每个人努力拼搏的斗志，都希望通过努力进取来获得竞争的胜利。在公司的发展过程中，公司的管理者可以适当地运用竞争，并用这种竞争激发员工努力工作，而且，在竞争中更多地体现一种“情”，无疑将取得更好的激励竞争的效果。

1. 在团队精神下的竞争

激烈的竞争是激励员工最好的手段，它能督促所有的员工努力工作，能够激发他们更大的进取心。

心理学实验表明，竞争可以增加50%或更多的创造力。因为每个人都有上进心、自尊心，都认为落后是耻辱的事情。缺少了竞争，就缺少了动力，缺少了压力，无论是对于团队还是个人，都不能发挥出全部的潜能。以前许多企业工作效率不高，管理松懈，效益低下，员工没有上进心，没有责任感和成就感的根本原因就是团队内部没有竞争力。可以说，只有引入竞争，企业才能生存下去，员工才能士气高昂。

然而，竞争本身就是很残酷的，它会给人冷漠的感觉。所以，提倡团队精神是很重要的，让竞争在一个团结协作的氛围中开展，这样才能更富有人情味，同时也能将不正当竞争的情况杜绝。

在竞争过程中，经常会出现一些不正当的做法。比如不再对同事工作给予支持，背后相互攻击、互不帮助、没有交流，甚至是采取一些有损于公司整体利益的竞争方法等。这种不良竞争势必破坏团队精神，使得竞争不但没能激励员工，反而挫伤了员工的士气。

要在竞争中体现良好的团队精神，让团队成员明白团队良好的发展才是竞争的最终目标，“内耗”不是竞争的目标。同时，在竞争的过程中可以给每人一个有奖励的共同目标，并且要让他们知道想要达成目标就必须团结一致。更加重要的是，要让团队成员们了解到，企业内部的竞争归根到底是“自己人”

之间的竞争。

2. 团队的竞争更有效

正常情况下，人都会有不服输的竞争意识。比如说，看到邻居买了一台电冰箱，就算手里没钱，可能也会用分期付款的方式买一台回来。在工作中也是一样，一起进公司的员工之间都会有竞争的意识，不愿意输给对方。可是，过多的竞争则会伤害彼此的感情。对于员工个体来说，多用集体的观念来更好地指导其竞争，通过团队的竞争来带动个人之间的竞争，这样会产生更好的激励效果。

团体竞争可先由公司内部开始，然后再以别家公司为对象，逐次扩展。例如，在一家公司里，我们经常可以听到部门主管这样说："第一部门的实际生产量达到了目标产量的130%，我们绝对不能输给他们。"这就是内部员工集体的竞争。若有优秀的集团竞争对象，就可以通过竞争的意识产生更强大的工作意念，这个时候，互相竞争的两个部门就会你追我赶，总要求自己有更高的成绩。一旦公司内部各团队走上了正轨，再以其他公司作为竞争对手，最终产生的效果就会非常好。

总之，只有企业里具有了团队精神，整个企业才会有激情，也就是所谓的"气实则斗，气夺则走"。这样的精神状态会在团队内部传播，成员之间会彼此影响，最终会产生一种比较稳定的精神惯性。因此，通过团队的竞争可以激励企业中的每一个员工，让他们在工作中保持比较积极的精神面貌。

3. 防止恶性竞争

在这里，我们强调通过团队的竞争来激励员工，并不是彻底放弃团体内部的竞争，相反，我们首先要做的就是建立整个团队的行动目标，然后再在团队内开展竞争。换句话说，在通过竞争观念激励员工时，最大的竞争对手是"外部敌人"而非"内部成员"，外部的竞争是残忍冷漠的，团队内的竞争则是充满温情的，因为这样的竞争是建立在合作的基础上的。

管理者只有在引入竞争观念时弄清楚外部竞争和内部竞争的关系，也就是团队竞争和个人竞争的轻重关系，那么他所采取的激励措施才能得到更好的效果，不然的话，简单盲目地强调个人竞争必将导致团队内的恶性竞争，企业不仅不能因竞争而前进，反而会因“内耗”而消耗过多的精力，导致员工失去激情和活力。通过下面这个例子，大家应该会得到一些启示。

在某玩具生产厂里，管理者为了提高工作效率而引入了竞争观念，规定生产业绩最好的员工将获得奖励。可是没过多长时间，竞争带来的问题就显现了出来。一天早上，刚刚开始工作，员工李丽就走进办公室报告：“我们本来可以把这只小狗做得比现在更好看，可是王霞不愿意和我合作。结果是我们两个人各做各的，最后做出来的成品就像是硬拼在一起的，看起来比效果图差远了。”

员工只知道进行盲目的个人竞争，是产生上述问题的根本原因。大家都应该知道：现代社会的生产活动都要通过通力合作才能完成，如果员工只顾及相互之间的竞争，那产生的后果将是非常糟糕的。假如这个玩具厂在实行团队奖励制度的同时，再在团队内部引入个人竞争的概念，让所有的员工都知道“把蛋糕做大”才是大家能够获得更多奖励的办法，那么，奖励制度产生的效果不是更好吗?

以团队的眼光看待员工

在现实情况中，有很多员工一直将自己的努力程度看做是上级领导对自己进行管理和评估的重要依据。即使领导告诉他们自己是团队的一部分，他们仍旧对个人的表现很在意。面对这种情况，作为管理者，首先要做的就是帮助这样的员工将他们的注意力集中在团队的整体表现上，而不是仅仅关注于自己。假如管理者对于这样的员工不管不问，那么他建立起的团队就不会具有很高的工作效率。

在管理者评价员工的工作时，不要过于关注员工个人的表现，而是要转变一下思维方式，将自己的关注点聚焦在团队整体的表现上。这样做并不是否认员工个人表现的重要性，每一个团队的成功都来源于个人的表现，但是并不是每一个员工的努力都会促进团队整体的表现，一个团队的成功并不是简单地将每个员工的良好表现进行加和，而是要使这些表现变成一个有机而又有效的组合。有时候，个人努力的方向可能与团队的方向不太一致。所以，你要把你的注意力放在自己的努力能为整个团队带来什么，以及整个团队的表现会呈现什么情况上面。如果你把你的注意力专注在这里，那么，团队里的每一位员工都会像你一样，在工作中努力寻求与团队进行良好磨合的方法。一个团队的管理者，应当将自己的一切时间和精力用在帮助团队成员磨合成一个团队上，而不是强迫他们专注于自己个人的成就。

可是，某些管理者却习惯于孤立地看待自己手下的员工。

例如，在某个公司，上一个项目完成得很成功，这使管理者感到很满意。为了表达自己的感激之情，他确实想为自己的团队做些事情。可是，他又觉得团队的成员实在是太多了，自己的感激可能是杯水车薪，不能使团队的每个成员都满意，于是，他就想仅仅对团队中作用比较大的几个成员给予奖励。他首先想到的是老王，老王一直勤勤恳恳、脚踏实地地工作，在关键时候也能够给他灵感。

有一次一起吃饭，这个管理者对老王说：“老王，之前那个项目之所以如此顺利而完美地完成，你有很大的功劳，真的感谢你！我准备增加你这个月的奖金。成功当然是团队中每个成员共同努力的结果，但是你的作用是最突出的，所以我要单独对你进行奖励。当然了，其他成员我也会奖励的。”

不得不说，这位管理者的奖励方法是很不妥当的。

或许老王在上个项目中确实做出了很大的贡献，但是，哪一个成员没有贡献呢？团队工作最需要的就是所有成员的通力合作和相互协调，缺少了任何一个成员的辛勤努力，这个团队的工作都无法获得成功。因此，给予奖励的时候，首先要奖励的应该是整个团队。当团队工作做得很好或团队特别努力地工作时，你应当给团队一个联合奖励，这样做的目的是强调整个团队共同合作的重要性。无论是什么样的团队奖励，对每一个成员都应该公平对待。团队奖励并不在于奖励的轻重，而在于奖励的公平性和激励性，即便没有足够的物质奖励给予团队的每一个成员，那也没有关系。你可以给你的团员每人买一瓶葡萄酒，或者你可以请大家吃一顿饭。这些都是很好的奖励方式。你的员工最介意的不是奖励的轻重，而是你给予他们的奖励是不是公平。

因此，作为一名管理者，要关注团队的整体表现，关注每个成员为团队的整体表现贡献了什么。这个原则要在团队整体的表现中得到体现。

第一，让团队来纠正个人的工作表现。在过去，管理者总是把纠正员工的工作表现当做自己的工作。如果真的能将一个良好的团队组建起来的话，这样的情况就会发生转变。一个高效的团队在纠正、提高成员工作表现方面的作用，要比大多数管理者强得多。因为一个不合格的成员时时刻刻都有可能感受到来自其他成员的压力，而不是像以前那样被管理者训斥一顿就完了。

第二，不要奖励无助于团队成功的个人表现。团队里会有杰出人物，但他们不同于传统的工作团体中的那些杰出人物。团队中产生的杰出人物是指那些能够对团队实现整体目标给予帮助的个人。只要有足够的时间，几乎每个团队成员都能成为杰出人物——他们在特定的时间和事件上都能够为自己的团队作出自己非常重要的贡献。因此，即使有成员为团队作出了贡献，也不要把他单列出来。如果团队相信某人作出了非常突出的贡献，成员们也会承认这样的事实，可以让团员自己去处理这些事情。

第三，如果你采用个人表现评估的方法，就应该把团队的表现作为评估个人表现的主要依据。实际上，个人的表现和团队的表现并不能相提并论，但是大多数的团队仍然要对个人的表现进行评估，至少在开始的时候是这样。但是要保证，至少把个人作为团队成员的表现和将自己的个人目标放在团队的整体目标之后的奉献精神，作为最重要的依据予以考量。

对于个人表现和团队整体的表现，要把个人的工作表现放在整个团队工作中去考虑。团队工作最重要的就是成员之间的通力合作和相互帮助，倘若团队的成员没有进行良好的磨合，那么团队成员的努力方向很可能就会和团队的整体目标有所偏差，团队里的一部分成员会把自己的工作重心放在他自己取得的成绩上，这样做的结果就是他个人的工作成绩很优秀，但是在整个团队取得的进步上并没有起到多大的作用。这种情况下，对他们进行鼓励就是不应该的。因为在团队中进行的个人评估对于团队成员来说是最为重要的一种评估，它代表着一个人是否具有团结协作的精神，以及他是否愿意牺牲个人的目标而成就整个团队的目标。

最有效的工具是团队章程

玛丽·莫西尔说过这样一句名言："团队工作缺乏效率，那么最终责任人是企业领导而不是团队。"要建立一支目标明确的团队，通过完善的团队章程是一种有效的方式。大部分企业都有自己独立的职责说明、制定目标的体制和个人业绩评估系统。团队的章程是一个团队获得成功的必要工具。团队里的任何一个成员完成自己的工作任务时，不管他做出的成绩如何，都需要领导帮助他解决工作过程中出现的问题。员工同样需要一些反馈，需要领导在某些时候帮助他们检查和解决自己在工作过程中遇到的问题。

有个人养了一头驴和一只哈巴狗。驴子关在栏子里，虽然不愁温饱，却每天都要到磨坊里拉磨，到树林里去拉木材，工作挺繁重，而哈巴狗会演许多小把戏，很得主人欢心，每次都能得到很多好吃的东西。驴子在经过长期辛苦的劳作之后，心中产生了很多的不满，总觉得命运对自己不公平。有一天，驴子扭断缰绳，跑进主人的房间，学哈巴狗那样围着主人跳舞，又蹬又踢，撞翻了桌子，碗碟摔得粉碎。这样驴子还觉得不够，它居然趴到主人身上去舔他的脸，把它的主人吓得直喊救命。大家听到喊声都急急忙忙地赶来。而驴子呢，正高兴地等着主人给他奖赏，没想到反挨了一顿痛打，被重新关进栏子。

驴子关在栏子里是有章程的，他不可能像哈巴狗一样跟在主人的后面跳舞。一旦把章程打破，把哈巴狗的工作交给它来做，那么一切就乱了秩序。

一个企业家要能随着变革的发生，适时地调整企业的发展方向和发展速度。利用自己的团队则是推动这一变革的最好方式。可以随时组建一个需要的团队，当这个团队完成使命之后，就可以予以解散。团队所做的工作是无法用其他方法来完成的。不管是研制新产品还是改进流程，团队可以把多种优势、技能和知识糅合在一起。

但是，一个团队建立起来之后，就需要高层领导进行更多、更有效的管理。有些企业的领导认为只要建立起团队就行了，这种想法是错误的。高层经理要确保团队能出效益，这对他们来说是一个要求挺高的任务。正是因为新的团队与企业内传统的等级结构和职能分工不同，所以要求高层经理必须带动并培育团队的活动，使团队不至于被企业的日常工作所吞噬。

企业领导必须认识到，团队在传统企业中是个外人。它的任务不在现有企业单位的职责范围内。所以，企业的领导有必要让自己团队内的成员了解他们与企业之间的关系，当然，也一定要让企业的员工知道哪些人适合团队工作，会得到什么结果以及如何使整个企业受益。

成功的团队目标明确，接受企业领导的指示。它的业绩目标植根于企业的战略与优先目标。成功的团队一定要明确掌握企业的总体目标以及这个目标和自己的工作之间存在什么样的关系，也需要激励和鞭策。失去了这些动力，团队只能随波逐流，业绩平庸。

没有一个高效的团队可以孤立存在。企业领导必须帮助团队了解它的供应商和顾客，以便建立适当的联系来达到目的。

玛丽·莫西尔说："团队一旦成立，企业领导必须确保团队能自主决策。如果利用团队让员工买管理层的账，就不会有好的结果，团队和企业的士气便会低落。"

需要企业领导引起注意的是团队章程中和评估有关的那部分内容。评估能够量化团队完成的目标及主要绩效，可以通过它向团队外的员工传达项目进展的情况，并为发现问题和解决问题提供一个跳板。

团队可以通过业绩评估检测自己工作的进展程度。比如说以降低成本为目标的团队通常都设立成本目标；以业务流程重组为目标的团队则会设立周期或时间目标。所有这一切都能使团队的成员建立起责任心。听起来这似乎是给团队的成员增加了一副重担，但事实正好与之相反，团队存在的意义就在于面对和战胜这些挑战。

企业的领导一定要从团队方面得到一些工作进展的消息。企业领导把团队的工作融入自己的日常工作的方法是：要在员工会议上确定团队进行工作进展的汇报的具体时间；对团队的汇报给予评估和反馈；积极参与到发布重要消息的活动中；获得邀请时定期参加团队的会议并旁听。

员工们努力达到自己的工作目标，他们就会从中得到激励，这在普通的工作是不会出现的。只有员工们目标明确，并对有一定期限的工作产生更多的关注度，那他们才能更好地完成自己的工作。

PART

招数十三

13

及时熄灭内部冲突的大火

一个企业中，管理者与员工之间、员工与员工之间会因为各种原因而产生分歧与矛盾，这种矛盾会由开始的消极演变为牢骚。久而久之，牢骚就会传染，更严重时甚至会引发争执，这是无法避免的。因此，企业管理者就要有及时发现矛盾的慧眼，并在其升级之前及时“熄火”。所谓的熄火，并非某一方一味妥协，特别是需要面对各种不同类型的“问题”员工时。因此，若想管好员工，管理者应学会以巧妙的方法，智慧地解决企业内部的这些冲突。

消极情绪会传染，不能不防

无论你是一个多么优秀的管理者，无论你多么努力地调动员工的积极性，你都有可能在工作的过程中遇到情绪消极的员工。那么，作为一个管理者，我们要怎样做才能尽量避免让员工产生消极的情绪呢?

第一，管理者一定要及时对员工的工作进行积极的反馈，尤其是你给予他的是肯定的评价时。如果你长时间内没有对于你应该给予的称赞进行反馈，那么希望得到赞扬的员工就会变得失望和不满。这样一来，你的称赞或者表扬就没有了任何的鼓励作用，只会让员工的心里产生一些被补偿的感觉而已。所以说，越早的反馈就会产生越好的、越积极的效果。通常情况下，在赞扬你的员工时，你表现得越亲密、越真诚，你的员工得到的鼓励也就越多，鼓励的作用也就越明显。

当然，如果你认为仅仅是及时就够了，那你就错了。反馈的时候还要做到具体而详尽，要非常明确地表明自己的态度，这样会使得员工更乐于接受，也更愿意做你想让他做的工作。一旦某个员工知道了你欣赏的工作方式，在以后的工作中，他就极有可能强化这个方面的优点。同时，员工也会在工作中保持积极的态度和良好的情绪。相反,假如管理者使用含糊的语言称赞员工，员工会感觉手足无措，甚至使得自己的情绪受到压抑。

一个管理者让秘书为自己起草一份报告书，秘书写好之后交给了这位管理者，他看完之后觉得相当满意，在下班时赞扬了秘书一句 :“你真是做了一件大好事! ”说完,他就走出了大门,可是秘书却没明白他到底在说哪一件事。可以肯定的是，这个管理者的赞美没有起到任何的激励效果，相反，他这样含糊的赞美使得秘书心中充满了疑惑。假如这个管理者能将自己的赞美具体化，明确地指出他所称赞的事情，那么就可以避免含糊的感觉。同时，这件事情会让秘书受到赞扬的激励，进而努力去做更多能够得到赞扬的事情。

第二，管理者必须和员工以诚相待，才能尽量减少员工的消极情绪。以赞扬员工为例，如果你不真诚，只是虚情假意地赞扬员工，他们不仅不会感谢你，反而会对你产生反感。虚情假意只会将人和人之间的信任感和互相之间的尊重损毁殆尽，它会使人产生消极的情绪，进而影响工作的正常进行。只有发自内心的、坦诚的赞扬才会使员工感到快乐。

管理者不仅要反对虚情假意的称赞，还要避免对员工进行过多的批评。详尽地指出别人的失败或者是不好的表现之处是没有任何意义的，批评也绝对不是让员工更好地工作的最佳方法。毋庸置疑，犯了错误就要勇敢地承认并且努力地改正，但是只有在他们受到了鼓励时，他们才愿意改正自己的错误。这是因为只有积极肯定的反馈才是奖励的表现，同时也是促使他们积极行动的重要因素。另外一个原因是好的评价是对一个人所具有的能力的肯定，能使人产生越干越好的信心。恰当的赞扬能使人们的自尊心得到加强，也能帮助人们尽全力将自己最大的潜能激发出来。相反，批评的话语会让人难堪，会使人的情绪产生波动，进而影响工作的积极情绪。固然，适当的批评也能促使人们努力，但是在运用时一定要小心谨慎。

第三，作为一个优秀的管理者，不仅仅只是管理人，更要教育和训练人，要让员工自己学会如何预防产生消极情绪。只有善于从别人身上发现优点并且努力学习，以使得自己也具有这种优点的人才是有发展潜力的人。可是仅仅这样也是不够的，他还必须善于发现自己身上的优点。倘若一个人自己都不喜欢自己，别人见到他的时候又怎么会觉得快乐呢？通常情况下，对自己过于挑剔的人，都喜欢难为别人，容易对别人产生敌对的情绪，自己则经常陷入消极的情绪之中。相对而言，那些自我感觉良好的人，每时每刻都能感受到自己身上的力量，也能注意到自己已经取得的成功。可见，自我肯定能产生更多的积极情绪，也能使人更轻易地发现和肯定他人的优点。在这种状态下开展工作，无疑是很有利的。

不管管理者采取怎样的方式，都应该牢记，切勿让消极情绪在企业中蔓延。一个积极乐观的环境，不仅会让员工工作起来充满干劲，也会激发大家对工作的兴趣；而一个消极蔓延的环境，只会压抑积极与激情，最后直接影响企业的发展。

将小牢骚扼杀在“摇篮”里

身为管理者，你有时可能会听到各种各样的小牢骚：

人事部的小王：“瞅瞅小孙，在部门里什么都不干，每天就知道家长里短地搬弄是非，把整个办公室都弄得乱七八糟的。我要是经理，早就让她滚蛋了。可是咱们经理呢，却视而不见，任由她胡作非为。”

销售部的小张：“我真是搞不懂，我的工作做得那么好，经理怎么就不表扬我一下呢？更何况每个月给我的奖金就那么一点点，连牙缝都塞不满！”

客服部的小李：“咱们部门的电话早就该换了，没有来电显示不说，还老是嗡嗡地响。一个客服部门，连客人说的话都听不清楚，怎么给客户提供更好的服务！更惨的是客户对服务不满意，最终还要把责任怪到我们头上，我们跟谁说理去！”

任何一家企业，它的管理都是存在漏洞的。所以，员工发牢骚的事情是永远无法避免和阻止的。牢骚的大小和轻重程度对于企业的影响是不同的，所以管理者应该努力使牢骚由大变小、由重变轻、由大范围变成小范围。小的牢骚有助于员工之间的沟通和交流，也能够帮助企业找出管理方面的不足，以促使企业在管理制度方面进一步进行完善。假如没有很好地处理这些小牢骚，一旦小牢骚转变成存在于公司各个角落、各个员工之间的大牢骚，这种影响就是很可怕的。更有甚者，一旦这些牢骚散布到公司外面，就会使整个公司陷入各种各样的流言和怨恨之中，这对于员工的情绪将产生致命的打击。到时候所有的员工都会消极怠工，使得公司的正常运转受到影响，以至于陷入瘫痪的境地。

由此可见，管理者必须要学会科学、合理地控制和疏导员工的牢骚情绪，以免小牢骚最终演变成无法挽回的败局。在各种牢骚刚刚萌芽的时候，就要将它们扼杀，以免它们扩散和蔓延。

一般情况下，小牢骚对于企业的正常发展没有很大的影响，也不会对团队的工作产生妨碍作用。作为一个管理者，不应该过于和员工计较，即便某些情况下这些牢骚是对你的批评，你也不能睚眦必报。在管理企业的过程中，必须以企业的利益为重，要人尽其用，绝对不要因为私人的原因压制他人。应该在企业内部提供一个畅所欲言的平台，在这个平台上，员工可以反映意见，可以表扬或者是批评。管理者则应当虚心接受，绝不能只听赞扬，而拒绝接受批评。

在应对和处理员工的牢骚时，一定要把握以下几个原则：

第一，尽快分析产生牢骚的原因。仔细想一想，其实员工的牢骚和客户的牢骚是一样的，都反映出企业在管理工作中存在着漏洞和问题。管理者应该采取的正确措施是立刻找出员工不满的原因并努力地解决这个问题。管理者要像对待自己的家人一样对待自己的员工，要让他们感受到关心和爱护，当然也要重视他们的意见和建议。否则的话，怎么能调动他们的积极性？要知道，他们和客户接触的机会最多，他们和客户的联系最紧密，如果他们带着糟糕的情绪去工作，又怎么能把工作做好呢？未来的管理者都应该转变自己的角色，要从权威者变成企业的策动者和服务者，找出员工牢骚和不满的最根本原因，并想方设法地解决这些问题。这样，企业的员工才能脚踏实地地工作，才能更好地为公司服务，员工们知道，只有更加努力地工作才是回报管理者的最好的方法，而这样的情况，不正是管理者想要看到的吗？

第二，在一定限度内允许员工合理地发牢骚。员工发些合理的牢骚对于提高员工的工作效率和整个团队的业绩都是有帮助的。这是因为，当员工因为受到管理者的鼓励而将自己的牢骚发泄出来的时候，会产生两个极好的结果：

1. 公司有机会在小牢骚变成大牢骚之前就把所有的问题都解决掉。

2. 管理者向员工表明了自己的积极态度，公司不仅愿意和员工进行交流，也会在适当的时候采取必要的措施。这无疑会使公司和员工之间的关系更加紧密和巩固。

华为公司总部里发生过这样一件事情：有一次，几个年轻的财务雇员在电梯里抱怨公司不在研发基地建立账务系统，所以害得他们老是为了报销的事情在基地和总部之间来回地跑。电梯升至第七层时，公司总裁任正非从电梯里挤了出来，一言不发地走出了电梯。这几个年轻人顿时吓得不知所措。他们只顾着嘴上痛快，竟然没有发现总裁就在电梯里，这下真是糟透了，几个人不禁相互埋怨起来。

出人意料的是，才过了十天，财务部的工作人员就被告知：研发基地的账务系统已经建立起来了。此后，华为公司还特意设立了一个意见收集中心，专门负责将员工的牢骚和意见收集起来。这个举措，为推动整个公司的发展起到了积极的作用。

第三，动之以情，晓之以理，批评教育要恰当。公司内出现牢骚的声音时，也不一定都是管理者的问题。有时候，管理者只是为了公司的整体利益而不得不牺牲少数员工的利益而已。例如，为了让员工尽快和更好地对公司的基层工作有个了解，管理者会将一部分员工分配到分公司或者相对基层的岗位工作，这样做，对于公司和员工自己都是有益处的。尽管他们的做法是公平、合理的，可是由于员工内心会出现抵触的情绪，感觉不可理解，甚至产生了不良的行为。这种情况下，管理者就应该及时地对员工进行教育和批评，让他们知道公司这样做的深远意义。

第四，让发牢骚的员工参与更多的工作，激发他的积极主动性。如果管理者让一个经常发牢骚的员工参与到决策活动中，那他就会一改发牢骚的毛病，并且会精神振奋地按照既定计划去工作。实施别人制订的计划，难免产生一些脱离组织的想法；如果自己是计划的制订者，那结果就完全不一样了，他一定会按照计划实施，因为计划是自己的，他不能否定自己。让发牢骚的员工参与更多的决策工作，这能够激发他们的积极主动性，同时也会使生产效率得到极大的提高。

管理者不可不重视小牢骚，因为往往很多大的危机就是从小牢骚开始的。所以，留意身边的小牢骚，将它尽早扼杀在"摇篮"里吧。

不要轻易接受下属踢给你的任务

并不是所有的员工在接到管理者的命令时都能积极迅速地执行，一部分员工会通过各种各样的手段将管理者交给他的任务踢还给管理者。他们的说法可能是："××工作由你负责更好。"或者是："我觉得以你的名义向他发出邀请，对方肯定会觉得更受尊重。"这些说法都是相对隐蔽的推卸方法。有的员工会这样告诉管理者："我和对方有点矛盾，可不可以请你给他打个电话，让他知道咱们的厉害？"也会有人说："我觉得以我的资格，对方是不会让重要的人物过来的，如果对方的代表不能最终拍板，那这样做无非只是在浪费我们自己的时间而已。"这类员工踢皮球的本事已经登峰造极了，他们说这些话的目的，无非是要你自己主动接过任务："我来搞定这件事情，一定要把这个人请来。"这样在无形之中你就接下了下属踢给你的任务。

有这样一个例子：一个部门经理对自己的员工说："小丽，我要在下个月安排一个和C公司的会议，你有很多的工作要做。要提前安排好会议的地点，要通知公司里需要参加会议的人员，还要和货运公司的人取得联系，甚至还会有许多临时发生的事情需要你去做，你觉得怎么样？"

小丽回道："一点问题都没有。你来负责和货运公司取得联系，并通知相关的人员，我来安排会议的场地。这样可以吗？”

经理觉得可以，说：“这计划听起来还不错，我们下个星期再碰个头，看一下具体的进展。”

这个例子中，部门经理就在无意中接受了员工给他指派的任务。诚然，如果是部门经理必须要完成的工作，经理应该要参与其中。但是轻易接受员工踢回给自己的任务是不恰当的。

要知道，一个人是不可能完成整个部门的任务的。假如你接受了员工踢还给你的工作，你就没办法完成自己应该要做的工作。与此同时，整个部门的工作业绩也会受到影响。更严重的问题是，你将部门的决策权交给了自己的下属。即便有些员工很擅长进行一些决策，你也应当适当地将决策权进行下放，但是你接受下属任务的做法，已经使决策结构发生了颠倒的情况。

面对员工推脱责任的做法，你应该礼貌而坚决地将任务交还给员工，并且要让他们知道你确实需要他们来完成这些任务。同时，管理者一定要将推卸责任和真心的求助区分开来，在确定是他真心的求助之后，可以让另一个员工来帮助他，或者是自己帮助员工找到解决问题的办法。一旦发现员工是有意地推卸责任，一定要坚决地予以回绝。

对待员工的加薪要求要三思

作为管理者，总会遇到员工要求加薪的情况。员工们要求加薪的理由无外乎生活水平提高，支出增加；孩子上学，需要更多的钱；公司获得巨大收益，理应加薪等。

想要获得更多的报酬，是人们最基本也最正常的心理，要求加薪本无可厚非。但是，有些员工并没有任何的加薪理由，只是觉得自己应该得到更高的报酬而已。面对各种情况，在进行加薪与否的决策时，应该考虑下面两个方面：

第一，不能这山望着那山高。看到在大学期间不如自己的同学获得的薪水比自己高，小王就找到自己的经理，希望获得更多的报酬。对于他这样的要求，经理当然直接就将他拒绝，并直截了当地告诉他，这样的想法和做法都是很幼稚可笑的。每个行业的要求和特点都是不一样的，所以没有办法进行横向的比较，如果仅仅是觉得别人工资比自己的工资高，就要加薪的话，那所有的人都可以获得更高的报酬了。

每个行业的存在都有其必然性，也有其发展壮大、到达顶峰的一天。俗话说："三十年河东，三十年河西"。你怎么会知道自己所处的行业在哪一天会成为热门，会获得最高的报酬呢？现在的房地产很热，放在二十年前，有几个人会认为卖房子能够赚钱？以前被视作铁饭碗的公务员，在国家制定了一系列的政策之后，也没有了以前的那种高福利。这种种事实都告诉我们：不要总觉得别的行业更好、更赚钱，一旦你进入那个行业，说不定那个行业就已经开始走下坡路了呢！

作为管理者，应该教会自己的员工：想要使自己的生活水平得到稳步提升，不能只是考虑自己的生活方式和工作的性质，还要把自己的兴趣爱好和特长融入其中。如果你的员工很热爱自己的工作，他们就会尽力做得很好；假如你能给予那些热爱工作的员工不错的待遇，那么他们就会更加努力地工作。要让员工脚踏实地地工作，而不是紧盯着虚无缥缈的东西，幻想获得更大的收获。要让他们明白，只有努力工作，他们才能获得更多的回报；只要努力工作，他们就能得到理想的报酬。

第二，尽量将目光放长远。如果一个人只是为了获得更高的报酬，就不断地从一个公司跳到另一个公司，那只能说明两个问题：第一是这些公司除了高额的薪水就没有其他将人才留下来的方法了，第二则是这个人目光短浅，除了薪酬什么都不在意。

如果你的公司属于第一种情况，那你就必须采取一些措施，改变公司目前的状况。你不能将吸引人才的模式弄得如此单一。其中的道理很简单：一条腿只能单腿跳动，两条腿则可以有多种选择：慢步走，快步跑，甚至是跨步跳等。多一些吸引人才的模式，就会使你的公司在运行时多一些保障。

仅仅是硬件的强大还不够，你要成为一个合格的老师，不时地教育自己的员工，并将高薪之外的吸引力展现出来，并努力让你的员工注意到。通常情况下，能够保持公司的稳定性是最重要，也是最理想的结果。作为管理者，要通过稳定的团队获得最大的利益。因此，要让自己的员工将目光放长远一些，看到长期的利益。保持团队的稳定，让员工真切地感受到薪酬之外的东西，以使得个人和团队实现双赢的目的。

如何打击员工的傲气

在企业中，往往会有一些傲气十足的员工，他们通常都有自己可以倚仗的各种各样的资本。在管理这些人时，假如你能找准下手点，通过打击他们引以为傲的资本，就可以让他们受到应得的警告。

第一，出一道解决不了的难题。

在参加一次国际会议时，我方代表受到了某个傲慢的西方外交官的刁难："阁下已经在这里逗留了一段时间，不知道您现在对于西方是否有了一些开明的认识？"很显然，这个傲慢的外交官是在嘲讽我国代表无知。面对挑衅，我国代表微微一笑："40 年前我就在巴黎接受过高等教育，在对于西方世界的了解上面或许并不比你少多少。不知道您对东方又有多少了解呢？"面对我国代表的反问，这位傲慢的外交官变得手足无措，一下子泄了气，脸上的傲慢神情也不见了。

值得一提的是，要设置难题遏制对方的傲气，这个难题一定要让对方答不上来。只有让他哑口无言才能使他的无知显露出来，从而使他受挫。如果对方能够给出问题的答案，这只会助长他的傲气，同时也将自己陷于更加不利的境地。

第二，关键时刻露一手。

某位部队领导平常颇爱学习，精通诗画，在工作方面也有很大的成绩。同时，他也是个高傲的人，对于刚出校门的学生，他总是瞧不上。有一次，他到部队作报告。报告完毕，一位年轻的军官直接点出他的报告中存在诗句引用的错误，并当场背诵了正确的诗句。这个年轻军官敢于直接纠正领导的错误，这让这位领导颇感意外，同时也对他的勇气刮目相看。从部队回来后，这位领导对这个年轻军官进行了一段时间的考察，觉得他确实是个人才，就将他调到了更高一级的工作岗位上。

这个例子说明，在适当的时候向高傲的人展示一下自己的真才实学是很有必要的，这样能使对方改变对自己的偏见。要注意的是，显示自己的才华并不是说故意卖弄或者是夸夸其谈，而是要将自己真实的才华展现出来，以挫伤对方的傲气。

第三，直击对方要害。

1901 年，小约翰代表自己的父亲石油大王洛克菲勒与钢铁大王摩根就梅萨比矿区的买卖交易进行谈判。摩根一直都是很傲慢的人。27 岁的小约翰走进摩根的办公室时，摩根正在和另一个人谈话，他装作没看见，继续和那个人说着话。直到有人通报介绍之后，他才瞪着眼睛很傲慢地对看似很文弱的小约翰说：“你们打算要多少钱？”小约翰看着摩根，很有礼貌地答道：“摩根先生，我想这里面一定是有些误会，并不是我想要到您这里来出售矿区，而是您想要买我们的矿区！”摩根听完，一下傻了眼，沉默了一会儿之后，他的语气平和了下来。最终，摩根同意了洛克菲勒的要价。

面对傲慢的人，我们有时候也可以采取针锋相对、不卑不亢的态度。在抓住对方的要害之后，打掉他傲气的资本。这个时候，对方就会从自身的利益考虑，放弃自己高傲的态度。

思维格局文库

有一种智慧叫包容

有一种力量叫淡定

有一种境界叫舍得

人性的弱点 人性的优点大全集

卡耐基写给女人

心灵鸡汤

曾国藩全书

李嘉诚经商谋略

胡雪岩经商智慧

巴菲特理财智慧

犹太人教子智慧

男孩穷养 女孩富养大全集

销售圣经

世界500强企业培训经典大全集

企业管理法则

责任胜于能力

思路决定出路

细节决定成败

世界上最伟大的推销员

如何开一家赚钱的店

给你一个团队 你能怎么管

管好员工就靠这几招

教你做一个聪明的投资者

每天学点经济学

从零开始学炒股

每天学点心理学

沟通的艺术

经典口才

低调做人 高调做事

西点军校经典法则

羊皮卷

别让不好意思害了你